U0899647

洞庭湖区村落
经济转型与绿色发展

严俊杰 ◎ 著

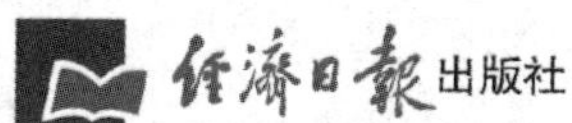

图书在版编目（CIP）数据

洞庭湖区村落经济转型与绿色发展 / 严俊杰著. —北京：经济日报出版社，2018. 8

ISBN 978-7-5196-0398-4

Ⅰ. ①洞… Ⅱ. ①严… Ⅲ. ①洞庭湖—湖区—村落—转型经济—研究 ②洞庭湖—湖区—村落—绿色经济—区域经济发展—研究 Ⅳ. ①F127.64

中国版本图书馆CIP数据核字（2018）第155214号

洞庭湖区村落经济转型与绿色发展

著　　者	严俊杰
责任编辑	周　璠
责任校对	熊　莉
出版发行	经济日报出版社
地　　址	北京市西城区白纸坊东街2号（邮政编码：100054）
电　　话	010-63584556（编辑部）63516959（发行部）
网　　址	www.edpbook.com.cn
E-mail	edpbook@126.com
经　　销	全国新华书店
印　　刷	北京盛彩捷印刷有限公司
开　　本	787mm × 1092 mm　1/16
印　　张	17
字　　数	278千字
版　　次	2018年8月第一版
印　　次	2018年8月第一次印刷
书　　号	ISBN 978-7-5196-0398-4
定　　价	69.00元

本书是湖南省社会科学成果评审委员会课题“绿色发展理念下洞庭湖区村落经济转型发展研究”的最终研究成果，并得到了湖南电气职业技术学院学术著作出版基金资助出版。

序

我们面前值得一读的这本书，是严俊杰博士近年来的研究成果之一。在即将正式出版之际，他要我为此书作序，我向来惶恐为他人写序，但于情于理又无法推辞。还记得十三年前的一天，我们学校研究生处的一位负责同志找我说：“有位同志考上了你们点上的研究生，他很想进入你的师门。”因当时我是该硕士点的领衔人，又是硕士点所在学院的院长，要当我学生的人太多，真有点应接不暇，我对他的这一请求也就不置可否。复试时，在我的办公室见到了他，他给我的第一印象是“木讷寡言，谨慎厚道”，彼时，他已是一名中学老师，但交流中似乎显得有些拘谨。我想，处于当前“东风夜放花千树”、“宝马雕车香满路”的熙熙攘攘的大学环境中，这样的人可能就是“众里寻他千百度，蓦然回首，那人却在灯火阑珊处”的真正读书人，我真的没有看错，俊杰后来又考上了我的博士生，我们继续一起学习、研究文化生态问题和农村经济问题。严博士在此书后记中引言：“白发缁衣沐秋风，闲留梨园听歌声。低吟唱罢尽谐音，谁问苍生最深情。”这是我在课堂上即兴吟咏的一首小诗，严博士却能铭记于心，可见他学得是多么用心，又是多么留心！他在求学之路上，真正做到了“处处留心，处处用心”，自然就会“学有所成”。严博士近年来潜心研究“洞庭湖区村落经济转型发展问题”，取得了显著研究成果，现在他也开始“著书立说”了，作为他的老师，我深感欣慰。

“气蒸云梦泽，波撼岳阳城。”浩浩荡荡八百里洞庭，滋养着千百万环湖人民。俗话说：“一方山水养一方人”，洞庭湖区拥有广袤的水域和肥沃的土地，优厚的自然条件适宜发展鱼米经济，湖区人自古以来就形成了捕鱼种稻的生产习性，依水捕鱼、因水种稻是湖区人的生存策略。鱼米经济成为湖区人独特的生存模式，推动了当时洞庭湖区社会经济的发展。随着人口急剧膨胀和经济快速增长，粗放式生产和生活方式导致洞庭湖区资源出现入不敷出的景况。围湖造田，湖水面积不断萎缩；过度捕捞，鱼类资源急剧减少；环境污染，湖区生态日趋恶化。洞庭湖区生态系统遭到严重损害，一系列的生态问题接踵而至，洪涝干旱等自然灾害交替频发，严重制约了环洞庭湖区域经济的持续发展。这不能不引起人们的反思，反思昔日带来洞庭“鱼米之乡”美誉的鱼米经济；反思“靠山吃山，靠水吃水”的生存策略；反思湖区人与湖区自然的现实关系。

2014年4月，国务院正式批复同意《洞庭湖生态经济区规划》，标志着洞庭湖生态经济区建设上升为国家规划，由此，洞庭湖区经济发展进入难得的历史机遇期。作为长株潭城市群建设的“经济腹地”，洞庭湖区村落必然面临着转型发展的迫切诉求，只有加快洞庭湖区村落经济转型的步伐，才能推动洞庭湖区农村社会快速融入洞庭湖生态经济区建设。为解析洞庭湖区村落经济转型发展的基本规律，探索洞庭湖区村落经济转型的具体路径，为政府规划洞庭湖生态经济区建设和推动洞庭湖区经济社会协调发展提供决策依据，严俊杰博士以“绿色发展理念下洞庭湖区村落经济转型发展”为选题展开了深入研究，取得了显著的研究成果。我认为，该研究具有如下特色和创新：一是从绿色发展视角研究洞庭湖区村落经济转型的走向问题，创新了湖区村落经济转型发展的研究视角；二是从村落经济系统内外部的全息视角研究洞庭湖区村落经济转型的动力问题，拓宽了湖区村落经济转型发展的研究领域；三是从历史考察和现实调查中探寻洞庭湖区村落经济转型发展的路径策略，丰富了湖区村落经济转型发展的研究内容。

该著作是严俊杰博士主持“绿色发展理念下洞庭湖区村落经济转型发展”的课题研究成果，在湖区村落经济转型研究方面具有创新研究视角、拓宽研究领域和丰富研究内容的学术价值，在探索湖区村落经济转型路径、发展模式和评价体系等方面具有实践应用价值。通过理论分析和实践探索，该著作为洞庭湖区村落经济转型发展提供了思路导向和路径定位，用人湖共生理念引导洞庭湖区村落经济转型与绿色发展，以期在实现洞庭湖区村落经济升级的同时，再现“遥望洞庭山水翠，白银盘里一青螺”的洞庭湖光山色。如此说来，该著作的出版也算得上是意义非凡。

是为序。

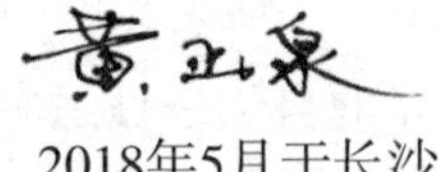

2018年5月于长沙

黄正泉，男，1952年生，湖南湘阴人，湖南农业大学二级教授、博士生导师，湖南省农村文化建设研究基地首席专家。主要从事文化哲学、教育哲学和农村社会学研究。已出版《文化生态学》《文化哲学》《心理文化现象学》《湖南社会主义新农村建设重大问题调查研究》《长株潭都市化文化生态研究》等著作。在《中国哲学史》《周易研究》《伦理学研究》等权威期刊发表论文六十余篇。主持国家社科基金项目一项和省部级课题九项，获省级教学成果一等奖、国家级教学成果二等奖各一项。

目 录

第一章　绪　论

作为长株潭城市群建设的“经济腹地”，洞庭湖区村落既是长株潭城市群经济建设的农产品供应基地，又是长株潭城市群“两型社会”建设的经济“湿地”，肩负着节约资源、保护环境的生态使命。生态危机倒逼转型，发展困境需要转型，洞庭湖区村落经济正走在转型的十字路口。那么，洞庭湖区村落经济转型的方向在哪？转型的目标在哪？转型的路径在哪？如何评价转型发展的成效？等等一系列问题值得深入研究。

第一节　选题背景与意义

一、选题背景

党的十九大提出建设富强民主文明和谐美丽的社会主义现代化强国，绿色发展是建设美丽社会主义现代化中国的必然选择，是打造中国经济升级版和转变经济发展方式的非凡之举。当代中国肩负着实现工业化、建设工业文明和实现生态化、建设生态文明的双重战略任务，这就要求中国必须树立绿色发展理念，实施绿色发展战略，开辟绿色发展道路。党中央将生态文明建设纳入中国特色社会主义事业“五位一体”的总体布局，强调树立尊重自然、顺应自然、保护自然的生态文明理念，把生态文明建设融入经济建设、政治建设、文化建设、社会建设的各方面和全过程。绿色发展源于可持续发展又超越于可持续发展，是中国共产党在新的时代背景和现实国情的基础之上提出来的发展理念，绿色发展理念成为指引中国经济社会前进的灯塔。

在当前中国社会，改革的步伐正在坚实地向前迈进，经济转型的浪潮早已在中国城市社会风起云涌，而处于庞大中国社会系统末梢的村落显得似乎有些落寞，相对高速发展的城市经济来说，村落经济特别是中西部村落经济仍处于自然经济向市场经济转变的中间状态，或者说尚处于未完全转型状态，村落经济社会系统显得相对封闭，发展的脚步明显滞后于城市社会，城乡之间尚横跨着巨大的差距鸿沟。中国经济改革经历了从农村到城市的改革过程，中国经济改革自农村发起，再推进到城市，经历了从农村联产承包责任制到城市化建设再回到农村这个原点的首个改革轮次，这是中国经济社会改革的现实进程，更是中国农村经济社会发展的重大机遇。在中国经济社会改革与发展的大背景大趋势下，村落经济迫切需要又一轮次的改革以跟上整个社会改革发展的步伐，村落经济需要在再一次转型中崛起。

除具有中国农村经济社会改革发展的同质性经历外，洞庭湖区村落经济转型发展有自己的逻辑，具有洞庭湖区独特的背景因素和驱动力量。2007年12月，国家发改委批准长株潭城市群成为全国“两型社会”建设综合配套改革试验区。2014年5月，国家发改委批复建设洞庭湖生态经济区，大力推动将洞庭湖区打造成为全国大湖流域生态文明建设试验区。作为长株潭城市群的经济腹地，洞庭湖区村落应该以其广阔的市场空间成为长株潭城市经济发展的拉动力量；作为长株潭城市群两型社会建设的经济“湿地”，洞庭湖区村落肩负着节约资源、保护环境的生态使命。因此，转型是当下洞庭湖区村落经济的现实诉求。长株潭两型社会建设是洞庭湖区村落经济转型的外生动力，洞庭湖生态经济区建设是其转型的内生动力。洞庭湖是湖区村落经济转型发展的一个不同于其他地区村落的独特背景，洞庭湖区村落经济转型研究不能脱离洞庭湖这一自然环境要素。洞庭湖区村落经济社会结构如何转型？洞庭湖区村落经济发展模式如何适应洞庭湖功能变化的转型？洞庭湖区村落生产方式如何转型？等等一系列问题需要重点关注并深入研究，于是笔者以“绿色发展视野下洞庭湖区村落经济的转型发展”作为选题展开研究。

二、研究意义

21世纪是绿色经济发展的时代。绿色产品成为大众追逐的市场热点，绿色消费成为拉动经济的消费潮流，绿色产业成为引领经济的支柱产业。为积极应对金融危机、气候变化、人口膨胀和资源枯竭的多重挑战，发展绿色经济是顺应时代潮流的必然选择，中国经济正步入重大转型期。但研究中国宏观层面的经济转型需要通过分析微观经济体来实现，洞庭湖区经济研究需要深入到村落经济这一微观层面。因此，“绿色发展理念下洞庭湖区村落经济转型发展研究”不仅具有重要的理论价值，还具有巨大的实践意义。

洞庭湖区村落经济转型与绿色发展研究除了具有学理上的价值外，在探索湖区村落经济转型规律、路径和策略等方面更是具有实践意义。第一，从绿色发展视角来研究洞庭湖区村落经济转型的走向问题，将洞庭湖区村落经济社会发展置于“人与自然”这一重大命题下展开研究，改变过去就湖论湖、人湖相分的思维套路，拓宽了湖区村落经济发展的研究领域。第二，从村落经济系统内外部的全息视角研究洞庭湖区村落经济转型的动力问题，分析洞庭湖区村落经济转型的内生机制和外生机制，构建湖区村落经济转型与绿色发展水平的评价体系，丰富了湖区村落经济转型发展的研究内容。第三，从历史追溯中探寻洞庭湖区村落经济转型发展的内在规律，从现实调查中探索洞庭湖区村落经济转型与绿色发展的新策略，为定位洞庭湖区村落经济转型发展路径提供新思路。

第二节 研究目的与内容

一、研究目的

在对洞庭湖区村落经济的历史变迁深入梳理、发展现状充分调研的基础上，结合洞庭湖区自然生态背景和资源禀赋特点，构建一套能科学判断湖区村落经济转型发展水平的评价体系，并以案例形式对洞庭湖区村落经济转型与绿色发展水平展开实证研究，找出洞庭湖区村落经济转型与绿色发展在现状与目标间的差距，探寻洞庭湖区村落经济转型与绿色发展的思路与举措，构建村落经济转型与绿色发展的湖区模式，为全国湖区村落经济转型发展探索道路和累积经验。

洞庭湖区村落经济转型与绿色发展的具体研究目的如下：一是通过探寻

洞庭湖区典型村落经济转型的历史轨迹，解析洞庭湖区村落经济转型的内生动力和外生动力，探索洞庭湖区村落经济转型与绿色发展的基本规律。二是以洞庭湖区村落经济转型的历史过程为借鉴和启示，探索洞庭湖区村落下一轮经济转型的具体路径，构建湖区村落经济转型发展模式。三是研究洞庭湖区村落经济转型的内生机制和外生机制，构建洞庭湖区村落经济转型与绿色发展水平的评价体系，提出洞庭湖区村落经济转型与绿色发展的思路与策略，为政府规划洞庭湖生态经济区建设和推动洞庭湖区村落经济社会转型提供决策依据。

二、研究内容

任何事物本质规律的揭示，总是要历经从理论分析、历史启示到现实探索的过程，洞庭湖区村落经济转型与绿色发展的研究也如此。绿色发展理念、转型经济学理论、社会资本理论、生态经济学理论和制度经济学理论是洞庭湖区村落经济转型研究需要遵循的理论指导，将洞庭湖区村落经济置于以上理论思想下展开研究，以洞庭湖区村落微观经济体（如农户、合作社等）为主要研究对象，重点从农户经济的微观视角研究洞庭湖区村落经济主体转型问题，聚焦于洞庭湖区村落经济社会的绿色发展，立足人湖关系展开研究洞庭湖区村落经济社会的变迁轨迹，揭示村落经济转型的一般性规律和湖区村落的特质性发展演变过程，从历史的、微观的角度研究洞庭湖区村落经济转型的动力机制、评价体系、路径策略等问题。

通过对绿色发展理念、转型经济学理论、生态经济学理论、社会资本理论和制度经济学理论的分析研究，为洞庭湖区村落经济转型与绿色发展奠定理论根基。通过对国内外湖区村落经济转型发展状况的分析研究，总结归纳国内外湖区村落经济转型的经验启示，为洞庭湖区村落经济转型与绿色发展提供“前车之鉴”和寻找“成功之匙”。通过对洞庭湖区村落经济转型的历史考察，为洞庭湖区村落经济转型与绿色发展探寻内在规律。通过实地调查洞庭湖区典型村落，实证分析洞庭湖区村落经济转型与绿色发展的现状、困境及动力，为洞庭湖区村落经济转型与绿色发展提供路径定位。通过构建洞庭湖区村落经济转型与绿色发展的评价体系，比照洞庭湖区村落经济转型的典型案例进行评价分析，为洞庭湖区村落经济转型发展中的现实问题探索解决方案。具体而言，重点研究以下几个问题：一是洞庭湖环境变迁对湖区村落经济社会发展带来的影响，即湖对人的影响问题；二是湖区村落经济社会变迁对洞庭湖自然生态的影响，即人对湖的影响问题；三是洞庭湖区耕作制移民、人口增殖与流动等因素对洞庭湖区村落经济转型与绿色发展的影响，即人对人的影响问题；四是从村落经济系统内外部的全息视角研究洞庭湖区村落经济转型与绿色发展的动力问题；五是从人湖共生的视角研究洞庭湖区村落经济转型与绿色发展的路径问题；六是研究洞庭湖区村落经济转型与绿色发展水平的评价问题。本书共包括八个章节的内容，第一章为绪论；第二章为洞庭湖区村落经济转型与绿色发展的理论分析；第三章为中外湖区村落经济转型与绿色发展的经验启示；第四章为洞庭湖区村落经济转型与绿色发展的历史考察；第五章为洞庭湖区村落经济转型与绿色发展的现状、困境及动力；第六章为洞庭湖区村落经济转型与绿色发展的评价；第七章为洞庭湖区村落经济转型与绿色发展的路径探索；第八章为结论与策略。

第三节 研究现状与述评

一、国内外相关研究的学术史梳理及研究动态

村落是中国农民繁衍生息的最基本地域单元，也是农村经济社会的最基层组织单元。不了解村落，就不了解农业、农民，就不了解农村经济社会。村落是研究中国“三农”问题的突破口和切入点，通过村落这一视窗，研究视角、学术思维的触角顺利延伸进入农户、农民的微观经济世界，有助于了解、把握和捕捉村落经济转型发展的内容与特征，有助于分析、实证、探索村落经济转型发展的规律与路径。当前，“三农”问题研究的学术视野已由宏观深入到中观甚至微观层面，村落经济已成为“三农”问题的一个重点研究领域。

村落变迁是国家和地区经济社会变迁的历史缩影，村落层面沉淀着融入了血缘和地缘关系的制度变迁、经济社会转型的丰富内容与痕迹，中国经济社会的巨大变化和发展无一不在村落层面烙下了深深的印痕，村落经济是否

成功转型事关中国能否如期实现全面小康和“三农”现代化的目标。在长株潭两型社会建设背景下，洞庭湖区村落经济面临着下一轮转型的发展诉求，只有加快村落经济转型才能推动洞庭湖区农村经济社会快速融入环洞庭湖经济圈的建设步伐，洞庭湖区村落经济转型问题必将吸引众多研究者的目光。学术界对洞庭湖的研究已形成气候，但普遍聚焦于洞庭湖的治理与环境保护问题、洞庭湖区农业经济问题和环洞庭湖经济圈建设问题等，大都是从区域经济的宏观层面进行研究，很少将研究关注点置于洞庭湖区村落这个微观层面展开研究。目前，学术界还没有针对“洞庭湖区村落经济转型与绿色发展”的研究。在大量文献资料中，对“洞庭湖区村落经济转型与绿色发展”具有参考价值的文献著述大致可以分为四类：一是绿色经济研究；二是村落经济研究；三是经济转型与村落社会变迁的关系研究；四是洞庭湖区经济研究。

1. 绿色经济研究

“绿色经济”概念是由英国环境经济学家大卫·皮尔斯在1989年出版的《绿色经济的蓝图》一书中首先提出。20世纪90年代以来，许多研究者开始关注绿色经济，重点关注闭环型和服务经济的基本方面，初步形成了绿色经济研究的三个领域：

第一，关注生态环境与经济之间的发展关系。刘思华（2001）提出“绿色经济”的概念，并将其定义为：“以生态经济协调发展为核心的可持续发展经济。”崔如波（2002）认为，绿色经济是强调生态与经济协调发展的可持续经济发展的更高级形态。2003 年，在“绿色中国”首届论坛上，胡鞍钢提出绿色发展观就是科学发展观，指出绿色发展就是社会、经济、生态三位一体的新型发展，我国绿色发展之路的首要问题是“绿色改革”。胡鞍钢（2004）认为，传统的“黑色发展”不能适应人类新的危机，对它的修修补补也难以从根本上扭转危机趋势。孔德新（2007）认为坚持绿色发展、构建生态文明是实现可持续发展的必由之选，也是整个人类社会经济发展历史的启迪。夏光（2010）指出绿色经济包含了培育新的绿色增长点，其具体内容包括生态农业、生态旅游、可再生能源、服务业及高新科技等。高红贵（2012）视绿色经济为人类社会经济发展的新方向，是一种新的经济形态和经济模式。辜胜阻（2012）认为绿色经济包括低碳、资源的有效配置和社会的包容三方面的内容。胡鞍钢（2012）在《中国：创新绿色发展》一书中将自己的观点总结凝练成三个绿色：绿色发展、绿色崛起、绿色贡献，强调绿色发展是第三代发展战略的核心。2014年，胡鞍钢再次将绿色发展的特征概括为三点：绿色发展强调经济系统、社会系统与自然系统的共生性与发展目标的多元化；绿色发展的基础是绿色经济增长模式；绿色发展强调全球治理。石翊龙（2015）认为绿色经济是由市场机制、计划机制、生态以及道德机制等多重机制集中组合成的多重综合体，而制度建设对于绿色经济体制的运行至关重要。

第二，关注人类福利与生态环境的关联方式。关注生态环境是一切绿色经济研究者的出发点和落脚点。牛文元（2004）提出，可持续发展的内容就是平衡和协调两大核心关系：人与自然之间，以及人与人之间的关系。Wall（2006）将绿色经济聚焦于资源、生态限制内最大化人类幸福。绿色经济试图打破人和自然以资源稀缺为前提构建的天人冲突范式，通过有益于环境或与环境无对抗的经济行为，共同提升经济与环境效益，实现可持续增长（OECD，2009；夏光，2010）。UNEP（United Nations Environment Programme）将绿色经济定义为“在提高人类福祉和社会公平的同时，极大地降低环境风险和生态稀缺性，即绿色经济是低碳、资源有效利用和社会包容的发展模式”（UN-EP，2010）。2013年，牛文元提出中国绿色发展的五大主题，强调科技创新，供给协调，管理优化三方面的协同进步。傅晓华（2013）认为，绿色发展观的主要理论来源是中国古代朴素的生态保护思想以及对西方现代发展观的批判。王如松（2013）指出，绿色发展过程的实质是一种生态发育过程，建设生态文明的核心是人的绿化。张念瑜（2014）认为绿色发展是人类处理经济发展与生态保护、温室气体的治理技术、制度与变革的必由之路。廖小平（2015）认为，发展是最贴近生态文明这一高级文明形式的社会发展方式。绿色发展将生态环境资源作为经济社会发展的内在要素，将经济、社会、环境的全面、协调、可持续发展作为根本目标，将人类的生产、生活过程与结果的“绿色化”作为主要内容和途径。

第三，关注生态局限和经济发展的资源分配关系。绿色经济的中心信条包括可持续性、生产和分配的本地化，尊重生态局限和更平等的资源分配（Jack Reardon，2007）。诸大建（2001）认为，中国的未来发展面临着绿色创新的严重挑战。2009年，诸大建再次强调循环经济研究需要从环境治理导向升华到绿色增长导向，认为“深绿色”环境观念的诞生预示着一个真正的绿色发展时代的到来。Ocampo（2011）强调在绿色经济的分析中，必须考虑四个不同的宏观经济学问题：当前的经济决定怎样顾及后代的福利，社会折现率应该被用于微观经济学和部门级别的成本收益分析；经济增长是结构调整的过程，绿色经济转型必将伴随生产和消费模式的重大改变，不啻为一次新的技术或者工业革命；全球性倡议怎样被落地施行；环保政策和支出对总供求的影响。诸大建（2012）按思考深度，从浅绿到深绿对绿色经济提出基于效率、规模、公平角度的理解。李伟（2015）指出，绿色可持续发展之路是一场深刻而全面的变革，涉及发展理念的更新、消费方式的变化和生产过程的低碳化、绿色化。

在早期的文献资料中，绿色发展理念指的是资源环境同经济之间的协调发展，却忽视了整个生态系统的全面发展问题。中国共产党基于当今时代背景和现实国情在党的十八届五中全会（2015）上提出新的“五大发展理念”，其中“绿色发展理念”成为指导中国经济社会发展的行动纲领，赋予“绿色发展”以崭新内涵：一是中国绿色发展要求实现低资源发展、高效益发展、废弃物排放少的发展、废弃物资源化的发展，强调可持续发展、人与自然和谐的发展；二是中国绿色发展更加注重把创新作为经济发展的驱动力，产业结构向服务经济转变。将“互联网+”作为加快服务业转型发展的新引擎，大力发展“四新经济”（即新技术、新产业、新业态、新模式）；三是中国绿色发展更加注重生态文明建设，保护生态环境，构建和谐社会，用马克思主义生态观指导中国的绿色发展。

2. 村落经济研究

早期中国农村经济社会研究专家，如吴文澡、李景汉、费孝通、张厚安等从实证研究中探寻村落经济社会的发展走向，重点关注农民的经济生活问题，取得了丰硕研究成果。许多国外学者根据各自研究的关注点和侧重点从不同视角对村落经济展开了研究，也取得了许多研究成果。

（1）村落产业经济研究。农业是村落经济发展的基础，对村落经济起到极大的稳定作用。华人学者黄宗智对早期中国长三角农民的糊口农业提出“内卷化”理论，指出农业“内卷化”是“没有发展的增长”。研究表明，在发展中国家的欠发达地区，农业对村落经济的贡献仍占有相当比例；在具有特殊发展历程的中国农村地区，行政体制起到较大影响，但其程度正趋于下降。Rozelle（1995）等以中国40个经济发展较快的村落为例得出“村办企业对村落经济贡献甚大”的观点。市场竞争对提升村落企业的生产效率起到积极的推动作用，进而激发个体私营企业经济收益的显著提高。以自然资源为主的村落工业中，集体企业的目标不太明确，常常导致经济效益低下、收益受挫。集体企业是可以演变为私营企业的。农村工业与城市工业在某种程度上存在着密切关联，并形成了一定的错位，可以推动农村工业的发展。在工商业发达的西方村落，第三产业的经济贡献已经占到相当高的比例；但在欠发达的发展中国家农区，第三产业经济仍十分薄弱。农区作为一个巨大的消费群体正在引起多方面的关注，周边环境是村落经济的出发点和归宿点，消费者选择与所在环境密切相连。在发达国家的村落经济中，农业经济的贡献呈现出持续下降的态势，如美国夏威夷岛的农业自20世纪中叶之后一直下滑，目前农业产值贡献已降至1%以下，农业人员不到全部就业人数的2%。为了解剖宏观政策与微观执行的关系，Ramachandrana等以印度喀拉拉邦海岸社区为例从两者磨合的视角探讨了村落经济的内在运作，即中央强制性沿海规范带CRZ与民众参与性计划PPP的有机结合。

（2）工业化城市化对村落经济的影响研究。工业化是发达国家，也是发展中国家积极推进农村现代化的重要途径，工业化、城市化能够对推动村落经济快速发展产生巨大影响。村落经济对工业化响应是非常积极的，村落经济与农村工业实体形成了相得益彰的经济联合体。樊杰等（1996）通过6省7镇的典型调查，指出工业化加速了村落现代化进程，为村落经济的繁荣奠定了基础，并认为城市化能为村落经济提供市场、就业等发展空间，城市化能够带动村落经济发展。胡筝等认为通过城市资本的拉动作用，形成以城市企业、村级集体经济和农户为经济主体的利益共同体，可以增强村落经济的活力，进而增加农民收入。城市在区域经济发展中起到带动作用，周边农区常常作为“外围腹地”与城市形成一个有机整体。城市为村落经济发展提供了广阔的市场和较多的就业机会、扩展了收入的渠道等。与城市不同距离的村落为了响应城市的带动作用也会表现出一定的规律性，如由城市中心向外，村落人口密度呈现出距离衰减效应。

（3）农业科技对村落经济的影响研究。农业科技对推动村落经济发展起着巨大的作用，但需要考虑村落经济的发展现状，不能脱离村落农户对农业科技的认识水平和接受能力。Biswas（1997）等对Khanpara村21个家族（Clusters of Households）61家农户（38km^{2}农田）的实地调查表明，由于农户从发酵浆中获得的收益不足以弥补农户的相应投资，付不起生物原料费而使得沼气技术呈现出不经济的发展态势，农户为建设沼气池所付出的投资成本高于农户从沼气池中获得的收益。Rozelle等给出了中国村落经济的发展模型，认为中国村落农业技术人员数与村落的非农业收入呈负相关关系。乔家君等（2008）认为，专业村集聚是农区经济发展的重要增长极。

3．经济转型与村落社会变迁的关系研究

经济转型与社会变迁存在着千丝万缕的关系，村落经济转型往往蕴藏于村落社会变迁过程之中，村落社会变迁推动了村落经济转型。村落经济转型发展不仅决定着农业现代化水平和综合生产能力，而且关系到村级组织运转效率、农村社区建设和公共服务水平，也影响着农民增收和生活质量的提高。学术界对乡村社会变迁做了大量的研究和探讨，从不同的研究视角揭示出村落经济转型与村落社会变迁的关系。

（1）基于社会结构视角的研究

社会结构包含着经济内容，经济关系映射出社会结构。万振凡等（2008）在对江西近代乡村变迁的研究中，提出“弹性结构”分析模型，认为传统乡村的社会变迁过程实质上就是乡村“弹性结构”和乡村革命、改良的互动过程。郑杭生等（2004）认为当代中国的社会变迁特指社会结构的重大变化，推动社会变迁、影响社会运行的力量称之为扰动，扰动会带来起社会结构的震荡，结局可分为三种：结构变位、结构重组和结构变革。李强彬等（2006）认为当代中国的乡村无论在经济、政治，还是在思想文化方面都正在经历深刻的社会转型，其中，一直都存在两种不同性质和向度的力量：一种是以国家强制力为后盾的自上而下的政治和行政控制力量；另一种是乡村自身的内生秩序控制力量。唐晓腾（2007）则在“国家—社会”框架下，指出当前乡村社会重构不再是单纯的“国家主导性”的，要通过转变基层政权组织的职能，提高民主化程度，按现代社会结构重构乡村的政治组织、经济组织和社会组织。方绍明（2009）将农村社会变迁概括为：农村行政组织的变迁、农村经济发展的变迁、农民人口的变迁、农民经济状况的变迁和农民内部阶层的变迁。李长江（2007）以浙江省温岭市松建村、永康市新河村、湖州市南浔区射中村、诸暨市长乐村、开化县金星村、金东区塘湖村等6个典型现代农业型村落为样本村落，重点研究了这些样本村落的社会经济变迁过程、典型事件和驱动机制，发掘浙江省现代农业型村落经济社会变迁的历史规律及其优势条件和制约因素，总结浙江省农业型村落经济社会发展的示范性经验，提出了现代农业型村落可持续健康发展的对策。邱梦华（2009）提出，作为传统乡土中国主要社会结构的“差序格局”在很大程度上决定着农民合作的差序性与特殊性，社会结构的转型使得差序格局理性化，这扩大了农民合作的对象范围，却没有改变农民合作的“中国特色”。随着市场经济的继续深化，差序格局将趋消解，中国农民合作的形态也应该从传统向现代转变。邹农俭（2005）认为，工业化和城市化成了当代中国乡村社会变迁的主要线索，乡村变迁在社会结构层面上的表现形成了一个复杂的社会人群结构，“未来中国农村的基本走向很大程度上取决于社会群体之间的关系”。贺雪峰（2006）指出，现代性对中国传统农村社会的影响表现为以下几个方面：国家政权建设对乡村社会的影响；阶级话语的构建及其对乡村社会的影响；启蒙话语与现代法律的影响；作为现代性后果的物质性公共产品和个人的社会流动。在当前中国农村，传统的规范已失，现代的规范未能有效建立，农村出现了公共品供给的困境，如何解决农村公共品供给的困境，将是今后农村政策设计的方向。

正如有些学者概括的那样：乡村社会变迁是由外部力量和村庄内在的经济社会结构的相互作用而推动的。从该视角出发的学者更关注乡村自治等制度变迁、乡村社会结构和秩序重建等方面的研究。有些学者则通过实证研究，充分验证了乡村社会的“反作用力”。肖唐镖（2010）在对近30年农村稳定的研究中发现，自20世纪90年代以来，农村冲突开始主要表现在农民与政府、干部之间，他的研究结果表明影响农村稳定格局变迁的因素，除国家宏观政策和体制外，还包括乡村利益格局的变化所带来的农民观念及其组织因素等条件的变化。

（2）基于社会关系视角的研究

村落社会关系是村落经济的重要构成要素，村落社会关系的分化组合是村落经济转型发展的内在动力。著名社会学家费孝通在著作《乡土中国》中首次提出“差序结构”的概念，他认为，“差序格局”是中国乡村社会的主要特征，各种关系交织组成村落社会，个人是村落社会关系网络的中心，“好像把一块石头丢在水面上所发生的一圈圈推出去的波纹。每个人都是他社会影响所推出去的圈子的中心。”[①]中国社会变迁不仅仅是有工业化的问题，而且还是“社会重组的过程”，社会关系的重组是其重要内容。林耀华在著作《金

① 费孝通．乡土中国［M］．北京：人民出版社，2008（10）：28

翼》中形象地将社会缩影比作一幅由竹竿和橡皮带组成的图像，任何一个橡皮带和竹竿的变化都可以使整个框架瓦解。项继权（2005）从村庄关系入手，以河南、山东和甘肃的乡村个案开展研究，展示乡村关系随着时间推移发生的变化。研究结果表明我国乡村之间存在多重动态关系，不同乡村之间的关系有不同的特点。袁小平（2008）则认为“传统关系结构的再建构”是传统亲缘关系与现代社会、经济关系的交织。佀传振（2012）分析了中国乡村“人伦—人情—人缘”的信任关系网络结构，从信任关系的变迁来折射乡村社会变迁过程，认为乡村社会变迁是从“以人际信任为主”过渡为“以制度信任为主”。以上研究为分析当前洞庭湖区村落经济转型的现状和探索洞庭湖区村落经济转型的路径提供了很好的研究基础和理论支持。

（3）基于社会流动视角的研究

产业分化引导出职业分化，职业分化带动社会流动，村落社会流动既是村落社会变迁的主要内容，又是村落经济转型的内在动因。许纪霖（1992）认为，随着产业和职业分化，引导出新的社会流动，逐步形成新兴社会阶层，构成“左右中国现代化格局和走向的动力群体”。特别是农民阶层的社会流动及其自觉意识推动他们走向政治和社会生活的前台，“建构着现代化中国图式，对中国现代化历史走向产生了深远的影响”。张乐天（1994）认为，社会变迁的原因是地方政府权力的收缩和农业分化程度的提高，分化表现在产业分化和职业分化等方面。乔志强等（1995）认为职业变动引发了近代社会变迁，传统社会是单一性的职业社会，职业的流动很少发生，所以传统社会缺乏变迁的意义。而近代社会通过职业变动展示出“一幅社会流动、分化、变化万端的图景”。张玉法指出“当社会发生垂直或水平流动的时候，或受新观念和新技术挑战的时候，社会就会发生根本改变”。[①]当传统农业经济走向工业经济时，知识分子和科技人才跃升为工业社会精英分子的一部分时，社会变迁就已经发生了。农民工问题是持社会流动视角的学者们最为关心的现实问题之一。相关学者对长三角乡村社会变迁的研究表明，农民工的涌现引起农民阶层的“错动与重组”，使乡村社会呈现“动态图景”，而这正是乡村社会变迁中“革命化”的变化，认为“农民的流进流出，不仅对城市社会产生多元复

① 张玉法．二十世纪前半期的中国社会变迁（1900—1949）［J］．史学月刊，2006（3）：22

杂的影响，而且对乡村社会变迁亦具有联动效应”。[①]

（4）基于社会文化视角的研究

经济转型与社会文化变迁之间存在着互动关系，通过对村落社会文化变迁的研究，可以揭示出村落经济转型的轨迹。孙本文在著作《社会学原理》中倡导从社会文化视角研究社会变迁，他认为，社会变迁包括人口变迁和文化变迁，人口变迁也不能出乎文化变迁范围之外，“所以社会变迁，除开生物变动外，只有文化变迁”。郑大华（2007）提出，社会变迁引起文化变迁，并决定文化转型的性质和速率，而文化转型又对社会变迁产生重要影响，为社会的下一步变迁制造或提供思想前提。李晓伟的研究证实乡村社会秩序主要依赖乡村文化，认为“乡村文化所确立的伦理关系与原则构成乡村社会的基础秩序”。文化在社会变迁中的重要性正是在于“它既保护了创造力，让个人独立地发展，却又发挥凝聚力，让个人在多元中结合成社会”。[②]庄家炽用“话语群—行为”模式对湖南省的一个乡村进行社会变迁个案研究，其研究结果也表明，“话语群”与行为体系之间存在着相互依存的关系，当两者发生变化时，即社会文化和民众思维形式以及行为方式发生转变，就导致社会变迁的发生。车裕斌（2010）通过对当代村落经济转型导致的文化冲突和社会分化的准确详细描述，呈现出村落经济转型中村落社会文化的原貌，分析了村落经济转型中文化冲突与社会分化的基本特征。

（5）基于经济社会视角的研究

浙江师范大学农村研究中心以“村落经济转型研究和推进农村发展”为主要研究方向，开展了一系列的研究工作，取得了丰硕成果。王景新（2011）指出，中国村落经济转型正处在关键时期，凸显出结构多元化和非农化，类型、水平多样化和多级化的发展态势。他认为，村落经济转型发展过程中，最具借鉴意义和推广价值的中国经验包括：始终保持农业持续增长，保障农产品供给和社会稳定；采取农民首创试验、政府认可推广、上下互动、渐次推进的模式；坚持资源配置中的起点公平、经济民主原则；激励村落精英创业、创新，造就星罗棋布的小型经济文化中心，这些都是村落经济转型发展过程中积淀的宝贵经验。王景新在《农村改革与长江三角洲村落经济转

① 耿英．社会学视角下的中国乡村社会变迁研究［J］．东方论坛，2010（8）：15

② 李晓伟．论社会变迁中的乡村文化与乡村秩序［J］．黑龙江科技信息，2009（9）：32

型》一书中对中国农村经济改革史进行了深入研究，总结了我国农村经济转型发展的成就、研究其基本经验和规律。通过深入系统研究长江三角洲村落经济转型发展的现状、趋势、典型经验与普遍意义，探索我国农村改革的成就和基本规律。此外，还有方湖柳的《村落工农业关系研究——以江苏省太仓市泰西村为例》（2010）、陈志文等的《蓬溪村古村落社会经济变迁研究》（2010）、廖国一的《壮族农村经济社会转型的新模式探析》等著作分别选取不同区域不同类型从不同视角展开对村落经济社会转型的研究。

综上所述，社会变迁是一个复杂的过程，多视角的运用有助于正确理解和解释村落经济社会转型的复杂性。社会变迁往往在社会结构上形成可以观察到的变化，同样这种变化也往往可以在社会结构中寻找到其原因和机制。但是社会变迁的发生除社会结构之外，还受到自然环境、社会心理、文化传播等多方面因素的影响，是多因素相互作用的结果。单一的决定论都不能科学地解释中国农村经济社会的转型发展，只有综合地考虑资源、技术、制度、文化、观念等多种因素，运用多视角进行研究，才能正确解析村落经济社会转型发展。此外，村落经济转型研究还需要吸收中国农业经济史的研究成果，如林毅夫的《制度、技术与中国农业发展》和《再论制度、技术与中国农业发展》、陈吉元、陈家骥和杨勋的《中国农村社会经济变迁1949~1989》等，这些成果集中于中国农业农村由传统向现代转型的研究领域，有很高的学术和史料价值。

5. 洞庭湖区经济研究

洞庭湖区经济社会问题在20世纪90年代初就已引起众多学者关注。张步天（1993）研究了洞庭湖区的历史农业和地理；卞鸿翔（1993）研究了洞庭湖的变迁问题；何林福（1994）对洞庭湖演变的研究；王克英（1998）等对洞庭湖治理与开发的研究；施金炎（2002）等研究了洞庭湖区围垦与演变并提出了治理对策；高碧云（2005）在水务、农业、工业、商贸等方面论述了洞庭湖区经济的兴衰变迁；杨果（2005）着重研究了影响宋元时期江汉——洞庭平原聚落变迁的环境因素；董力三等（2006）对洞庭湖区农业经济环境变迁进行了研究；邓大才（2006）采用经济学、人类学、社会学的方法，用实证的手段描叙、解剖、分析了洞庭湖平原一个以粮食为主业的村庄农民的收入、就业、支出与社会化等一系列问题；刘大江等（2007）较为系统地介绍了洞庭湖近200年（1803~2003年）来湖州变迁、治理、血吸虫病防治和生态环境等内容；柳思维（2011）研究了环洞庭湖区旅游产业发展的问题；刘茂松（2011）对洞庭湖区腹地经济发展战略进行了研究；李明贤（2012）对洞庭湖区现代农业示范区建设进行了研究等。2014年4月23日国务院批复同意《洞庭湖生态经济区规划》，随着洞庭湖区生态经济区建设上升为国家发展战略，洞庭湖区经济社会问题越来越成为国内外学者研究的热点。

6. 文献述评

学术界针对村落经济社会问题的研究成果颇为丰富，具有很高的学术价值，大都采用跨学科方法来研究村落经济社会问题，引入了人类学、社会学来研究村落经济社会的变迁与发展，特别是田野调查方法的运用，将村落研究推向深入。对于村落经济社会研究，学术界向来具有重实证的优良传统，特别是早期中国农村经济社会研究专家，如吴文澡、李景汉、费孝通、张厚安等高度重视田野调查研究，从实证研究中剖析农民的经济生活问题和探寻村落经济社会的走向问题。通过白描式叙述，展现个案村落村民的经济生活，回答了村民的经济生活“是什么”的问题，并进一步探究村民经济生活“是什么”背后“为什么”的问题，但相对缺乏对村民经济生活问题解决路径的探索，即“怎么办”的问题研究。早期的农村经济研究者大多偏重于农村经济的增长问题，而忽视了农村的生态环境问题。因此，洞庭湖区村落经济转型发展的研究需要在以下领域得到重点关注。

第一，洞庭湖区环境对村落经济的影响研究。环境是村落经济转型发展的根源与动力，村落环境既包括自然环境又包括社会环境。不同国家或地区的村落经济具有各异的特性，这是由不同的环境条件所形成的。洞庭湖区村落经济的环境条件自有其独特之处，探索洞庭湖区村落经济转型发展的路径与策略，就不能脱离针对洞庭湖区村落所处环境的剖析。但环境总是不断变化的，不同时期、不同空间尺度的环境都在变化，无论是村落自然环境还是村落社会环境总是处于不断地变化之中，村落环境通过村落与外界的物质、能量、信息不断交互作用而影响村落经济社会的走向。村落环境主要包括粮食产量、工业收益、非农劳力、资金、投资、播种面积、价格、自然生态等九个方面，各种因素相互渗透、相互影响而形成一个复杂的村落环境系统。为增强研究的指向性，本书将影响洞庭湖区村落经济转型发展的环境主要限定于如下五方面：①政策落实环境，为村落行为个体（农户、村委、村办企业、个体私营企业、村落中其他经济合作组织等）接受不同上级政府政策的程度；②市场运行环境，反映村落行为个体对市场的接受与响应程度；③信誉环境，反映村落行为个体进一步合作的可能与前景；④文化积淀环境，单一文化与不同文化交融的情形对村落经济发展将产生显著差异；⑤自然地理环境，村落的自然地理条件也是影响村落经济不可忽略的环境因素，应该高度重视人与自然关系变化过程中村落经济转型问题的研究。

第二，洞庭湖区村落经济自主发展能力研究。所谓村落经济自主发展能力，是指村落经济实体依靠农户等不同的经济主体能够自主获取信息、自主决策和自主实施，进而不断增强村落经济实力、提高农户生活水平的能力。洞庭湖区村落经济的转型发展应注重于强化村落经济的自主发展能力。首先，村落能够依靠不同行为主体的自身素质在现代社会经济环境中得以生存和发展，那种全部或绝大部分依靠他力（如救济金、扶贫资金、最低生活保障金等）的村落是不具备自主发展能力的。其次，行为主体的生产、消费、资源利用、就业等决策均由村落行为主体自行安排，以反映其独立经济实体的特性。再次，行为主体实力的增量、存量发展，不仅包括其经济实力的增强、消费水平的提高，而且还包括行为主体经济结构的优化、资源的合理配置、技术水平提高、更高的发展需求等。最后，同一行为主体以及不同行为主体之间的联系网络、村落所在地域基质的发展水平也是村落自主发展能力不可忽视的方面。村落经济自主发展能力的强弱决定了村落经济转型发展的快慢。村落经济自主发展能力并非外生的，而是村落经济的内生能力，是推动洞庭湖区村落经济转型发展的关键力量。

第三，洞庭湖区村落经济转型发展与湖区环境变迁的关系研究。据上述关于洞庭湖研究领域和中国村落经济社会研究领域的大量文献综述可知，通过几代人的潜心研究，针对中国村落的研究是广泛而深入的，丰富的研究成果为“洞庭湖区村落经济转型与绿色发展研究”从学理、方法、思路、视角等方面给予了启迪和借鉴。但在关于洞庭湖区村落经济的研究成果中，缺乏从人与湖的关系视角系统地考察洞庭湖区村落经济社会发展与演变历程的研究，未关注洞庭湖区村落经济社会发展变迁与洞庭湖的变迁之间的关系问题，未将洞庭湖与湖区村落发展置于“人与自然”这一重大命题背景下展开研究。即便是针对洞庭湖治理问题的研究也并未真正跳出“就湖论湖”的研究框框，一直以来对洞庭湖的治理思维是单向度的，未从人湖共生的关系考量洞庭湖的治理问题，治理的同时就造成了人湖关系脱节的问题。因此，应该以绿色发展理念为指引，立足人湖共生关系来研究洞庭湖区村落经济转型发展问题，重点聚焦以下几个问题：①洞庭湖环境变迁给湖区村落经济社会发展带来的影响，即湖对人的影响问题；②湖区村落经济社会变迁对洞庭湖自然生态的影响，即人对湖的影响问题；③洞庭湖区耕作制移民、人口增殖与流动等要素对村落经济社会发展的影响，即人对人的影响问题；④洞庭湖区村落的人湖共生发展问题；⑤洞庭湖区村落经济形态、社会结构演变的影响因素问题，即洞庭湖区村落经济转型的动力问题；⑥洞庭湖区村落经济转型与洞庭湖区都市经济发展的关系问题。

第四节　思路方法与概念界定

一、研究思路

思路决定出路。明晰的研究思路是课题研究得以顺利完成的根本保障，更是课题研究能够取得高质量成果的关键环节。通过文献理论研究和前期调研分析，以问题为导向，明确了“从理论到实践，再从实践到理论”的技术路线，确定了如下研究思路：树立一根主线→运用三种方法→基于五大理论→选取若干案例→解析五个问题，即以“洞庭湖区村落经济转型与绿色发展”为主线，主要运用文献理论研究、田野调查研究和案例研究这三种研究方法，基于绿色发展理念、转型经济学理论、社会资本理论、生态经济学理论和制度经济学理论这五大理论，选取地处洞庭湖区的岳阳、常德、益阳三市所辖湖区典型村落作为案例，重点解决“洞庭湖区村落经济转型与绿色发展”的五大基本问题，即湖对人的影响问题（自然资源、生态环境对村落经济转型影响的问题）、人对湖的影响问题（村民的经济活动对洞庭湖生态系统的影响问题）、人对人的影响问题（村落社会网络关系问题）、人湖共生的问题以及洞庭湖区村落经济转型发展的路径策略问题。

二、研究方法

内容决定形式，形式服务于内容。方法是研究课题的方式与手段，是课题研究的形式，研究方法应服务于研究内容。洞庭湖区村落经济转型发展的研究内容是一个复杂的系统性工程，这一研究内容决定着研究方法的多样性和灵活性，需要通过结合多学科理论来不断创新洞庭湖区村落经济转型发展的研究方法，以绿色发展理念为指导，汲取转型经济学、生态经济学、社会资本论和制度经济学的理论养料，引入社会人类学的“四季观察”“参与式”田野调查法和计量分析法，在研究过程中综合运用各种方法，促使方法相互借鉴和补充进而开拓研究视野、清晰研究思路、解决研究问题。通过历史追踪与现实调查相结合的方法，追溯洞庭湖区村落经济转型的轨迹，解析洞庭湖区村落经济转型的动因，探寻洞庭湖区村落经济转型的路径。本书主要运用理论分析和实证研究相结合的方法，具体采用以下三种研究方法：一是文献研究法。通过查阅大量相关文献典籍，摸清国内外学者在村落经济方面的研究现状，全面把握村落经济转型发展领域的研究广度与深度，对洞庭湖区村落经济转型轨迹进行历时性考察，为深入研究洞庭湖区村落经济转型发展的现实路径和未来走向奠定理论基础。二是田野调查法。将岳阳、常德、益阳三地区的湖区村落列入调查范围，以洞庭湖区典型村落的农户和农民为主要调查对象，通过实地考察与问卷调查等方法，了解和掌握洞庭湖区村落农户与农民的经济生活，获取关于洞庭湖区村落经济转型发展的第一手资料和数据。基于细致的调查研究，把握洞庭湖区村落经济转型的过去与现在，探寻洞庭湖区村落经济转型发展的将来模式，研究洞庭湖区村落经济转型与绿色发展在洞庭湖生态经济区建设中的地位与作用，探索洞庭湖区村落经济转型与绿色发展的路径与策略。第三，案例分析法。所谓案例分析法，是指对某一个体、某一群体或某一组织在较长时间内连续进行调查，从而研究其行为发展变化的全过程，这种研究方法也称为个案研究法。在对洞庭湖区典型村落进行充分调查并获取丰富数据资料的基础上，采用案例分析法解析洞庭湖区村落经济转型发展的历史进程和现实路径，以案例来印证历史事件的客观存在性，以案例来检验现实策略的科学性与可行性，通过典型案例来分析洞庭湖区村落经济转型与绿色发展的一些本质性问题，揭示能够反映湖区村落经济转型轨迹、现在模式和未来走向的基本规律。

三、重点概念的界定

1.“绿色发展”：所谓绿色发展，既是一种节约资源、保护环境的发展理念，又是一种最大限度保护自然生态、充分利用可再生能源、全面提高资源利用效率的发展方式。绿色转型是指由过度消耗资源、污染环境的发展方式向资源节约循环利用、生态环境友好的发展方式转变。从内涵看，绿色发展是在传统发展基础上的一种模式创新，是建立在生态环境容量和资源承载力的约束条件下，将环境保护作为实现可持续发展重要支柱的一种新型发展模式，具体来说包括以下三个要点：一是要将环境资源作为社会经济发展的内在要素；二是要把实现经济、社会和环境的可持续发展作为绿色发展的目标；三是要把经济活动过程和结果的“绿色化”“生态化”作为绿色发展的主要内容和途径。

2．“村落”：“村落”一词起源很早，《史记·五帝本纪》记载“一年而所居成聚，二年成邑，三年成都。”《史记》注释中称“聚，村落也”。人类早期以游猎为主要谋生手段，逐渐过渡到游牧、渔猎和耕种等较为稳定的生产方式，并开始走向定居，出现了“聚落”，这种“聚落”便是人类早期的“村落”。随着商业、手工业和农业的分化，专门从事商业、手工业的城镇出现了，同时以农业为主的村落也出现了。从行政区划上讲，包括自然村和行政村，既有一个行政村由若干自然村组成的情况，也有一个大的自然村落被分割成几个行政村的情况。本书所谓的村落，通常指农村的社区、聚落，是农村广阔地域上和历史渐变中的一种实际存在的最稳定的时空坐落，也是在内部互动中构成的经济社会共同体。

3．“村落经济”：村落经济是指村落所有经济主体的所有经济活动与经济关系，属于行政区域经济中村级级别的经济类型。村落经济主体包括农户、村组集体和新经济体，其中，农户经济是村落经济转型发展的基础，集体经济是村落经济转型发展的保障，新经济体是村落经济发展的关键；村落经济活动涵盖了农林牧渔业、工业和建筑业、交通运输和仓储业、批发零售贸易业、住宿及餐饮业、金融保险及房地产业、教育卫生体育文化艺术广播和科学研究、社区管理和服务等门类和行业。村落经济在中国传统农业社会中占据着重要地位，村民的生产、生活往往局限于自然村落；现代村落经济是农业经济和区域经济的一个基本单元，具备相对独立性质的经济功能和社会功能，承担着推动农村村级经济社会发展的作用。

4．“经济转型”：“转型”（Transformation）一词源自西方社会学现代化理论，具有传统社会向现代社会转型的内涵，“转型”的最典型含义是体制转型，即从计划经济体制向市场经济体制的转变。经济转型主要是指经济系统的类型、功能及其运行机制的根本变动，主要包括经济体制转型、发展战略转型、生产方式转型等。此外，还包括对经济发展起着支撑功能的社会、文化、组织方式的转型。

5．“村落经济转型”：村落经济转型是指村落经济的运行体制、制度、方式、环境等各种经济因素和非经济因素从传统向现代的过渡和转变。村落经济转型既是一种经济行为，也是一种文明和制度向更高层面演化的过程。在现阶段中国农村，村落经济转型是一个长期的动态过程。村落经济转型的总体方向是农村经济的现代化、市场化、开放性、集约化和生态化，村落经济需要实现由传统向现代、由计划向市场、由封闭向开放、由粗放向集约、由当下向永续的转型，内含农业生产方式、农村发展方式、农民消费方式的转型。但因村落发展的差异性，地理条件、区位特点、政策变化、文化差异等使村落经济转型具有其独特的路径，即所谓的“模式”。因此，村落经济发展没有统一的模式，村落经济转型也没有统一的路径。在新的历史背景下，村落经济转型的“模式”和“路径”需要不断地研究和探索，开拓出不同地理条件、不同自然环境、不同经济背景和不同文化场景下村落经济发展模式和村落经济转型路径。

6．“洞庭湖区”：洞庭湖区位于长江中游以南，湖南省北部，以洞庭湖为核心，向东、南、西三方过渡为河湖冲积平原、环湖丘陵岗地、低山，为一碟形盆地。在行政区划上，包括长沙市的望城区、宁乡县；益阳市的资阳区、赫山区、南县、沅江市、桃江县；常德市的武陵区、鼎城区、安乡县、汉寿县、澧县、临澧县、桃源县、津市市；岳阳市的岳阳楼区、君山区、云溪区、岳阳县、华容县、湘阴县、临湘市、汨罗市，共计23个市县区，此外还涉及湖北的松滋、公安、石首等县市。其中，湖南部分土地面积为3.17万平方公里，占全省面积的15%。洞庭湖区是湖南乃至全国的“鱼米之乡”，湖区自然资源极为丰富，农业生产基础雄厚，劳动人口众多，是长株潭城市群建设的经济腹地。推动洞庭湖区村落经济转型与绿色发展，对于加速长株潭城市群的建设步伐，加快建设洞庭湖生态经济区，提升整个湖南省经济社会发展水平，均具有极为重要的意义。

第二章　洞庭湖区村落经济转型与绿色发展的理论分析

洞庭湖区村落经济转型与绿色发展的方向和目标并非随意性的，有其内在规律性，需要遵循一定的理论指导。绿色发展理念重视经济社会和生态环境的协调发展，绿色发展是最大限度保护生态环境、充分利用可再生能源、全面提高资源利用效率的发展方式，这为洞庭湖区村落经济转型发展明确了摒弃当下粗放发展而着眼未来永续发展的方向。转型经济学理论倡导资源配置的市场化，致力于推动经济社会构建完全市场机制，这为洞庭湖区村落经济转型发展明确了从分散到合作的发展方向。社会资本理论关注社会系统中其他非经济因素的影响，认为社会网络关系也是经济社会的重要资本形态，这为洞庭湖区村落经济转型明确了从封闭到开放的发展方向。生态经济学理论同时强调经济效益和生态效益，认为一切经济活动应该遵循经济与生态协同发展的生态经济学原则，这为洞庭湖区村落经济转型发展明确了从粗放到集约的发展方向。制度经济学理论强调制度变迁对经济转型发展的重要影响，制度变迁的需求理论、供给理论与成本理论对经济社会改革具有很强的解释力，这为洞庭湖区村落经济转型明确了从传统到现代的发展方向。

第一节　基于绿色发展理念的洞庭湖区村落经济转型：从当下到永续

传统的粗放式经济导致生态环境不断走向恶化，能源危机、资源枯竭、环境污染带来系列生态问题，生态危机倒逼人类寻求经济发展与环境保护这对矛盾的解决之道。于是，强调经济与生态协调发展的绿色发展理念应运而生。绿色发展是一种可持续发展的经济发展模式，绿色经济是包括循环经济和低碳经济在内的资源节约型和环境友好型经济。“传统经济是从摇篮到坟墓的经济，而绿色经济是从摇篮到摇篮的经济。”[①]当前洞庭湖区村落经济转型正处于方向选择与路径选择的窗口期，洞庭湖区村落经济转型发展迫切需要科学理论的指导，绿色发展理念摒弃了“先发展后治理”的传统观念，要求经济建设与环境保护相向而行、同步推进，是指引洞庭湖区村落经济实现从当下到永续转型发展的科学理论。

一、绿色发展的理论渊源

1962年美国学者卡尔逊以其《寂静的春天》拉开了绿色革命的序幕，1989年英国经济学家皮尔斯的《绿色经济蓝皮书》开启了绿色经济时代。进入21世纪后，伴随着全球性环境与发展问题日趋严峻，绿色经济受到世界各国的普遍关注。21世纪是生态环境不断恶化的时代，生态环境的恶化催生了绿色发展理念。莱斯特·R·布朗提出：“以高碳化石能源和线性经济的物质过程为特征的传统发展模式，即‘一切照旧（BAU）’的‘A模式’已经走到了尽头，变革的方向是以低碳可再生能源和物质再生性利用为特征的可持续发展的‘B模式’。”[②]他认为，通过削减碳排放、稳定人口、消除贫困和恢复地球的自然系统等四个相互依存的综合计划，可以把世界领出通向衰落和崩溃的老路。为了应对绿色发展的挑战，为转型的平滑进行提供理论工具，更多的学者从不同的视角对绿色经济学理论进行了研究和阐述。在经济社会发展过程中，绿色经济学吸收整合了生态经济学、环境经济学甚至异端经济学的方法和理念（Chichilnisky，2009）。Olson（2009）认为，反人类中心论的生态女性主义倡导的女权主义理论是绿色经济学的智力根源。生态女性主义政治经济学通过研究女性在经济系统中的位置，提供了当前人与自然存在着破坏性关系的分析视角，像自然一样，女性或女性的工作，为价值经济所外在化和利用（Mellor，2006）。通过自然资本对生产力和女性家务对生产贡献的类

---

① 辜胜阻．让绿色发展成为经济转型的引擎［J］．中国经济和信息化，2012（9）：80

② 莱斯特·R·布朗．B模式4.0：起来拯救文明［M］．上海：上海科技教育出版社，2010，18–19

比，Bigo（2010）认为，“就报酬、应得评价和社会地位而言，女性持家和自然资本对生产力的支持被严重低估了，女性在生活过程中为降低生产资源耗散做出了较大的隐性贡献。”①

绿色经济作为以“绿色”为标志的经济活动，“是以新能源为代表的低碳技术与低碳产业、以有利于人的健康为代表的绿色产品和绿色贸易、以绿色投资为代表的新金融和绿色网络等的统称。”②胡鞍钢将绿色发展界定为“经济、社会、生态三位一体的新型发展道路。”③绿色发展是以合理消费、低消耗、低排放、生态资本不断增加为主要特征，以绿色创新为基本途径，以积累绿色财富和增加人类绿色福利为根本目标，以实现人与人之间和谐、人与自然之间和谐为根本宗旨。绿色发展要树立绿色生产观，即节省资源的投入，提高资源效率，进行清洁生产；树立绿色消费观，即发达国家从过度消费到适度消费，发展中国家从低消费到合理消费、绿色消费；树立绿色发展观，即促进人与自然全面协调发展，人与人全面协调发展，人类的永久发展与全面公平的理念。近年来，世界经济陷入低迷，经济下行与环境破坏促使人们对一味追求增长而忽视生态环保的传统增长方式不断进行反思，倡导用更加绿色的新兴产业替代传统的资源型产业，让绿色发展成为推动经济转型的引擎。美国、欧盟等发达国家纷纷出台致力于绿色发展的经济转型刺激计划，中国、俄罗斯等新兴经济体也推出旨在推动绿色发展的新兴产业规划和政策。

二、绿色发展理念的核心观点

CarmenLenuta（2013）认为，社会整体要认识到生态系统容量施加的限制，体制能够设定明确目标以确保绿色经济，唯其如此，绿色转型才能实现。许多经济学家认为，要实现绿色发展，必须遏制对生态环境的破坏。美国经济学家克莱夫·W·J·格兰杰以亚马孙热带雨林垦伐为例指出，“政策变量应在

① Stefan Kesting. What is “green” in the green new deal-criteria from ecofeminist and post-Keynesian economics［J］. Int. J. Green Economics，2011，(1)

② 杨志，王梦友．绿色经济与生产方式全球性转变［J］．经济学家，2010(8)：18-24

③ 胡鞍钢．中国创新绿色发展［M］．北京：中国人民大学出版社，2012：34

绿色发展中发挥作用。”[①]双重危机理论则认为，由于周期性经济波动和结构性生态危机的双重危机，迫切需要生态凯恩斯主义的指导，只有实现经济活动从石化能源转向可再生能源，从焚化式废物处理转向循环回收，从社会耗费生产转向有助于生态环境改善的生产，绿色转型才能成功。在中国学术界，最早提出并定义“绿色经济”的是中国生态经济学会会长刘思华教授。他在《绿色经济论》中指出：“绿色经济是可持续经济的实现形态和形象概括。它的本质是以生态经济协调发展为核心的可持续发展经济。”[②]在绿色经济研究领域的中国学者中，清华大学胡鞍钢教授的研究最为系统。他在《中国：创新绿色发展》一书中，从人类历史总体进程和世界视野出发，以绿色发展为主题，以绿色工业革命为主线，以绿色发展理念为基础，以中国绿色发展实践为佐证，比较系统地阐释了绿色发展的一系列问题。他不认可刘思华教授关于绿色经济是可持续经济继续的观点，他认为，“传统的黑色发展是绝子孙之路，即使是不断子孙之路的可持续发展也不能适应人类新的危机，对于它的修修补补也难以从根本上扭转危机趋势。”[③]他指出：“绿色发展”有特定含义：一要发展，二要绿色。绿色发展本质上就是科学发展。“以绿色发展为主题就是以科学发展为主题，既是对当代世界已有的可持续发展的超越，更是对中国已经开始的绿色发展实践的集大成……绿色发展将成为继可持续发展之后人类发展理论的又一次重大创新，并将成为21世纪促进人类社会发生翻天覆地变革的又一大创造。”[④]德国生态经济学家魏伯乐（2010）在其力作《五倍级》中，特别强调提高资源生产率在绿色经济转型中的作用，提出“五倍级数提高资源生产率，实现世界经济的全面转型”的发展目标，作者以全新的理念、广阔的范围、全面的案例和可行的操作，对探求绿色发展道路的中国来说可谓一盏指引方向的启明灯。2011年，联合国环境署（UNEP）的《迈向绿色经济》报告预测：从现在到2050年，每年投入于包括农业、能源、建筑、旅游、交通及污水治理等关键部门用于绿色转型的资金大约相当于全

① 克莱夫·W·J·格兰杰．经济学中的经验建模：设定与评价［M］．北京：中国人民大学出版社，1996：19

② 刘思华．绿色经济论［M］．北京：中国财政经济出版社，2001：1

③ 胡鞍钢．中国：创新绿色发展［M］．北京：中国人民大学出版社，2012：后记

④ 胡鞍钢．中国：创新绿色发展［M］．北京：中国人民大学出版社，2012：后记

球GDP的2%（当前大约1.3万亿美元），实现传统发展方式向绿色发展方式转型是可能的，绿色经济是经济社会发展的目标。根据联合国环境署的倡议，实现绿色转型必须坚持三个原则：环保产业成为主流；可持续的经济活动；相关公共政策和机构障碍的认识、解决。联合国环境署的绿色经济报告进一步指出，在推进绿色转型过程中，公司、政府和个体构成转型三角，是经济社会绿色转型的核心动力，良好的动力机制是实现绿色转型的保障。

三、绿色发展理念的应用价值

自1989年英国经济学家大卫·皮尔斯提出“绿色经济”以来，特别是2008年新一轮世界金融危机爆发后，国际社会普遍认识到传统的经济增长方式已难以为继，绿色转型是明智的可行选择。2008年12月11日，前联合国秘书长潘基文在联合国气候变化大会上提出“绿色新政”（Green New Deal），呼吁各国扶持更多的环保项目，促进绿色经济增长以修复全球自然生态系统。2011年，英国政府宣布“启动绿色转型”（HM政府2011a）+“碳计划”（HM政府2011b），“转型和计划的耦合揭示了为应对环境挑战，政府采取了影响商业和消费者的有目的的社会行动，这代表着对现行正统的新自由主义政策的突破（Fred Steward，2012）。”①于是，绿色发展转型的全球研究热潮由此勃兴，绿色发展成为当前国际社会应对经济波动与生态危机这一双重挑战的理论武器，绿色发展理念为各国经济社会摆脱发展困境实现绿色转型指明了正确方向。

2015年10月29日，中国共产党第十八届五中全会提出“创新、协调、绿色、开放、共享”的五大发展理念，由此，绿色发展理念成为指导我国“十三五”时期，乃至更为长远时期国家经济社会建设的科学发展理念，具有重要理论意义和实践价值。“绿色发展”是一种思维，是一种理念，更是一种国家发展战略。绿色发展理念有着鲜明的问题意识，是对我国自身发展中存在的突出问题和世界各国在发展中的普遍问题的清醒认识。当前，生态环境特别是大气、水、土壤污染严重，已成为我国全面建成小康社会的突出短板。

① Fred Steward．Transformative Innovation Policy to Meet the Challenge of Climate Change：Social Technical Networks Aligned with Consumption and End-use as New Transition Arenas for a Low-carbon Society or Green Economy［J］．Technology Analysis & Strategic Management，2012(4)

改革开放三十多年来，我国平均经济增长率接近两位数，几乎是同期世界发达国家的三倍。但是，实现总体小康以后，过去那种以拼资源要素为主要特征的高消耗高投入粗放增长模式已不可持续，而西方发达国家在上百年工业化过程中分阶段出现的环境问题，在我国更是以“时空压缩”的方式集中呈现出来。新常态背景下，资源约束趋紧、环境承受力脆弱、生态系统退化的形势十分严峻，已成为制约经济社会持续健康发展的重大瓶颈、人民生活质量提高的重大障碍、中华民族永续发展的重大隐患。作为仍处于工业化城镇化进程中的发展中国家，我国如何在经济增长与生态环境保护之间找到平衡，从而实现双赢，是实践中亟待破解的难题。正是基于对改革开放以来我国在发展中所遭遇的这些突出问题的深刻认识，特别是为了全面回应人民的诉求和期盼，绿色发展成为我国今后在经济社会建设中必须坚持的方向。

在新的历史时期，绿色发展理念包含了经济、生态、社会、文化等领域在内的发展内涵，是一种立体化、系统化的可持续发展观念。“既要金山银山，也要绿水青山”，这是新时代中国经济社会发展的主要目标，但如何才能平衡好这“两座山”的关系，进而促使经济社会发展不以破坏生态环境为代价？针对当今经济社会所面临这一发展难题，绿色发展理念给出了明确的答案。第一，绿色发展是实施资源战略，促进资源永续利用，保障国家经济安全的重大战略措施。当前我国的资源状况是：一方面人均资源量相对不足；另一方面资源开采和利用方式粗放、综合利用水平低、浪费严重。推动发展绿色经济可以实现节约资源、保护环境的战略目标，有利于解决我国资源环境阀限对经济社会发展的约束问题。相关调查显示，通过循环经济这一绿色发展方式，到2025年我国工业用水重复利用率若达到60%，可节水860亿立方米，相当于2015年工业取水量的60%左右；“十三五”期间，我国节约和替代石油目标是8000万吨，相当于石油消费量的近1/10；目前我国钢铁、有色、造纸工业三分之一以上的原料来自再生资源。第二，绿色发展是防治污染、保护环境的重要途径。发展绿色经济要求实施清洁生产，这可以从源头上减少污染物的产生，是保护环境的治本措施。另外，通过实施循环经济等绿色发展模式，各种废弃物的回收再利用也大大地减少了固体污染物的排放。据测算和调查，固体废弃物综合利用率每提高1个百分点，每年就可减少约1000万吨废弃物的排放。每利用1万吨再生铜，意味着可少排放尾矿120~150万吨，少排放冶炼废渣4~6万吨，少排放硫3600吨。[①]第三，绿色发展是应对国际竞争，促进经济增长方式转变，增强企业竞争力的重要途径和客观要求。随着经济全球化，企业面临更加激烈的市场竞争，企业要生存和发展，必须转变增长方式，走内涵发展道路。采用循环经济这一绿色发展方式，可以降低产品成本，提高经济效益，使企业的竞争能力得到增强。据相关资料显示，我国单位产值能耗为世界平均水平的2.3倍，主要用能产品单位能耗比国外先进水平高40%；我国工业产品能源、原材料的消耗占企业生产成本的75%左右，若降低一个百分点就能取得100多亿元的效益。[②]近几年，资源环境因素在国际贸易中的作用日益突显出来。"绿色壁垒"成为我国扩大出口面临最多也是最难突破的问题，有的已对我国产品在国际市场的竞争力造成重要的影响。对此，我们不仅要有清醒的认识，更要及时和巧妙应对。发展绿色经济在突破"绿色壁垒"和实施"走出去"战略中能够发挥重要作用。例如，采用符合国际贸易中资源和环境保护要求的技术法规与标准，扫清我国产品出口的技术障碍；研究建立我国企业和产品进入国际市场的"绿色通行证"，包括节能产品认证、能源效率标识制度、包装物强制回收利用制度，以及建立相应的国际互认制度等。2010年5月8日，李克强总理在"绿色经济与应对气候变化国际合作会议"主旨演讲中强调，我国要致力于推动绿色发展和加快经济发展方式转变，并提出三点建议："一是加快转变经济发展方式，积极推动绿色发展；二是牢固树立生态文明理念，大力倡导绿色消费；三是完善经济全球化机制，形成有利于绿色经济发展的环境。"[③]因此，以绿色发展推动洞庭区村落经济转型，实现洞庭湖区村落绿色经济的社会、生态以及文化效用，对于加快建设洞庭湖生态经济区具有重大意义。

四、绿色发展理念下洞庭湖区村落经济转型分析：从当下到永续

绿色转型，是基于绿色发展理念，针对经济社会发展难题，从协调经济发展与生态环境的关系入手，以科技创新，尤其是绿色技术创新为动力，以

---

① 刘斌．加强再生资源经营管理，发展广东循环经济［J］．广东合作经济，2007（4）：5

② 人民日报评论员．节能：可持续发展之本［N］．人民日报，2001-11-05

③ 李克强出席绿色经济与应对气候变化国际合作会议［EB/OL］．中国经济网，2010-05-09

绿色制度体系的创建为支撑，推动产业结构的绿色转型和资源利用方式的转变，进而实现经济发展与生态环境保护的双赢。绿色转型的目标是实现经济福利水平和生态环境承载能力双提升。西方一位企业家在评论经济发展与环境的冲突问题时指出："中央计划经济崩溃于不让价格表达经济学的真理，自由市场经济则可能崩溃于不让价格表达生态学的真理。"①这句话告诉我们在经济活动中应该高度重视生态效益问题，市场经济的价格杠杆对生态环境保护起着支配与调节作用，生态效益应该成为生产函数中一个影响产出的重要变量。

一直以来，洞庭湖区拥有优厚的农业资源禀赋，湖区农业生产具有无可比拟的经济效益优势，有着"鱼米之乡"的美誉。但过度围垦导致洞庭湖面和水体的大幅缩减，传统生产方式造成湖区环境严重污染，洞庭湖区生态系统的调节功能衰退，湖区旱涝灾害交替发生。特别是频繁发生的洪涝灾害严重威胁着洞庭湖区人们的生命和财产安全，给湖区农业生产和农业综合开发带来了巨大损失，给湖区农民带来了修堤防洪、建排泄沟、改造渍水垸田等一系列生产任务，增加了湖区农业生产成本，造成湖区农业生态效益和经济效益的双重下降。洞庭湖区村落正面临着经济发展与环境恶化的矛盾，急需转变只顾当下忽视长远的发展观念，以绿色发展理念为指导，通过建立凸显生态效益的市场机制，充分发挥市场这只"无形的手"的调节作用，将资源配置到注重湖区经济效益与生态效益同步提升的生产部门和经济领域，从而构建一个良性循环的洞庭湖区生态经济系统。洞庭湖区村落经济发展既要考虑湖区村落当代人的利益，又要照顾湖区村落后代人的利益以及区际利益。为实现洞庭湖区村落经济转型与绿色发展，需要推动绿色发展理念在洞庭湖区深入人心，促使湖区村民经济行为以不破坏湖区生态环境承载力为前提；需要推动洞庭湖区村落经济发展，摆脱对资源的单一依赖，实现以科技创新为动力的湖区村落经济绿色发展。推动洞庭湖区村落经济的绿色转型，需要以绿色发展理念为引领，打造洞庭湖区村落的绿色经济格局，以绿色转型为驱动，提升洞庭湖区村落的绿色经济实力，以绿色生态为基础，构建洞庭湖区村落的绿色屏障，以绿色生活为导向，增进洞庭湖区村落社会的绿色福祉，改变当下急功近利的经济增长思维以实现洞庭湖区村落经济社会的永续发展。

---

① 石田．评西方生态经济学研究［J］．生态经济，2002(1)：46–48

第二节　基于转型经济学理论的洞庭湖区村落经济转型：从分散到合作

从计划到市场、从分散到合作是转型经济学的关键词，转型经济学理论关注经济的自由化程度，致力于推动经济向市场化发展，重视发挥市场机制在资源配置中的决定性作用。面对着市场体系日益完善的城市经济，目前洞庭湖区村落经济还不能跟上城市经济发展的节奏与步伐，洞庭湖区村落经济尚处于较为封闭的状态，湖区村民经济行为陷于单打独斗的境地，湖区村落以农户为单位的分散性小农经济无法与开放性的市场化城市经济相抗衡。在竞争激烈的市场经济大潮中，洞庭湖区村落经济往往处于弱势地位，洞庭湖区村落经济需要转型经济学理论的指导，急需实现从分散向合作的经济发展模式转型。

一、转型经济学理论渊源

转型经济学又被称为转轨经济学或过渡经济学，它是以从计划经济向市场经济的过度为研究对象的一门新兴经济学科。转型经济学研究的对象不是稳定成熟的市场和社会秩序，而是处在变化中的经济制度和运行规律，因而它侧重对经济变化过程的研究。在经济转型过程中，政治、法律、文化及其他社会因素发挥着十分重要的作用，因而转型经济学的研究还具有较强的综合性。“转型”（Transformation）一词源自西方社会学现代化理论，有着传统社会向现代社会转型的内涵，“转型”的最典型含义是体制转型，即从计划经济体制向市场经济体制的转变。世界银行的《从计划到市场：1996年世界发展报告》对经济转型进行了重点阐述。著名转型经济学家热若尔·罗兰的《转型经济学》（Transition and Economics）被称为“转型经济学的第一部综合性著作”，介绍了“华盛顿共识”[①]与演进—制度学派两大基本理论，即“激进派”和“渐进派”。新古典经济学理论主张以激进方式对产权进行私有化和资源配置的市场化，认为可以最大限度降低制度变迁的成本，这成为主张激进式转型路径的“华盛顿共识”的理论来源。在新古典经济学的基础上形成的“华盛顿”共识认为，严厉的需求紧缩，加上放松管制，贸易自由化和私有化，就可以推动经济增长。这一观点通过国际货币基金组织和世界银行等金融组织的大力推广和新古典经济学教科书的强势话语，在很大程度上成为转型国家的实际政策，结果就是所谓的“休克疗法”和“大爆炸”。但是“休克疗法”和“大爆炸”的激进式转型最终结局是失败的，价格自由化和宏观经济稳定化之后产量的大幅度下降和私有化的结果导致了“内部人”获益，这是苏联解体后俄罗斯一度采取“休克疗法”带来的系列后果。制度经济学理论认为，制度建设是一个长期的渐进过程，制度经济学是渐进式转型路径的理论来源。中国经济社会的渐进式改革取得了举世瞩目的成功，在当代世界经济史上被称为“中国奇迹”，这是“渐进式”转型最为典型的案例。

二、转型经济学理论的核心观点

著名经济学家约翰·威廉逊（1990）将“华盛顿共识”归结为十大要素：①金融自由化；②贸易自由化；③公共支出优先性的转变；④财政纪律；⑤私有化；⑥税收改革；⑦外国直接投资；⑧产权；⑨放松管制；⑩汇率。其要旨就在于经济的自由化、私有化和市场化，是典型的经济自由主义。以“华盛顿共识”为代表的激进式改革学派认为，稳定化、私有化、自由化和制度化是经济转型的四个部分，通过紧缩货币、放开价格、全面推进私有化，能够在短时间内实现计划经济向市场经济的过渡和推动经济的稳定增长。激进式改革的具体措施主要有：大幅度缩减货币供应量，实行高利率，取消优惠贷款；消除预算赤字，减少对企业和价格的补贴；保留少数重要商品的国家定价，绝大多数商品的价格全面放开；取消对企业工资的限制；取消和减

① “华盛顿共识”，由约翰·威廉逊于1990年提出，它概括了世界银行、国际货币基金组织以及美国财政部为代表的经济学家在指导拉美、东欧、东南亚等国家处理金融危机及经济改革时向各国政府推荐或强迫推行的一套经济政策。华盛顿共识的形成标志着西方以凯恩斯为代表的整套宏观经济学政策的逆转。

少政府对对外经济活动的各种限制，实行对外经济活动的自由化；全面改革财政税收体制，引入新的预算制度和税收制度；引入新的银行制度，实行银行的商业化；建立新的社会保障制度；更新民法体系，建立新的法规制度，分步实行国有企业的私有化。但比利时经济学家热若尔·罗兰并不赞同“华盛顿共识”，认为“价格自由化，大多数情况下没有产生正面的供给反应，反而意想不到地引致产量大量下降”，①他赞成演进—制度学派，认为“没有以适当的制度为基础的自由化、稳定化和私有化政策，不大可能产生成功的结果”;“要理解转型，人们必须理解大规模的制度变迁的过程”。②著名经济学家斯蒂格利茨（1998）认为，必须建立一种新的发展观：“促进发展需要更广的目标和更多的手段，人们的目光不能只盯住GDP数值，而应当追求民主、平等与可持续发展；市场的有效运转不仅需要自由化、稳定化和减少政府干预，而且需要健全的金融规制、有效的竞争政策、促进技术的转化和鼓励透明化、维护社会组织并提高社会资本；发展要取得成功，就必须着眼于这样一个有机的整体，它必须包括公共部门、社区、家庭和个人的发展问题等等。”③这种新的发展观就是所谓的“后华盛顿共识”。“后华盛顿共识”强调转型与发展相关的制度因素。斯蒂格利茨的转型经济学理论观点主要有如下三方面：第一，在产权制度改革方面。主张建立激励与竞争，认为市场放开和分权比私有化要重要得多，实行私有化就能提高效率的看法是一个危险的神话，头等重要的区别是竞争和垄断的区别，而不是私有制和国有制的区别。通过对中国乡镇企业等产权制度的考察，斯蒂格利茨认为缺乏清晰的产权关系未必一定是低效率的，改善激励对于达到市场经济至少是同等重要的。第二，在政府的作用方面。政府不能仅限于矫正某些因外部性和垄断所导致的市场失灵。因为，不完全信息、获取信息的成本以及某些市场的不完全也会造成市场失灵。因此，政府职能可再拓展一些，政府也可在矫正由于不完全信息和市场不完备而造成的市场失灵上起到一定的作用。所以，在经济转型中，应

---

①（比）热若尔·罗兰著，张帆、潘佐红译.转型与经济学［M］. 北京：北京大学出版社，2002：6

② 同上

③（美）约瑟夫·斯蒂格利茨. 金融稳健与亚洲的可持续发展［J］. 经济社会体制比较，1998（3）

该重新定义政府的作用。第三，在转型路径的选择方面。斯蒂格利茨认为，渐进方式的可取性有两个重要理由：首先，政府可以选择比较有希望成功的领域进行改革，在合理预期的影响下，投资者会考虑政府的举措。其次，从计划经济向市场经济转轨过程中，个人和组织都要学习，渐进过渡可以避免“信息超载”和因组织受到破坏而引起的信息损失，有助于个人和组织完成学习过程进而促进经济转型顺利进行。

三、转型经济学理论的应用价值

转型经济学理论深化了人们对市场经济和制度变迁过程的认识，促使经济学中的假设和命题受到了新的检验，主题、视角发生了新的转变，一些基本理论被重新反思，推动了一次新的经济理论综合。这主要表现在：经济制度的作用和制度经济学的观点受到了广泛的重视。对宪法制度、利益集团和经济与政治相互关系的研究得到了加强；对社会秩序和人类行为的复杂性、自发性和不确定性的理解有了很大提高；对经济转型和市场演化过程的整体性（经济、政治和文化等多种因素的相互作用）的认识日益深刻；在主流经济学与制度主义、演进主义、新政治经济学之间出现了相互渗透和融合的趋势。“转型经济学理论深化了经济学家对经济转型发展支撑要素的理解，深化了对于市场机制和政府功能的理解，对新古典经济学正统理论进行了极具价值的重构。”①转型经济理论以当前市场经济运行中普遍存在而又非常关键的信息问题作为总揽整个市场体制建构的理论观点和政策设计，并总结归纳和揭示出信息生产、传输及其对资源配置效率的影响等规律性转型理论，这对正处于信息时代寻求经济转型的国家来说具有现实启迪意义。

著名经济学家斯蒂格利茨是转型经济学理论的代表性人物，他是少数能站在发展中国家的立场为发展中国家摇旗呐喊的西方经济学家之一，他对转型国家的关注给广大发展中国家带来了莫大的福音。斯蒂格利茨大胆摒弃新古典经济学的痼疾，反对西方新自由主义鼓吹的极端私有化和绝对自由化，把当代西方经济学的前沿理论—信息经济学融入经济转型理论中，并包纳进新经济、知识经济的一些新动态。斯蒂格利茨通过对新古典市场模型的批判，认为理想的市场经济模式应该是一个“竞争、分权和试验”的模型，即所谓

① 王曙光．转型经济学的框架变迁与中国范式的全球价值［J］．财经研究，2009（5）

的“新信息模型”。[①]并在经济社会转型的政策设计方面提出了诸多独到见解。例如，他强调经济转型中的经济安全和金融安全设计问题；强调社会稳定政策和经济稳定政策的重要性问题：强调经济增长和稳定政的关系问题等等。斯蒂格利茨的经济转型理论为转型国家在转型实践中提供了解决实际问题的钥匙，对转型国家的体制转轨极具参考价值和借鉴意义。斯蒂格利茨在他的许多著作或论文中把中国转型实践作为正面典型加以推崇，他盛赞中国经济在转型发展过程中所取得的伟大成就。“中国从国外获得了丰裕的资金和先进的技术，同时鼓励国内储蓄和培育企业家。标准的经济学理论认为，成功的市场需要产权和竞争。世界上大多数国家强调产权，而中国强调竞争。中国不是对现有企业搞私有化，而是注重建立新的企业。世界上大多数国家不重视经济组织机构，不重视我所称之为的‘组织与社会资本’，而中国则采取了逐步发展的过渡，在改革中转变了经济组织结构。”[②]他进一步总结了中国成功的经验教训：“中国既要从欠发达国家向较发达国家过渡，又要从计划经济向社会主义市场经济过渡。”[③]以斯蒂格利茨为代表的转型经济学家的经典理论对于指导洞庭湖区村落经济转型发展乃至中国农村经济转型发展都具有十分重要的实践价值和指导意义。

四、转型经济学理论视野下洞庭湖区村落经济转型分析：从分散到合作

中国经济体制改革已取得显著成效，已基本完成从计划经济向市场经济的转型，且被世界主要经济体确认为完全市场经济国家，但这种情况主要发生在城市经济体制层面，在中国农村，在洞庭湖区农村，市场经济还远未扎根于农民的观念意识、生产行为、消费观念之中，村民意识在生产、分配、消费等经济过程中尚未完成从计划到市场的转型，洞庭湖区村落经济微观层面还大量存在计划经济成分，传统的计划经济意识仍是一个驻守在湖区村民思想意识深处的有待攻破的堡垒。作为洞庭湖区村落经济转型的主体，湖区

① 约瑟夫·斯蒂格利茨. 中国第三代改革的构想——中国下一个10年所面临的经济挑战[J]. 经济导刊，1999(5)

② 同上

③ 同上

村民的市场经济意识还很淡薄，没有主动参与市场竞争的动力和自觉。因此，村落经济层级的市场经济体系很难真正建立起来，分散经营、单打独斗的经济行为较为普遍，与市场经济要求规模经营、专业合作是相违背的。洞庭湖区农户经济在市场经济体系中难以为继，只能自给自足、自我计划、自我生产、自我消费，是一种封闭的经济状态，是一种“糊口农业”经济形态。洞庭湖区分散性的农户经济很难在现代市场经济体系中立足，存在着被甩离市场经济中心的危机。

弱肉强食是市场的竞争法则。城市市场经济体系已经建立起来了，形成了比较完备的市场机制和服务体系。但是，目前洞庭湖区农村市场经济体系还没有完全建立健全，作为洞庭湖区村落市场的主体，湖区农民参与市场竞争的能力也很薄弱，加上以家庭为单位的分散经营体制更是削弱了洞庭湖区村落经济在整个市场经济体系中的地位。在竞争激烈的市场经济大潮中，单打独斗的洞庭湖区农户经济是无法与大企业大公司相抗衡的，市场竞争在城乡间形成倒逼机制推动着洞庭湖区村落经济从分散到合作、从单一到多元的转型。洞庭湖区村民只有从分散经营走向合作经营，才能在市场经济体系中拥有自己的话语权，才能与企业展开竞争，才能在生产、分配、销售、消费的各个环节参与市场过程中拥有主动权，这是洞庭湖区村落经济转型与绿色发展的主要目标。

第三节　基于社会资本理论的洞庭湖区村落经济转型：从封闭到开放

社会资本理论重视社会资源对人们行动的提升作用，在推动经济社会转型发展过程中，社会资本能够起到跟其他物质资本一样的工具性效应，在经济信息日趋发达的当代社会，社会结构资源是一种推动村落经济快速发展的无形资源。调查显示，洞庭湖区村落社会在很大程度上仍处于小农经济的封闭状态，村落社会网络局限于家庭或宗族式人际关系，这种相对封闭的湖区村落社会资本没有成为村落经济发展的有力推手，尚未对村落经济发展产生应有的工具性效应。因此，洞庭湖区村落经济的转型发展之道需要社会资本理论的正确引导，实现村落社会关系网络从封闭走向开放，这是洞庭湖区村落经济转型与绿色发展的总体方向。

一、社会资本的理论渊源

源于西方社会学界的社会资本理论（Social Capital Theory）主要是针对研究社会结构资源对人们行动的提升作用而提出来的。社会资本这一概念最早由马克思作为私人资本的对立面来使用，马克思将“资本”（Capital）定义为资本家或者资产阶级获得的剩余价值的一部分，当关注剩余价值的生产过程时，则资本是期望在市场中获得回报的投资。该理论通过市场中动态的流动过程体现资本的价值与意义，林南将马克思的资本理论称为“古典资本理论”①。

布迪厄是第一位在社会学领域对社会资本进行初步分析的学者，真正推动了学术界对“社会资本”这一概念进行深入研究。布迪厄第一次从一个社会人的角度重新审视盛行于人们思想中的“资本”概念，将其扩展为物质和人力资本之外包括文化资本和社会资本的更为广泛的概念。“社会资本是现实或潜在的资源的集合体，这些资源与拥有或多或少制度化的共同认可的关系网络有关，换言之，与一个群体中的成员身份有关。它从集体拥有的角度为每个成员持有，在这个词汇的多种意义上，它是为其成员提供获得信用的‘信任状’。”②布迪厄认为社会资本体现的是资源，而资源则与确定群体的关系网络紧密相关。社会资本取决于个人联系的规模和这些联系中所含资本的容量或数量。他认为，投资于社会关系的目的在于把自我的、私有的特殊利益转化为超功利的、集体的、公共的、合法的利益。

到20世纪90年代以来，社会资本理论逐渐成为学术界关注的前沿和焦点问题，社会学、政治学等许多学科都从学科的角度对“社会资本”进行了研

① Lin，N.，&Fu，Y C.The position generator: Measurement techniques for investigations of social capital， Lin，N.，Cook，K.and Burt，R.S.，Social capital:Theory and research，New York，Aldine De Guyter，2001

② Bourdieu，P.The Forms of capital.In J.Richardson(Ed.)，Handbook of theory and research for sociology of education (pp.241–258).New York:Greenwood Press，1986

究，以“社会资本”来解释经济增长和社会发展。美国社会学家帕特南、科尔曼等的工作努力则让这一领域成为现代学术研究中的“显学”，人们“又一次找到了一种存在于公开的和建设性的争论中的共同语言，一种在过去的150年中受到狭义的学科主义严重压制的语言”。[①]帕特南从政治的角度对社会资本进行了研究，他定义“社会资本”为“社会组织的那些可通过促进协调行动而提高社会效能的特征，比如信任、规范及网络等”。[②]科尔曼（1988）从结构功能视角来看待社会资本问题，并对社会资本做了较系统的分析。他认为，“社会资本是社会结构的一个方面；在结构内它便利了个体的某些行动。”[③]科尔曼把社会资本归结为义务和期望、信息渠道和社会规范，并强调社会网络中的“闭合”（Closure）是一种社会资本的创造机制。“相对闭合的社会网络令参与者不止在某一领域活动，为社会资本的产生创造了条件。”[④]社会结构资源表现为社会结构中各种要素，是一种无形的资源，包括他人、组织、风俗、制度等。根据当前社会学对社会资本的研究，社会资本可定义为行动主体所动员的持有回报预期的社会结构资源，是一种有助于目的实现的工具。社会资本的拥有者可以是个人、群体、组织、社区等，表现为社会结构资源，但社会结构资源本身不是社会预期，社会资本与其他资本一样具有工具性效应。

二、社会资本理论的核心观点

皮埃尔·布迪厄（Pierre Bourdieu）在其关系主义方法论的基础上率先提出“场域”和“资本”概念。“场域是以各种社会关系连接起来的、表现形式多样的社会场合或社会领域……一个场域可以被定义为在各种位置之间存在

---

① Woolcock，M.&Narayan，D. Social Capital:Implications for development theory, research， and policy. The World Bank Research Observer，2000(15)，225-249

② Putnam，R.，The prosperous community: Social capital and public life.The American Prospect. Available at:html［Accessed 25.03.2000］，1993.p167

③ Coleman，J.Social capital in the creation of human capital.American Journal of Sociology，1988，94(Supplement)，S95-S120

④ Coleman，J.Social capital in the creation of human capital.American Journal of Sociology，1988，94(Supplement)，S95-S120

的客观关系的一个网络，或一个构型。场域是由不同的社会要素连接而成的，社会不同要素通过占有不同位置而在场域中存在和发挥作用。场域就像一张社会之网，位置可以被看成是网上的纽结。位置是人们形成社会关系的前提，社会成员和社会团体因占有不同的位置而获得不同的社会资源和权利。"[①]布迪厄认为场域作为各种要素形成的关系网，是个动态变化的过程，变化的动力是社会资本。布迪厄把资本划分为三种类型：经济资本、文化资本和社会资本，集中研究了资本之间的区分及相互作用。认为资本之间可以相互转换。布迪厄提出，所谓社会资本就是"实际的或潜在的资源的集合体，那些资源是同对某些持久的网络的占有密不可分的。这一网络是大家共同熟悉的，得到公认的，而且是一种体制化的网络，这一网络是同某团体的会员制相联系的，它从集体性拥有资本的角度为每个会员提供支持，提供为他们赢得声望的凭证。"[②]社会资本以关系网络的形式存在。

著名社会资本理论家詹姆斯·科尔曼（James S.Coleman）认为，社会资本是一个独立的社会学概念，在内涵与外延上均不同于社会网络和社会资源理论。社会资本与社会网络既存在着联系又具有明显区别，一方面，社会网络是社会资本的一种重要表现形式，社会资本能够用来分析人际关系网络效用及其产生与发展的机制；另一方面，社会资本比社会网络概念更为宽泛和深刻。社会资本不能等同于社会网络，除了社会网络之外，社会资本的表现形式还有其他的社会结构性资源。科尔曼指出："蕴含某些行动者利益的事件，部分或全部处于其他行动者的控制之下。行动者为了实现自身利益，相互进行各种交换……其结果，形成了持续存在的社会关系。这些社会关系不仅被视为社会结构的组成部分，而且是一种社会资源。"[③]科尔曼由此提出了社会资本的概念，他把社会结构资源作为个人拥有的资本财产叫作社会资本。社会资本不是某些单独的实体，而是具有各种形式的不同实体。科尔曼认为，社会资本是与物质

---

① Bourdieu，P.The Forms of capital.In J.Richardson(Ed.)，Handbook of theory and research for sociology of education(pp.241–258).New York:Greenwood Press，1986

② Bourdieu，P.The Forms of capital.In J.Richardson(Ed.)，Handbook of theory and research for sociology of education(pp.241–258).New York:Greenwood Press，1986

③ Coleman，J.Social capital in the creation of human capital.American Journal of Sociology，1988，94(Supplement}，S95–S120

资本、人力资本相并存的，每个人生来就具有这三种资本。其中物质资本是有形的，社会资本和人力资本是无形的，它们三者之间可以转换。

罗伯特·帕特南（Robert D.Putnam）在科尔曼的基础上，将社会资本从个人层面上升到集体层面，并把其引人政治学研究中，从自愿群体的参与程度角度来研究社会资本。帕特南在《让民主的政治运转起来》中提出“公民参与网络”的观点，认为“由于一个地区具有共同的历史渊源和独特的文化环境，人们容易相互熟知并成为一个关系密切的社区，组成紧密的公民参与网络。这一网络通过各种方式对破坏人们信任关系的人或行为进行惩罚而得到加强。这种公民精神及公民参与所体现的就是社会资本。”[①]根据帕特南的思想，社会资本是一种团体的甚至国家的财产，而不是个人的财产。帕特南强调，如果认识到社会资本是重要的，那么它的重心不应该放在增加个人的机会上，而必须把注意力放在社群发展上，为各种社会组织的存在留下空间。

林南（Nan Lin）通过对社会网络的研究提出社会资源理论，并在此基础上提出了社会资本理论。在林南看来，资源就是“在一个社会或群体中，经过某些程序而被群体认为是有价值的东西，这些东西的占有会增加占有者的生存机遇。”[②]他把资源分为个人资源和社会资源。个人资源指个人拥有的财富、器具、自然禀赋、体魄、知识、地位等可以为个人支配的资源；社会资源指那些嵌入于个人社会关系网络中的资源，如权力、财富、声望等，这种资源存在于人与人之间的关系之中，必须与他人发生交往才能获得。社会资源的利用是个人实现其目标的有效途径，个人资源又在很大程度上影响着他所能获得的社会资源。在社会资源理论的基础上，林南又提出了社会资本理论。社会资源仅仅与社会网络相联系，而社会资本是从社会网络中动员了的社会资源。林南认为社会资本是“投资在社会关系中并希望在市场上得到回报的一种资源，是一种镶嵌在社会结构之中并且可以通过有目的的行动来获得或流动的资源。”[③]林南定义社会资本时强调了社会资本的先在性，它存在

---

① 罗伯特 D. 帕特南 . 使民主运转起来［M］. 王列，赖海榕译，江西人民出版社，2001：12–14

② Lin，N.Social Resources and Instrumental Action.In.P.V Marsden，Lin，N.（eds.）Social Structure and Network Analysis.P.131–145，Beverly Hills，CA:Saee，1982

③ Lin，N.Social Resources and Social Mobility:A Structural Theory of Status Attainment.p.247–271，in Social Mobility and Social Structure，edited by R.L.Breiger. New York:Cambridge University Press，1990

于一定的社会结构之中，人们必须遵循其中的规则才能获得行动所需的社会资本，同时该定义也说明了人的行动的能动性，人通过有目的的行动可以获得社会资本。

三、社会资本理论的应用价值

社会资本是用经济学的概念来解释人的社会行为与社会关系，社会资本理论具有强大的解释力，学术界通过实证研究普遍证明了社会资本理论具有十分重要的应用价值。Grootaert（1999）对印度尼西亚的研究发现，社会资本能显著减少贫困，而且，社会资本对特别穷的群体来说更加重要，故被称为“穷人的资本”。①基于这一见解，近十余年来，世界银行在世界各地开展了一系列社会资本研究计划，并大力倡导对贫困地区的社会资本建设，将发展社会资本作为缓解贫困的重要手段。联合国教科文组织和亚洲开发银行也认同“因为穷人对社会关系网依赖程度很大，营造社会资本对帮助他们实现必要的社会、经济和政治转变，谋求自我发展就具有关键性的意义。”②

目前社会资本的研究与应用主要集中在以下领域：纳克等人对社会资本与经济和社会发展的关系进行了经验研究，“结果发现一个国家的国民对他人的信任程度越高，国家的国民规范越明确，则该国的经济（社会）发展水平就越高，三者之间存在着显著的关联。”③劳动就业是社会资本理论中应用较早的一个研究领域。人们对社会关系网络在个人求职中作用的研究结果表明，“即使在欧美等劳动力市场制度建设较完善的国家里，人们在就业和求职过程中还是会更多依靠自己的社会网络关系，求职者可通过自己的社会关系网络来获得信息与帮助，从而容易找到理想的工作。”④帕特南指出，公民对于公共事物的参与有助于产生自发的社会网络组织及成员间的信任和规范，这是市民社会生存所依赖的社会资本。科尔曼曾指出，在传统社会中，儿童的成

---

① Grootaert，C.Social capital，household welfare and poverty in Indonesia–World Bank Policy Research Working Paper No.2148. Washing DC:The World Bank，1999

② 王恒彦 . 社会资本和信息能力对农户收入的影响机制研究——以湖北、山西为例［D］. 浙江大学博士论文，2012（10）：5

③ 转引自赵廷东 . 社会资本理论的新进展［J］. 国外社会科学，2003（3）

④ 转引自赵廷东 . 社会资本理论的新进展［J］. 国外社会科学，2003（3）

长过程会受到家庭和邻里人的关注，这些构成了儿童成长的社会资本。但随着现代社会结构的变化，父母工作压力不断增加，邻里人际关系逐渐淡漠，儿童所获得的社会资本越来越少，不利于他们的成长。许多学者也对这一领域进行了研究，研究结果表明，“父母对子女关心程度的高低在很大程度上决定着孩子们学业成绩的高低和在学校里表现的好坏，社会资本在人力资本的形成过程中发挥着不可替代的作用。”①许多学者对农村的社会资本存量进行了研究，结果表明，随着市场经济的冲击，随着农村的贫富差距拉大，农村社会的社会资本存量越来越少，农村的人际关系观念逐渐淡薄，相互之间的交流与互相帮助越来越少，农村的社会资本不断流失。这种状况严重影响了农民的团结，对本来就处于弱势地位的农民非常不利。社会资本为我们解析洞庭湖区村落经济社会结构变迁提供了新的理论视角，是一种新的阐释村落经济转型发展的社会学理论。“这对于研究正处于由农业、乡村、封闭半封闭的传统村落社会，向工业、城镇、开放的现代农村社会转变而言，具有重要理论指导意义和学术启迪价值。”②

四、社会资本理论视野下洞庭湖区村落经济转型分析：从封闭到开放

美国经济学家约翰·威廉逊认为，从社会学角度研究经济问题对于经济学本身发展具有重要意义，他指出，经济组织的研究将从“经济学家和社会学家之间富有意义的对话中获益”。③当我们分析和解释洞庭湖区村落经济的变迁过程时，不能仅仅考虑单纯经济行为逻辑的作用，还需要考虑洞庭湖区村落社会系统中其他非经济因素的影响。农村社会关系网络的分析就是洞庭湖区村落经济转型与绿色发展研究中不可忽视的研究重点。“社会关系网络作为社会资本对经济绩效是有影响的，至少相当于人力资本或教育的作用。”④社会网络越发展，社会资本存量就越丰富。随着市场经济对村落社会的不断冲击，村民的物质欲望不断膨胀，加上村落社会流动的增加和经济收入的分化，原本稳固的村

---

① 转引自赵廷东．社会资本理论的新进展［J］．国外社会科学，2003（3）．

② 钟涨宝等．社会资本理论对农村社会结构变迁的解释功能［J］．华中农业大学学报（社会科学版），2002(1)

③ 转引自朱全景．中国经济转型的社会资本分析［J］．经济社会体制比较，2011（5）

④ Whiteley，P.F.Economic Growth and Social Capital.Political Studies，2000(48)，443–466

落人际关系网络变得日益松散，原本单纯的村落社会交往方式和社会关系网络发生裂变，人与人之间隔阂加深，邻里关系趋向冷淡和陌生，农村村民关系的恶化对农村社会的影响是巨大的，它不仅影响农村社区的建设和农村合作行为的开展，还影响农村建设以及农村传统互助、博爱精神的传承。农村社会资本因社会关系网络的割裂日趋缺失，传统农村社会资本需要得到重构，需要重新培育一种信任、公平、平等、合作、互惠和博爱等的规范理念。

村落社会网络是村落经济的一种重要的资本形态，在洞庭湖区村落经济转型过程中，村落社会网络需要实现从封闭到开放的转型。随着村落活动空间的扩大，生产环节分工程度加深，社会化服务代替了传统农户自我服务；家庭资源配置外部化，劳动力、土地、资金配置市场化，生产要素配置由家庭内部走向外部社会；农民日常生活货币化，打破了家庭自我供给边界；人际、户际交往范围扩大，交往频率增加、交往程度加深。伴随着农村社会生产方式的转型，农民的交往方式也发生了转型，家庭生产与资源配置卷入全球性的生产链条和社会分工，农民由一个家庭人转变成了社会人。村落社会结构分化程度不断提高，分化边界由封闭性向开放性转变，以社会关系网络为表征的社会资本分化推动着洞庭湖区村落从封闭式的村落家庭宗族式人际关系向开放式的社会人际关系转型；从自给自足村落自然经济向注重人口、资源、环境等系列村落社会因素协调转型发展；从传统村落差序格局下基于道义的互惠社会网络向协作、互惠的现代村落文明规范转型。

第四节　基于生态经济学理论的洞庭湖区村落经济转型：从粗放到集约

根据生态经济学理论，生态经济是生态伦理与经济规律的有机耦合，是实现经济增长与环境保护、物质文明与精神文明、自然生态与文化生态相和谐的一种可持续发展模式。洞庭湖区村落经济建设需要纳入生态经济系统框架，以生态经济学理论为指导，将洞庭湖区村落社会的生产、交换、消费等各流通环节视为一个有机的生态经济系统，扩大自然再生产和经济再生产的产业链，实现洞庭湖区村落经济的可持续发展。经济效益和生态效益是生态经济学理论的内在目标，一切经济活动应该遵循一定的生态经济学原则，洞庭湖区村落经济转型同样应当遵循经济发展与生态平衡的基本原则，洞庭湖区村落经济转型是一项系统工程，既要重视村落经济“量”上的增长又要关注村落生态“质”上的提升，需要通过推动湖区村落经济从粗放向集约的转型发展来实现经济效益与生态效益同步提升。

一、生态经济学理论渊源

自18世纪人类开始走向工业化以来，许多国家片面追求经济快速增长，一味滥用支撑经济社会发展的自然资源和生态环境，使地球资源过度消耗，生态急剧破坏，环境日益恶化，产生了具有长期影响的生态环境问题，出现了人类与自然、生态与经济的不协调现象。人口爆炸、粮食不足、环境污染、生态退化、能源危机、资源短缺等一系列社会公害开始敲响工业文明的警钟，人们开始对传统经济增长方式进行了全面而深刻的反思与批判。1962年，美国作家卡森在《寂静的春天》中预言：“这是一个没有声息的春天。这儿的清晨曾经荡漾着乌鸦、鸫鸟、鸽子、樫鸟、鹪鹩的合唱，以及其他鸟鸣的音浪；而现在一切声音都没有了，只有一片寂静覆盖着田野、树林和沼泽。”①这是一幅呈现在人类社会面前因经济系统极度膨胀而生态系统极度衰退的黑色生态图画。工业生产带来环境破坏，环境破坏带来生态失衡，生态失衡带来自然灾害，自然灾害阻碍经济发展，这是一个恶性循环，这是一个经济发展的“怪圈”。现代经济发展需要跳出这一“怪圈”。经济发展与生态保护似乎成为“鱼与熊掌”不可兼得的问题，经济系统与生态系统是否存在发展的交集？两个系统是否可以复合互融？经济效益与生态效益是否能够兼而有之？为解决以上问题，一门研究经济活动与生态环境相互关系的生态经济学应运而生。1968年，美国经济学家鲍尔丁（Bouiding，K.E）在《一门新兴科学—生态经济学》一文中首次正式提出“生态经济学”概念，②明确阐述了生态经济学的研究对象，并对人口控制、资源利用、环境污染以及国民经济与福利核算等

① （美）蕾切尔·卡森．寂静的春天［M］．吕瑞兰，李长生译．上海：上海译文出版社，2008（1）：2

② 转引自周立华．对生态经济学若干问题的思考［J］．国土与自然资源研究，2006（2）：49

问题作了原创性研究。另外，鲍尔丁还在《宇宙飞船经济观》中提出了“循环经济”理念和“经济—社会—自然”协同发展的初始模型。虽然鲍尔丁首先使用“生态经济学”的概念，但对于生态经济学的学科体系，鲍尔丁并没有提出系统的理论框架。

1974年，美国思想家莱斯特.R.布朗开始创办世界观察研究所，主要针对世界环境问题进行“观察”，并出版了一系列《环境警示丛书》，掀起了全球环境运动的高潮。20世纪70年代末到20世纪80年代末，涌现出大批关于全球资源、环境与发展方面的论著，并且引起了全球范围内的大辩论。在这场大辩论中，西方的经济学家、社会学家、环境学家和生态学家都广泛参与进来，对人类与自然，以及对世界和人类社会的未来做出了各种论述与预测，可谓百家争鸣。20世纪80年代末50多位科学家组织成立了国际生态经济学会，创立了生态经济学，并在1989年开始编辑出版《生态经济》杂志。美国佛蒙特州大学生态经济研究所所长罗伯特·科斯坦塔（Costanza R.）在《生态经济》创刊号的首篇文章中给出了生态经济学的概念及其需要研究的生态经济问题。从此生态经济的研究方兴未艾，生态经济理论的发展就进入了一个崭新的阶段。20世纪90年代初，西方学者开始在可持续发展的理论平台上探索自然资本的相关问题，并把它纳入生态经济理论的理论框架，促进了西方生态经济理论的新发展。

随着20世纪70年代末的改革开放，生态经济理论开始介绍到中国。随后，生态经济理论在中国的发展和传播非常迅速，不但其一般理论和前沿成果得到及时引进和宣传，而且结合中国国情的生态经济理论研究也取得了丰硕成果。如以牛文元、王毅为首席专家的中国科学院可持续发展战略研究组编著的《中国可持续发展战略报告》和刘思华教授主编的《可持续发展经济学》，将生态经济与我国实施可持续发展战略相结合展开研究，产生了可持续发展经济学。还有廖卫东著的《生态领域产权市场制度研究》、沈满洪等著的《绿色制度创新论》、戴星翼等著的《生态服务的价值实现》、王全南等编的《生态补偿机制的政策设计》。这些研究成果广泛而深入地涉猎了生态经济的决策机制、运行机制、评价机制、考核机制、问责机制、参与机制等方面。多年来，中国生态经济理论紧跟世界生态经济理论的步伐，把可持续发展理论和产权制度理论等最新理论融入生态经济理论中，并逐步把生态经济理论从最开始的农业生态经济理论范畴扩大成一个完整的学科体系和扩充到多个分支领域，中国的生态经济理论研究正走向理论与实践的紧密结合。

二、生态经济学理论的核心观点

20世纪60年代后期，美国经济学家鲍尔丁（Bouiding，K.E）正式提出了“生态经济学的概念”，并基于生态学原理和经济学原理，以技术系统为手段，围绕人类经济活动与自然生态之间相互发展的关系为主题，对生态经济复合系统的结构、功能、效益、行为及其运动规律展开研究。我国著名经济学家马传栋认为，“生态经济学系统是经济系统和生态系统结合而成的复合系统。生态系统和经济系统所以能被相互结合成为生态经济系统是由于构成生态经济系统的这两个子系统时时刻刻都存在着相互作用、相互影响和相互制约的关系。”①罗伯特·科斯坦萨（Costanza R.）认为“生态经济学是一门全面研究生态系统与经济系统之间关系的科学，这些关系是当今人类所面临的众多紧迫问题如可持续性、酸雨、全球变暖、物种消失、财富分配等的根源，而现有的学科均不能对生态系统与经济系统之间的这些关系予以很好的研究……生态经济学既包括利用经济学方法研究经济活动对环境与生态的影响，也包括用新的方法研究生态系统与经济系统之间的联系”，②后来进一步将生态经济学定义为“可持续性的科学和管理”，③生态经济学将人类经济系统视为更大的整体系统的一部分，其研究范围是经济部门与生态部门之间相互作用的整个网络。认为生态经济学是从最广泛的意义上阐述生态系统和经济系统之间的关系的学科。许多经济学家从生态学与经济学相互结合的角度来探讨与生态环境有关的经济问题，提出了一系列生态经济的理论观点，如“生态经济系统”“生态农业”“循环经济”等等。鲍尔丁（Bouiding，K.E）在论文《生态学与经济学》和《环境与经济学》中，明确地提出把生态学与经济学整合起来的思想。美国生态经济学家莱斯特.R.布朗在总结发达国家走过的传统工业

① 马传栋．生态经济学［M］. 济南 : 山东人民出版社，1986：37

② Costanza R.What is ecological economics［J］.Ecological Economics,1989,1(1): 1–7

③ Costanza R,Daly HE，BartholomewJ A.Goals，agenda and policy recommendations for ecological economics［A］. In: Costanza R ed. Ecological Economics: the Science and Management of Sustainability［C］. New York: Columbia University Press, 1991

化城市化发展道路后指出："一切照旧的A模式会导致环境不断衰退，最终导致经济衰退。透支地球自然资产的形成的环境泡沫经济终将破灭，除非我们赶在这种结局发生前将泡沫消除"。"A模式难以为继……采用一种新方法——B模式的时候已经来临"。[①]莱斯特.R.布朗B模式的基本构想就是生态经济模式，他认为"只有重新架构我们的全球经济，使之成为一种能维系永续不衰的经济，除此之外别无他途"。[②]

中国生态经济学家周立华认为："生态经济是一种可持续发展的经济形态，主要包括三方面的内涵：①生态经济需要保证经济增长的可持续性；②生态经济需要保证生态环境的可持续性；③生态系统和经济系统之间通过物质、能量、信息的流动与转化而构成一个生态经济复合系统。"[③]滕有正认为："生态经济学是研究生态经济系统的运动发展规律及其机理的科学，是一门兼有理论和应用二重性的科学。就其基础部分来说，属于理论科学。任何一门独立的理论科学都应有自己的范畴体系，即有自己全面系统的、抽象程度很高的基本概念，并在此基础上建立起完整的学科体系。生态经济学的独立性和理论性首先就体现在自己的范畴体系上。"[④]同时，他还指出"生态经济学是一门具有边缘性质的经济科学，是由生态学和经济学相互渗透、有机结合形成的新兴边缘学科，是一门跨自然科学和社会科学'远缘杂交'的交叉学科。它和政治经济学、生产力经济学、生态学，环境科学、人口科学、资源科学、国土科学等有着密切的关系，与一些相邻学科有着许多共有的范畴和概念，如经济系统、生态系统、环境、资源、人口、自然生产力、社会生产力等等"。[⑤]中国生态经济学会理事长滕藤认为，"生态经济学是在适应资源保护、环境管理和经济发展需要的过程中不断加以拓展的。其中，在宏观层面上，生态经济研究从生态平衡论（强调要把经济系统和经济活动建立在生态平衡的基础上），逐步拓展到相互协调论（强调生态、经济和社会必须协调发

---

① 莱斯特・R・布朗. B模式［M］. 北京：东方出版社，2003：85-87

② 斯特・R・布朗. B模式［M］. 北京：东方出版社，2003：88

③ 刘丽梅，吕君. 生态经济学视野下草原旅游可持续发展探究［J］. 北京第二外国语学院学报，2008（1）

④ 滕有正. 生态经济学的范畴体系［J］. 生态经济，1992（1）：13

⑤ 滕有正. 生态经济学的范畴体系［J］. 生态经济学，1992（1）：13.

展）和可持续发展论（强调经济可持续要建立在生态可持续的基础上，社会可持续则要建立在生态可持续和经济可持续的基础上）。在产业层面上，生态经济研究从农业逐步拓展到工业、服务业。在地域层面上，生态经济研究从生态村逐步拓展到生态乡、生态县、生态市和生态省。在研究内容上，生态经济研究从生态保护逐渐拓展到生态建设和生态恢复。在协调层面上，从生产行为研究逐步拓展到消费行为研究、资源生态经济研究和区域生态经济研究。经过无数次的拓展，生态经济学已逐步形成一个能为生态经济形态的发育提供理论和方法的学科体系”。①浙江理工大学生态经济研究中心主任沈满洪认为：“生态经济学是一门研究和解决生态经济问题、探究生态经济系统运行规律的经济科学，旨在实现经济生态化、生态经济化和生态系统与经济系统之间的协调发展。生态经济学是以问题为导向的经济科学，即以生态经济问题为研究的出发点……生态经济学不是从理论到理论的纯粹理论经济学，而是从实践上升到理论、再以理论指导实践的亦实践亦理论的应用理论经济学。生态经济学的追求目标是实现经济生态化、生态经济化和生态系统与经济系统之间的协调发展。”②

三、生态经济学理论的应用价值

目前，全球性的生态危机和资源危机对人类的影响，使人们不得不对自己只追求经济效益的思维方式和行为方式进行深刻的反思。人们希望树立一种科学的发展观、希望建立一个可持续发展的社会，其核心就是推动自然生态与经济生产的协调发展。生态经济学是在生态与经济之间矛盾激化的背景下产生的，是一门研究和解决生态经济问题、探究生态经济系统运行规律的经济科学，旨在实现经济生态化、生态经济化、生态系统与经济系统之间的协调发展并使生态经济效益最大化。生态经济学研究可以为缓解经济社会发展与环境生态危机的矛盾关系，为创建人与自然的和谐统一，为实现社会、经济、生态的可持续发展提供科学的理论基础。

生态经济学理论具有以下四大特点：①综合性。生态经济学是以自然科学同社会科学相结合来研究经济问题的学科，从生态经济系统的整体上研究

---

① 滕藤．生态经济与相关范畴［J］．红旗文稿，2002（12）：4–5

② 沈满洪．生态经济学的定义、范畴与规律［J］．生态经济，2009(1)：43

社会经济与自然生态之间的关系。②层次性。从纵向来说，包括全社会生态经济问题的研究，以及各专业类型生态经济问题的研究，如农田生态经济、森林生态经济、草原生态经济、水域生态经济和城市生态经济等。其下还可以再加划分，如农田生态经济，又包括水田生态经济、旱田生态经济，并可再按主要作物分别研究其生态经济问题。从横向来说，包括各种层次区域生态经济问题的研究。③地域性。生态经济问题具有明显的地域特殊性，生态经济学研究要以一个国家或一个地区的国情或地区情况为依据。④战略性。社会经济发展，不仅要满足人们的物质需求，而且要保护自然资源的再生能力；不仅追求局部和近期的经济效益，而且要保持全局和长远的经济效益，永久保持人类生存、发展的良好生态环境。生态经济研究的目标是使生态经济系统整体效益优化，从宏观上为社会经济的发展指出方向，具有极为重要的战略意义。

根据生态经济学理论，人们应从生态学系统来看待社会经济问题，研究生态变化的经济因素。生态经济效益是生态经济学的基本理论，生态经济效益既包括人们投入一定的劳动耗费后，所获得的有形产品，也包括同时所获得的各种对人有用的无形效应。生态经济学理论认为人与人、人与自然关系的协调是经济增长的前提，一切社会经济活动既要重视经济效益又要重视生态效益。生态经济学以经济活动与生态环境的关系问题为研究对象，探究经济系统与生态系统之间相互作用、相互影响的复合互融问题，而这一问题正在成为经济发展的中心问题，即可持续发展问题。生态经济学理论以生态、经济、社会相整合的观点来认识人类所面临的生态危机，并指导人们正确认识和处理人与自然之间的相互关系。洞庭湖区村落经济转型研究迫切需要生态经济学理论的指导，以确立从人湖相分到人湖共生的转型路径，实现洞庭湖区村落经济系统与生态系统的互惠共生。通过强化洞庭湖区村落生态经济意识、提升洞庭湖区村落生态经济效益、构建洞庭湖区村落生态经济管理体系和湖区村落生态经济评估体系，推动洞庭湖区村落走上生态效益和经济效益“双赢”的绿色发展轨道。作为长株潭城市群“两型社会”建设的经济腹地，洞庭湖区亟须在“生态经济”发展道路上迈出坚定的步伐，需要开创出一条生产与生态共发展的湖区村落生态经济新路径。

四、生态经济学理论视野下洞庭湖区村落经济转型分析：从粗放到集约

传统粗放式经济通过从大自然中索取物质和能量来实现经济的数量型增长，以高开采、低利用、高排放、低产出为特征，是一种单向式线性经济。面临来自大自然的屡次灾害，面对日益严峻的生态危机，洞庭湖区村落经济必须改变过去那种传统粗放式经济模式，遵循维持生态平衡、讲究经济效益、注重社会效益的生态经济法则。只有用生态与经济协同发展的理念指导洞庭湖区村落经济建设，把洞庭湖区村落经济转型与绿色发展同湖区生态需求协同起来，才能有效构建社会—经济—自然间良性循环的湖区村落复合生态经济系统，才能实现湖区村落人与自然的和谐发展。因此，在推动洞庭湖区村落经济转型与绿色发展过程中，需要从生态效益和经济效益两方面对湖区村落经济进行综合分析和考量。

洞庭湖区村落经济尚处于从传统向现代迈进的转型时期，在以粮、棉、油、猪、鱼等传统农业为主的洞庭湖区村落，传统农业的生产理念可谓根深蒂固，湖区农民对生态经济理念还比较淡薄。作为国家重要的粮仓，洞庭湖区粮食生产主要表现为数量上的供给保障，主要强调追求高产出、高经济收益。调查显示，洞庭湖区人们，特别是湖区农民对于保护生态环境的重要性以及生态效益的认识上还存在着很大的不足，普遍认为生产与生态之间除了资源供给关系外不存在其他重要的联系。此处，不妨借用生产函数关系式来对洞庭湖区人的生态经济意识问题展开进一步分析：37%的村民认为在工业化条件下，人工资源可以替代自然资源，可以忽略自然界对生产活动的影响。上述观点体现于生产函数为$Q=F(K, L)$；55%的村民认为生态与经济的联系仅仅在于生态环境向经济系统提供自然资源这一生产要素的意义上，即$Q=F(K, L, R)$。在以上函数关系式中：Q为产出，F为生产函数，K为资本，L为劳动力，R为自然资源。通过生产函数关系式的分析，结合相关调查数据，不难得出如下结论：洞庭湖区人们的生态经济意识比较淡薄，过于注重生产的经济效益，而忽视生态效益，不注重自然生态环境的保护和建设。洞庭湖区人为追求单位面积产量对土地等自然生态资源依然进行粗放式、掠夺式利用；为增加渔业产量而过度捕捞和大量网箱养殖等生产行为造成湖区水质严重污染；为保证作物高产长期不惜使用大量农药，甚至违禁农药，从而导致大量

农药残留，影响农产品质量安全，等等。这些以经济为本位的盲动，对洞庭湖区农业可持续发展的阻碍已逐渐显现，但这些阻碍还没有引起农村基层干部的高度重视，更没有引起农民群众的普遍关注，这与生态经济理论追求经济、生态双重效益的目标是相违背的。

洞庭湖作为我国第二大淡水湖，被世界自然基金会称为世界最为重要的湿地所在地。然而，洞庭湖区一直是人类开发的高强度地区，承受着农业开发、城市化冲击和大规模水利建设，生态系统十分脆弱，湿地保护与生产活动的矛盾非常突出。人湖矛盾、水地矛盾伴随着洞庭湖村落经济发展的全过程，这些不能及时解决的矛盾直接导致了湖区自然灾害的频繁发生，生态危机的警钟在湖区上空响起。生态危机倒逼推动洞庭湖区村落经济从粗放向集约转型，加快湖区村落经济转型步伐，调整村落产业结构，大力发展现代农业，有效节约湖区资源，保护湖区生态环境，这是洞庭湖村落经济应该遵循的转型之道。

第五节　基于制度经济学理论的洞庭湖区村落经济转型：从传统到现代

制度经济学是研究经济转型的经典理论。制度变迁需求理论重视新制度产生和社会格局变化的运行成本，只要制度变化的“得大于失”，新制度就是人们所需求的；制度变迁供给理论强调新制度对旧制度负外部性的内化作用，旧制度的负外部性阻碍了经济社会的进一步发展，新制度能够解除旧制度的束缚推动经济社会不断向前进步。无论是从需求层面，还是从供给层面，洞庭湖区村落经济迫切需要这种基于制度层面的最为彻底最为深刻的经济转型。制度转型成为洞庭湖区村落经济转型的一个核心内容，制度转型贯穿于洞庭湖区村落经济生活的全过程和全领域，需要通过改革来解除传统落后村落经济制度对湖区经济发展的桎梏，通过建立现代经济制度以激发村落经济活力，从而实现洞庭湖区村落经济从传统向现代的转型发展。

一、制度经济学的理论渊源

制度经济学（Institutional Economics）是把制度作为研究对象的一门经济学，在现代西方经济学蔚为壮观的体系中，制度经济学成为特别引人注目的一个经济学分支。制度经济学的最初起源可追溯到19世纪40年代以F· 李斯特为先驱的德国历史学派。历史学派反对英国古典学派运用的抽象、演绎的自然主义方法，而主张运用具体的实证的历史主义方法，强调从历史实际情况出发，强调经济生活中的国民性和历史发展阶段的特征。制度经济学理论自产生到成熟经历了一个漫长的发展过程，大体经历了三个发展阶段。第一阶段是从19世纪末到20世纪30年代初。以经济学家T· 凡勃伦、J·R· 康芒斯、W·C· 米切尔等为代表，形成了制度经济学流派，被称为旧制度经济学派。第二阶段是从20世纪30年代到20世纪50年代，是从旧制度经济学到新制度经济学的过渡阶段。贝利、米音斯和艾尔斯是这一阶段最主要的制度经济学家。第三阶段是从20世纪60年代到20世纪80年代，此阶段的制度经济学因注入了新的理论内涵而被称为新制度经济学。科斯（R.H.Coase）和诺思（Douglass C.North）是新制度经济学最重要的代表人物。

制度学派的经济学家们都重视对非市场因素的分析，诸如制度因素、法律因素、历史因素、社会和伦理因素等，其中尤以制度因素为甚，强调这些非市场因素是影响社会经济生活的主要因素。制度经济学家普遍认为，应当从每个人的现实存在和他与环境的关系方面，从制度结构、组织模式方面，从文化和社会规模等方面去考察人的经济行为。如果只是单独考察个人的动机来发现经济规律，那将是只见树木不见森林的片面做法。因此，制度经济学采取历史归纳方法和历史比较方法，强调每一个民族或每一种经济制度都是在特定历史条件下进行活动或发展起来的，并以制度作为视角，研究“制度”和分析“制度因素”在社会经济发展中的作用。这一研究方法论的核心在于，不是以任何客观的指标来衡量经济活动，而是立足于个人之间的互动来理解经济活动。因此，以制度为视角研究经济问题，首先要求确立以人与人之间的关系作为研究的起点，而不是以人与物的关系作为起点。在他们看来，制度经济学所研究的是活生生的、不确定的人，因而无法以一个确定的、总量的标准，对整个经济活动做出安排。正如威廉姆森（Williamson）所言：“研究视角的改变推动了诸如产业组织、劳动经济学、经济史、产权分析和比较体制等领域中实证和理论研究的结合——这种结合是有用的，并带来了制度主义的复兴。”①

二、制度经济学的核心观点

交易费用理论、产权理论、制度变迁理论是制度经济学的核心理论。著名制度经济学家科斯认为，制度的变化“必须考虑各种社会格局的运行成本和转变为一种新制度的成本”，“只有得大于失的行为才是人们追求的”，②开创了制度变迁的需求理论。诺思、拉坦等人强调新制度能够内化旧制度所造成的外部利润和知识进步等因素对制度供给的影响，从而形成了制度变迁的供给理论。诺思在《西方世界的兴起》里，认为制度因素是经济增长的关键，一种能够对个人提供有效激励的制度是保证经济增长的决定性因素。“有效率的经济组织是经济增长的关键，一个有效率的经济组织在西欧的发展正是西方兴起的原因所在。”③诺思认为，制度可以视为一种公共产品，它是由个人或组织生产出来的，这就是制度的供给。由于人们的有限理性和资源的稀缺性，制度的供给是有限的、稀缺的。随着外界环境的变化或自身理性程度的提高，人们会不断提出对新的制度的需求，以实现预期增加的收益。当制度的供给和需求基本均衡时，制度是稳定的；当现存制度不能使人们的需求满足时，就会发生制度的变迁。

关于交易费用理论的主要观点。交易费用理论是整个新制度经济学的基础，也是新制度经济学分析制度变迁的理论基础。美国芝加哥大学罗纳德·科斯教授在1937年提出“交易费用”的概念，科斯认为：“利用价格是有成本的。通过价格机制组织生产的最明显的成本就是所有发现相对价格的工作……市场上发生的每一笔交易的谈判签约的费用也必须考虑在内”，④科斯首次用“交易成本”的概念来解释企业存在的原因。他认为，由于“使用价

① 转引自柯武刚，史曼飞．制度经济学［M］．商务印书馆，2001：43

② （美）科斯．社会成本问题［J］．法和经济学，1996：5

③ （美）道格拉斯·思诺，罗伯斯·托马斯．西方世界的兴起［J］．厉以平，蔡磊译．华夏出版社，1999（1）：5

④ R.H.Coase.The Nature of the Firm［A］.In Coase,1988,the Firm,the Market,and the Law.Chicago:The University of Chicago Press:33–55

格机制是有代价的”，而这一代价就是交易成本，为节约交易成本，企业代替了市场，这就是市场之外企业存在的原因。科斯分析企业和市场两种制度的选择和替代，是以交易费用理论为基础的。科斯认为：企业的出现是因为交易费用大于零，企业可以节省交易费用，市场上交易成本较高的活动就会内化到企业中来。科斯运用边际分析方法具体论述了企业规模的确定问题：“企业将倾向于扩张直到企业内部组织一笔额外交易的成本等于通过在公开市场上完成同一笔交易的成本或在另一个企业中组织同样交易的成本为止。”1960年，科斯对交易成本的内涵做了进一步的界定，他指出，“为了执行一项市场交易，有必要发现和谁交易、告诉人们自己愿意交易以及交易条件是什么，要进行谈判、讨价还价、拟订契约、实施监督以保证契约条款得以履行，等等。这些工作通常是要花费成本的。”①经济学家肯尼斯・阿罗指出，“市场失灵并不是绝对的，最好能考虑一个更广泛的范畴——交易成本的范畴，交易成本通常妨碍了（在特殊情况下则阻止了）市场的形成”，②他进而将交易成本定义为“经济制度的运行成本。”③经济学家奥利佛・威廉姆森对交易成本的发展做出了卓越贡献，他认为“经济系统运转所要付出的代价或费用就是交易成本”。④经济学家诺思将交易成本界定为：“交易成本是规定和实施交易基础的契约的成本，因而包含了那些从贸易中获取的政治和经济组织的所有成本。”⑤经济学家张五常则认为，“交易成本包括所有那些不可能存在于没有产权、没有交易、没有任何一种经济组织的鲁滨逊・克鲁索经济中的成本，交易成本包括一切不直接发生在物质生产过程中的成本。信息成本、谈判成本、拟订和实施契约的成本、界定和控制产权的成本、监督管理的成本和制度结构变化的成本都是交易成本，也就是说张五常认为所

---

① R.H.Coase.The Problem of Social Cost［J］.Journal of Law and Economics,1960:41–44

② Arrow,K.J.The Organization of Economic Activity:issues Pertinent to the Choice of Market versus Non market Allocation［A］.In The Analysis and Evaluation of public Expenditures:The PPB System.1969

③ 同上

④（美）威廉姆森 . 资本主义经济制度［M］. 商务印书馆 .2002：31

⑤（美）诺思 . 交易成本、制度和经济史［J］. 经济译文，1999（2）

有的组织成本都是交易成本。”①

关于产权理论的主要观点。科斯在《社会成本问题》中强调了“产权”在经济问题中的重要作用，并提出著名的“科斯定理”。但“科斯定理”这个术语是乔治·J·斯蒂格勒（George J Stigler）于1966年在其著作《价格理论》中首次使用的。②对于科斯理论的解释有很多版本，《麦克米伦现代经济学辞典》将科斯定理解释为：“在交易费用为零和对产权充分界定并加以实施的条件下，外部性因素不会引起资源的不当配置。因为在此场合，当事人（外部性因素的生产者和消费者）将受一种市场里的驱使去就互惠互利的交易进行谈判，也就是说，使外部性因素内部化”。③科斯提出的“确定产权法”认为在协议成本较小的情况下，无论最初的权利如何界定，都可以通过市场交易达到资源的最佳配置，因而在解决外部侵害问题时可以采用市场交易形式。科斯产权理论的核心是：一切经济交往活动的前提是制度安排，这种制度实质上是一种人们之间行使一定行为的权力。因此，经济分析的首要任务界定产权，明确规定当事人可以做什么，然后通过权利的交易达到社会总产品的最大化。诺思认为，科斯等人创立的产权理论有助于解释人类历史上交易费用的降低和经济组织形式的替换。根据产权理论，在现存技术、信息成本和未来不确定因素的约束下，在充满稀缺和竞争的世界里，解决问题的成本最小的产权形式将是有效率的。竞争将使有效率的经济组织形式替代无效率的经济组织形式，为此，人类在为不断降低交易费用而努力着。有效率的产权应是竞争性的或排他性的，为此，必须对产权进行明确的界定，这有助于减少未来的不确定性因素并从而降低产生机会主义行为的可能性，否则，将导致交易或契约安排的减少。

关于制度变迁理论的主要观点。美国经济学家道格拉斯·C·诺思（Douglass C. North）在研究中重新发现了制度因素的重要作用，他的新经

① 张五常 . 经济组织与交易成本 . 载于新帕尔格雷夫经济学大辞典［M］. 经济科学出版社，1996：58

② （美）罗纳德·科斯 . 社会成本问题［A］. 论生产的制度结构［M］. 上海三联书店出版社，1994：304

③ （英）戴维 .W. 皮尔斯主编 . 现代经济学辞典（中文本）［M］. 宋承先等译 . 上海译文出版社，1988：92

济史论和制度变迁理论使其在经济学界声誉雀起，成为新制度经济学的代表人物之一，并因此获得了1993年度诺贝尔经济学奖。诺思的制度变迁理论是由以下三个部分构成的：描述一个体制中激励个人和团体的产权理论；界定实施产权的国家理论；影响人们对客观存在变化的不同反映的意识形态理论。诺思所讲的制度变迁和制度创新都是指这一意义上的制度。诺思认为，制度变迁主体是否实施变迁，如何变迁，也可以视为一种博弈。制度变迁作为一个博弈过程，关键在于参与者是合作还是背离。合作的关键是对相关信息的掌握。如果信息完全、对称，合作就是没有障碍的。但是，各参与方都有隐藏信息和发出假信息的倾向，因此，合作并不是博弈的常态。诺思认为，“制度变迁一般是渐进式的，即使是革命性变迁，也很少是完全非连续性的。这是因为，意识形态或非正式规则在特定社会的制度结构中起作用。即使发生革命性变迁，社会意识形态也不会因为革命而中断联系。非正式规则不可能发生革命式变迁，它总是连续的、演进的。一个民族的传统意识形态不会因为某次革命而被消灭、中断、取而代之，新意识形态也不会随着革命成功而迅速形成。所以，变迁的进程主要是渐进式的。”①但同时，诺思也指出：“通过武力征服或革命所发生的非连续性的制度变迁也是重要的。”②

三、制度经济学的应用价值

自制度经济学家科斯引入边际分析方法，运用交易成本原理对制度展开研究之后，无论是在方法论意义上还是在理论价值意义上，制度经济学都发生了根本性变化。科斯理论可以简单地概括为：市场交易是有成本的，当交易成本足够大时，市场交易无法实现，可以通过产权界定降低交易成本，使交易得以实现；产权界定越清晰，越能够降低交易成本，而与将初始产权界定给谁无关；在产权清晰的情况下，好的制度设计也能够降低交易成本，比如厂商内部的制度安排比市场机制更能够降低交易成本。科斯的产权理论对

① （美）道格拉斯·C·诺思．制度、制度变迁和经济绩效［M］．杭行译．格致出版社，2014（4）：7

② （美）道格拉斯·C·诺思．制度、制度变迁和经济绩效［M］．杭行译．格致出版社，2014（4）：119

于优化资源配置、完善产权制度具有重要意义。制度经济学丰富的理论内涵和强大的分析力量为我国经济领域改革提供了理论指导，也将在指导洞庭湖区村落经济转型发展中发挥十分重要的作用。

交易成本理论激活体制创新。科斯提出的交易成本理论可以用于解释经济活动在企业和市场之间的转换，强调了节约交易成本是企业形成的一个重要原因。如我国农村家庭联产承包责任制之所以成功，主要原因是：农户拥有相对的产权，人民公社集中经营的“大锅饭”体制比农户分散经营体制交易成本要高得多。也为企业通过兼并实现规模化经营提供了理论支撑。美国诺贝尔经济学奖得主乔治·斯蒂伯格说过：“没有一个美国公司不是通过某种程度、某种方式的兼并而成长起来的，几乎没有一家大公司主要是靠内部扩张成长起来的。”[①]公司通过兼并降低了交易成本，提高了竞争力，实现了规模经济。这为洞庭湖区村落农户以合作社的形式进行生产经营活动提供了经济理论方面的启示。

交易成本理论启示政府转变职能。亚当·斯密认为政府的作用是“守夜人”的角色，主张政府不要干预市场。市场经济需要共同的游戏规则，公平有效的规则有利于降低市场的不确定性和交易成本。市场经济要求的是提供公共物品和公共服务的政府，需要政府主导改革行政审批制度，减少行政对经济的干预。通过理顺政府部门职能，建设“公共服务型”政府，减少企业非必要交易成本，能够加快农村经济市场化的转型进程和进一步释放农村市场经济的活力。

产权理论认为经济外部负效应产生的主要原因是：首先是产权不明晰，产权界限不明确往往引发外部成本问题。其次是权益不明晰，如果权益界限不明确，或者法律上是明确的，但事实上无相应的措施保证，其权益得不到确认，那么，其他人也就可能无偿从该产品上获利。在这种情况下，该产品权益就不可能全部属于其生产者而成为外部效应。最后是政府缺少相应的措施或措施不力。在市场经济条件下，各个企业都是以经济利益最大化为目标的，如果没有有利的外部制约措施，各企业为了追求自身利益最大化，很自然会想起模仿他人产品，或者把污染问题由企业转嫁给社会。经济外部性问题是引起环境污染

① 转引自彭真善，宋德勇．交易成本理论的现实意义［J］．财经理论与实践，2006（7）：16

的主因，在处理污染的外部性方面，西方国家在科斯的产权理论指导下设立可转让排污许可证制度，实践证明这种制度对环境的治理发挥了很好的功效，这也为更好地治理洞庭湖区村落环境问题提供了解决思路。

四、制度经济学理论视野下洞庭湖区村落经济转型分析：从传统到现代

制度变迁理论认为，制度变迁的成本与收益之比对于促进或推迟制度变迁起着关键作用，只有在预期收益大于预期成本的情形下，行为主体才会去推动直至最终实现制度的变迁，反之亦然。在诺思有关制度经济学理论分析框架中，他用了两个基本的支柱体系来说明经济增长和经济衰退的根源，这就是产权理论和国家理论。他认为，有效率的产权是经济增长的关键，一个社会的所有权体系如果能够明确规定个人的财产权利，并对之提供有效的保护，就能减少经济活动的成本和费用，使个人收益接近社会收益，从而具有激励个人创新，提高整个社会经济效率的功能。另一方面，产权具有公共产品的属性，它的建立必须有国家的参与。诺思的制度变迁理论对洞庭湖区村落经济改革和制度变迁具有重要启示：一是解决好村落经济改革的路径依赖问题。洞庭湖区村落经济转型过程在一定层面上来说实质上是一个制度变迁过程。一方面是从落后的自给自足的自然经济向市场经济的转型；另一方面是从传统的计划经济体制向市场经济体制的转型。以上双重转型的综合是当前洞庭湖区村落经济转型与绿色发展的现实存在，是从传统的经济制度向市场经济制度的转型，这种经济双重转型的复杂性决定了制度变迁的艰难性和渐进性，也必然存在路径依赖问题。因此，要推动洞庭湖区村落经济转型发展，就需要解决好“路径依赖”问题，削弱转型发展过程中的各种阻碍力量，同时培养推动转型发展的新生改革力量。二是加快产权改革的进程。正如诺思所分析的，产权是构成制度框架的重要元素，产权结构的无效率必然导致制度结构的无效率，因此制度创新的一个重要内容就是产权结构的创新。明晰产权和调整产权结构是推进洞庭湖区村落经济转型与绿色发展的重要前提和有效力量。三是发挥政府的主导作用。诺思的国家理论告诉我们，国家是经济增长的关键，政府是国家机构的代理人，政府代表国家界定和实施产权，并最终对经济增长或衰退负责。政府在经济改革和制度变迁过程起着重要作用。虽然中国经济社会的改革首先发轫于民间，但总体上说，政府在整个改革过程中担当着重要的角色，尤其城市改革主要是“自上而下”的强制性改

革，政府的作用功不可没，不仅是改革的推动者，而且是改革方向的把握者。政府部门利用自己的权威地位和在资源配置中的优势地位，采取了一系列有效的改革措施，为新体制的生成提供了有利的制度环境，促进了市场因素的发育和市场机制的形成。这种政府主导型制度变迁模式是中国经济改革取得巨大成功、受到世界各国推崇的主要原因之一。因此，在洞庭湖区村落经济转型与绿色发展过程中，更要重视政府对村落经济改革的主导和推动作用，引导制度变迁推动洞庭湖区村落经济从传统向现代转型。

制度变迁的过程就是生产关系需要适应村落生产力发展的过程，村落生产力倒逼生产关系进行调整改革的过程，从“大锅饭式的农村集体经济”到“农村家庭联产承包责任制”再到“现代农业规模经营”，土地制度经历了从集中到分散再到集中的变迁过程，这不是一个简单的制度变迁轮回，不是原有制度的回归，不是旧制度的复辟，而是根据生产力的发展进程而做出的必须的改革调整。洞庭湖区村落土地制度除经历了中国农村土地制度相同变迁轨迹外，还有着其独特的土地制度变迁内容，主要是因洞庭湖这一自然生态环境因素的影响，洞庭湖生态环境的演变带来了湖区村落农业耕作制度的变化，经历了从“游牧渔猎、居无定所”→“张网打鱼、船上渔家”→“围湖造田、岸上农家”→“退田还湖、渔民上岸”的湖区农业耕作制度变迁过程。洞庭湖村落土地制度变迁是外生力量与内生力量相互影响的结果，经济刺激与生态倒逼相互影响的结果，政府引导与村落自发相互影响的结果。洞庭湖区村落土地制度、耕作制度和内生、外生经济制度的变迁带来了洞庭湖区村落生产方式从传统向现代转型。

总之，洞庭湖是洞庭湖区村落经济转型与绿色发展的主背景，洞庭湖区村落经济转型的动力、方向和路径都与洞庭湖这一自然生态要素倏尔不可分离，不能脱离洞庭湖去思考村落经济的转型发展问题。洞庭湖区村落经济转型的一切路径都需要经由洞庭湖这一自然生态背景来确立，一切转型措施都需要紧密结合洞庭湖这一自然要素来制定。洞庭湖既是村落经济转型的起点，也是村落经济转型的动因。洞庭湖区村落经济需要成功转型，就需要从人湖相分的状态向人湖共生的状态转型，这是指导洞庭湖区村落经济转型的总方向。绿色发展理念、转型经济学理论、社会资本理论、生态经济学理论和制度经济学理论是洞庭湖区村落经济转型需要遵循的理论指导，将洞庭湖区村落经济置于以上理论框架下展开研究，探索洞庭湖区村落经济从当下向永续、从分散向合作、从粗放向集约、从封闭向开放、从传统向现代的转型发展之路（见图2–1）。

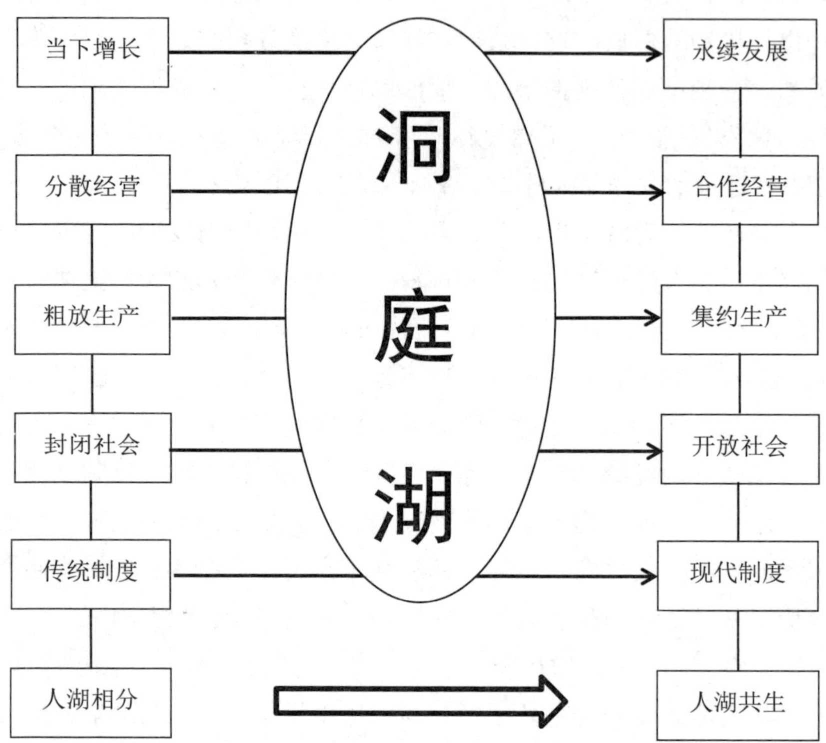

图2–1　洞庭湖区村落经济转型与绿色发展的理论分析框架

第三章　国内外湖区村落经济转型与绿色发展的经验启示

北欧、北美和日本均是湖泊众多的区域，这些地区的湖区村落经济都历经了多次转型发展，特别是美国、瑞典、芬兰、日本等发达国家，通过湖区村落经济的现代化发展，湖区村落经济已经跨越转型期和进入持续发展期，在推动湖区经济转型发展过程中积累了丰富的经验。国内湖区村落经济也在探索中加速转型，太湖湖区、鄱阳湖区和洪泽湖区的村落经济均走出了独具特色的转型发展道路，这为洞庭湖区村落经济转型与绿色发展提供了宝贵经验和重要启示。

第一节　国外主要湖区村落经济转型与绿色发展

湖区历来就是重要的农业或工业基地，是湖区所在国家或地区的经济命脉。地球陆地表面湖泊面积约270万平方公里，占全球大陆面积的1.8%左右，湖泊总水量约为地表河流水量的180倍，是陆地表面仅次于冰川的第二大水体。北欧的芬兰、瑞典、北美的加拿大和美国北部是全世界湖泊最集中的地区，这些地区往往也是世界上经济最发达的地区。湖区村落在国家经济发展进程中发挥着怎样的作用？国外湖区村落经济经历了怎样的转型发展过程？国外湖区村落经济转型与绿色发展的基本模式是怎样的？针对以上系列问题的分析和研究，能够为探索洞庭湖区村落经济转型与绿色发展的实现路径提供经验借鉴。

一、北欧湖区村落经济转型与绿色发展透析

1. 北欧主要湖区分布情况

北欧湖区分布最集中的国家是瑞典和芬兰。瑞典位于斯堪的那维亚半岛的东南部，东濒波罗的海，西南临北海，地势自西北向东南倾斜，北部为高原，南部及沿海多为平原或丘陵。瑞典国土面积约45万平方公里，境内湖泊众多，约有10万个。湖区主要分布在中南部，介于北纬58°~60° 之间。面积较大的湖泊有维纳恩湖、维特恩湖和梅拉伦湖。

维纳恩湖（Lake Vaner），位于瑞典南部，维纳什堡和卡尔斯塔德之间。维纳恩湖呈东北–西南向延伸，长145km，宽80km，最深处达97m，面积约为5,585km^2，是北欧最大的湖泊，也是欧洲第三大湖，排名在俄罗斯的拉多加湖和阿尼加湖之后，世界第28大湖。维纳恩有众多河流汇入，其中最大的是克拉尔河，湖水流经约塔河往西注入卡特加特海峡，约塔河是水力发电的主要资源。除南岸外，湖滨四周多岩石和树林，南岸低平，有利于耕作。维纳恩的南部也叫“达尔勃申湖”，是构成约塔运河的主要组成部分。约塔运河是横贯瑞典的水道，起自西海岸哥特堡直至东海岸的斯德哥尔摩，远洋船舶能从卡特加特海峡进入维纳恩湖直达下列沿湖港口：卡尔斯塔德、利德雪平、维纳什堡、克里斯蒂娜港、奥莫尔、赛夫勒、玛丽斯塔德等。

维特恩湖（Lake Vatter），位于瑞典中部偏南地区，介于延雪平和阿斯克松德之间，呈东北–西南向延伸，长129km，最宽处26km，最深处达118m，面积达1912km^2。维特恩湖面积小于维纳恩湖，是瑞典第二大湖泊。该湖以险恶的湍流著称，湖水向东经穆塔拉河注入波罗的海。湖的东西两侧都是悬崖，几乎没有港口，湖内有少数岛屿，其中维辛岛为湖内最大岛屿，面积为24.5km^2，有居民1000多人。湖泊南端的延雪平（Jonkoping）是湖边最大的城镇，是瑞典经济较为发达的地区。湖东岸穆塔拉以南的瓦斯特纳（Vadstena）旅游业很发达，是兴盛的湖滨游览地。

梅拉伦湖（Lake Malaren），位于瑞典东部，瑞典著名城市斯德哥尔摩西面，湖泊东西长120km，宽1.6km~40km，最深处为64m，水域面积达1140km^2，是仅次于韦特恩湖的瑞典第三大湖。湖水由西南流向东北通过狭窄的海峡，于斯德哥尔摩注入波罗的海。梅拉伦湖风光秀美，宛如仙境，是瑞典维京文化发源地之一。

湖内有岛屿1,260个，面积为488km^2，湖内岛屿有皇后岛，桦木岛等，是著名疗养区。湖东南有长约1.6km的南泰利耶运河，通往波罗的海。

芬兰位于欧洲北部，北面与挪威接壤，西北与瑞典为邻，东面是俄罗斯，西南濒波罗的海，国土面积约330000km^2，有三分之一的区域处于北极圈内，与冰岛同属世界上最北的国家。芬兰全境共有大大小小湖泊188000个，占国土面积的10%，素有“千湖之国”的美称。芬兰湖泊主要分布在中部和南部，湖泊与湖泊之间，有急流和瀑布相连，其中面积在100km^{2}以上的湖泊就有43个，面积最大的湖泊是芬兰西南部的塞马湖，其余较大的湖泊还有派扬奈湖、伊纳里湖和皮埃利斯湖等。

塞马湖（Lake Saimaa），位于芬兰南部的米凯利省和屈米省境内，靠近俄罗斯边境。塞马湖自拉彭兰塔起向北伸展约350km，湖面海拔76m，最深处58m，面积达1760km^2，为芬兰最大的湖泊。有两支湖湾，西支至伊萨尔米，东支达努尔梅斯，湖水通过武克希河向东注入俄罗斯境内的拉多加湖。塞马湖与众多湖泊组成大塞马湖系，有120个湖泊及湖系中的无数河流把芬兰东南部绝大部分地表水经塞马湖、武奥克萨河和塞马运河排入芬兰湾。大塞马湖群间有许多小运河，沟通航运，是湖区主要城镇的运输纽带。

派扬奈湖（Lake Paijanne），位于芬兰中南部的海梅省和米凯利省境内，湖长135km，宽3km~29km，最大水深为93m，面积为1111km^2，为芬兰境内最大的单一湖泊。成千上万岛屿遍布全湖，湖内岛屿面积达332km^2。湖水从南部流出经屈米河注入芬兰湾，湖岸曲折，森林茂盛，派延奈湖为运输木材的重要通道。湖北端的于韦斯屈莱和湖湾东南岸的黑诺拉为主要城镇，它们与湖南边的大城市拉赫蒂之间经韦西耶温运河和韦西耶温湖通航。

伊纳里湖（Lake Irane），位于芬兰拉普兰区，在北极圈以北，靠近俄罗斯和挪威边界，湖面海拔117m~119m，水深约60m，长约80km，宽1.6km~40km，面积约1040km^2，是芬兰第三大湖泊，同时还是芬兰萨米地区最大的湖泊。湖西南有伊瓦洛河注入，通过帕次河北流入北冰洋。伊纳里湖内有约3000多个小岛，其中，最著名的是“墓地岛”，据称，这里安葬着萨米人的祖先，因此，伊纳里湖被誉为是萨米人圣神的湖。

表3–1　欧洲主要湖泊基本情况[①]

湖泊	面积（km^2）	水面高度（m）	最大深度（m）
拉多加湖（俄罗斯）	17700	5	225
奥涅加湖（俄罗斯）	9700	33	110
维纳恩湖（瑞典）	5650	44	89
韦特恩湖（瑞典）	1912	89	119
日内瓦湖（瑞士）	581	376	309
博登湖（瑞士）	538	395	252
塞马湖（芬兰）	4400	76	58
派扬奈湖（芬兰）	1111	65	93
伊纳里湖（芬兰）	1040	119	60
加尔达湖（意大利）	370	65	346
阿勒湖（丹麦）	40	11	21

2. 北欧湖区村落经济发展概况

北欧因受盛行西风和北大西洋暖流影响，气温明显地高于同纬度的其他地区。全年降水量充沛，且一年四季分配均匀，年温差较小，这种湿润、温和的海洋性气候特点比较适合农业发展。北欧农业主要分布在极地圈以南的湖群地区，如芬兰的塞马湖、伊纳里湖和派扬奈湖等湖区，主要种植黑麦、大麦、燕麦、小麦、马铃薯等作物。二战前，北欧大多数国家以农业为主，畜牧业在国民经济中占重要地位，是欧洲比较落后的地区。二战后，北欧各国充分利用相对资源优势，发展外向型经济，迅速实现了工农业现代化。北欧农业经济转型发展以“二战”为分水岭，二战前，北欧农业经济相对落后；二战后，北欧各国结合本国自然资源特点和国内外市场的需要，逐步建立起发达的现代化农业体系。农业生产商品化和专业化程度高，经营集约，单产甚高，在世界农业经济体系中构成独特的经济类型。芬兰、瑞典两国最先发展粮食生产。二战后，瑞典政府十分重视农业，采取了一系列政策措施，其主要内容是：大幅度提高农产品的收购价格；对农业实行低息和无息贷款；对农产品价格进行补贴；发展农业科学研究和培养农业技术人员等，使农业进一步向机械化、科学化和集约化方向发展。上述措施大大提高了瑞典湖区

① 胡焕庸等．欧洲自然地理［M］．北京：商务印书馆，1982：82

农业劳动生产率和商品率。在1945~1986年间，瑞典农业产值在国内生产总值中所占的比重从10%降为2%；同期农业劳动力占全国劳动力的比重由30%下降为4%，粮食、肉、禽、蛋、奶制品均能满足本国消费需求，部分农产品向国外出口。通过推行农业技术、农业机械，补贴农产品价格，瑞典加快了湖区农业现代化进程，在中、小农户被兼并的过程中，有四分之三的湖区耕地面积已转移到现代化农业生产的大、中农户手中。这些大、中农户拥有足够的资金和技术力量，在有限的土地上进行集约经营，使瑞典农业成为世界上单位面积产量和人均产量最高的国家之一。在1966~1975年这10年间，瑞典农业劳动生产率平均每年提高7%，芬兰平均每年提高3%。到20世纪90年代中期，以芬兰、瑞典为代表的北欧国家基本实现了粮食自给有余，目前芬兰、瑞典的湖区农业现代化水平和农业劳动生产均居于欧洲国家前列。

3．北欧湖区村落经济转型轨迹

以政策制度推动农业规模化集约化。北欧农业的主要经营单位是一家一户的家庭农场，约占各国农户总数的60%~70%，约占农业用地的一半左右。在北欧三国丹麦、瑞典和芬兰，政府为了改善农场结构，以贷款的形式给予农场以“合理化”财政支持用于购买土地和生产资料，扩大经营规模，提高生产效率，使农场具有更强的竞争能力。随着农业生产的社会化和商品化，现代科学技术在农业中广泛应用，家庭农场日益纳入农工商一体化的体制之中。这种一体化组织把农业产前和产后的服务部门联系起来，形成一个组织完善的供应网、庞大的食品销售系统和出口组织。另外，在生产性建筑和土壤改良农业基本建设投资等方面，政府出台政策给予低息或无息贷款，而且有的贷款无须偿还。例如瑞典农场工艺合理化的补助金额达到投资总额的40%；芬兰每年用于农场结构改革的资金达2亿马克；丹麦每年向农民提供3000万克朗贷款专供农民购买和改良土地。芬兰政府通过立法（《农业企业法》）来加大对农场建设的支持力度，着力解决农场规模小、生产效率低的问题；通过低息贷款和补贴来加大对参与企业活动的农民的支持力度；通过政府投资性补贴来给予独立经营农场的青年（35岁以下）以大力支持。芬兰的农业政策建立在欧盟共同农业政策中制定的扶持计划之上，即由欧盟出资的直接拨款以及共同出资用于处境较差的地区和农业环境的款项。2011 年，共同农业政策下对芬兰农业的扶持金约13.35亿欧元。包括共同农业政策对种植作物和牲畜的扶持（5.41亿欧元）、对处境较差地区的扶持（4.22亿欧元）和环境扶持（3.72亿欧元）。此外，还有国家增补政策，国家补助计划包括北方补助（3.35亿欧元）、国家对南芬兰的补助（8400万欧元）、国家对处境较差地区的追加贷款补贴（1.19亿欧元）以及一部分其他补助（2300万欧元）。2011年，芬兰对农业和园艺业的国家补助达5.61亿欧元。[①]

增强农业经营组织化程度。丹麦的农业经营组织化程度特别高，被称为"专业合作社的摇篮"。19世纪下半叶，丹麦农业由自给自足的自然经济向市场经济转变。在转轨过程中，分户经营的小农业生产越来越不适应大市场的竞争。在市场竞争的压力下，农业合作社应运而生。1882年，丹麦的第一家农业合作社——牛奶合作社正式成立，之后牛奶合作社在全国迅速发展起来，这些合作社都修建了自己的牛奶加工厂，极大提高了牛奶的处理能力和乳制品的质量，同时也增强了奶农的市场竞争力。随后，在农业生产资料供应、农畜产品的加工和销售等领域也纷纷建立各种类型的合作社。丹麦的合作社和各类协会可以归结为五大类：经济合作型、商业经营型、农业技术服务型、农业生产合作型和工业设备生产型。丹麦农业合作社发展至今，业务范围涉及农、畜、水产品收购、加工和销售，水果、蔬菜、花卉的采收、保鲜、加工和销售，化肥、农药、水泥、燃油和农业机械的供应，以及银行、保险、住房和社区服务等诸多领域，在其社会经济中发挥着重要作用。可以说，没有合作社，就没有丹麦的农业现代化。在丹麦农业组织化经营的示范带动下，瑞典、芬兰两国的农业也逐渐走向组织化规模化的发展道路，通过政府的有效推动，瑞典、芬兰的农民基本上加入了相应的农业合作社和其他专业合作组织。瑞典农业以家庭经营为主，全国共有11万个家庭农场，全部耕地的3/4属于大中型农场，农民所有的加工企业在瑞典市场上占支配地位，农业合作社在粮食生产方面处于领导地位。瑞典的某些农业行业的合作社市场占有率高达90%以上，如奶业高达99%。芬兰农业合作组织以专业合作社为主，自上而下建立合作组织，先建立中央合作社，然后逐步向基层发展。为了保护自己的权益，芬兰有90%以上的农民参加了农业合作组织，农业合作组织具有严密的管理体系。芬兰全国的农业专业合作社主要有：肉类合作社，掌握着芬兰全国75%的肉类销售量；奶业合作社，占有全国牛奶 95%的生产、加工、销售份额；蛋类合作社，占有全国60%的蛋品销售量；还有生产资料合

① 张艳平等．芬兰现代农业发展的经验与启示［J］．世界农业，2013（7）：107

作社、蔬菜合作社、信贷合作社等。①

注重生态建设与环境保护，走农业可持续发展道路。在环境保护方面，北欧国家注重通过区域性合作来推动环境保护工作，并取得良好的效果。1962年北欧五国共同制定了《赫尔辛基协议》，1972年北欧国家部长理事会修订了《赫尔辛基协议纲要》，1974年将环境保护的三项新条款补充进《赫尔辛基协议纲要》，北欧五国的环保工作都是基于以上环境保护纲要进行的。在农业领域，根据环境保护公约，北欧国家寻求有利于环境的农业生产方式，逐渐减少杀虫剂和化肥的施用量，积极探索综合农业和林业的政策，以便对两者的持续发展做出贡献，生产对环境有利的产品正被认为是这种政策的一部分。丹麦于1971年建立了环境部，1972年在部内设立了全国环境保护署，统管全国的环境保护工作。1974年公布了"环境保护法案"，规定要有一个健康的生活环境、保护自然资源和各种各样的动植物品种。法案还统管不论何种原因可能对土壤、水或空气造成污染威胁的活动。依据该法案，环境部有权依照法案要求制订保护生态环境的各项详细规则。在农业方面，丹麦实行一种叫作"精心照管动植物"的制度，要求无止境地改进动植物品种和质量。为防止硝酸盐和磷污染对渔业和其他资源及生态环境的影响，政府硬性要求降低氮、磷排放量，规定农民必须制定管理方法，将氮肥和粪肥施于农田后，氮、磷径流和渗漏影响达到最小。为了保护农业生态环境，要求农民必须在秋天的一定面积上种植绿色植被或牧草。瑞典政府在农业环境保护方面采取了很多措施，如用肥料征款的20%和肥料税收的5%支持有关环保项目课题的研究和推广工作；给农民提供肥料使用效率的技术咨询服务，这种把增加对农业投入和使农民注意减少氮肥用量来提高效益相结合的经济咨询策略，已明显地减少了农业污染。根据这一经验，1986年瑞典实行了25%农药税办法。该法同强化咨询服务和严格规定相结合，促使农药用量减少一半。在1987~1988年度，瑞典环保局拨款7600万瑞典克朗用作土地保护和自然保护等的费用。瑞典政府高度重视生态农业发展，对从事生态农业生产的农民给予补贴，补贴时间为三年。在瑞典政府积极倡导和大力支持下，瑞典农民对经营以不使用化肥和农药为主要特点的生态农业的兴趣越来越大。通过发展生态农业，瑞典农业获得了生产高质量食品；保持土地持久肥力；丰富农作物

---

① 张艳平等．芬兰现代农业发展的经验与启示［J］．世界农业，2013（7）：106

和禽畜种类；限制对非可更新自然资源的使用；减少环境污染；使经营生态农业的农民保持合理的收入等，瑞典湖区农业真正实现了经济效益和生态效益的“双赢”。

二、北美五大湖区村落经济转型与绿色发展透析

1. 北美五大湖区的地理概况

北美五大湖位于美国和加拿大的交界处，按面积大小分别为苏必利尔湖、休伦湖、密歇根湖、伊利湖和安大略湖。五大湖素有“北美地中海”之称，是世界上最大的淡水和地表水系统，总蓄水量为226840亿m^3，所蓄淡水占世界地表淡水总量的1/5，占美国地表水总量的9/10，五大湖总面积约244681km^2，是世界上最大的淡水水域。五大湖流域约为766100km^2，南北延伸近1110km，从苏必利尔湖西端至安大略湖东端长约1400km。①北美五大湖湖水大致从西向东流，注入大西洋。

苏必利尔湖（Lake Superior），位于五大湖区的西北端，湖的东北面为加拿大，湖西南面为美国，是北美洲五大湖最大的一个，也是世界最大的淡水湖之一。湖面东西长616km，南北最宽处257km，湖面平均海拔180m，水域面积82103km^2，最大深度405m，蓄水量为12000km^3。有近200条河流注入湖中，其中较大的两条河流为尼皮贡河和圣路易斯河。湖中主要岛屿有罗亚尔岛、阿波斯特尔群岛、米奇皮科滕岛和圣伊尼亚斯岛。苏必利尔湖水质清澈，湖面多风浪，湖区冬寒夏凉。湖区蕴藏有多种矿物，分布着很多天然港湾和人工港口，主要有加拿大的桑德贝港和美国的塔科尼特港等。

休伦湖（Lake Huron），位于美国和加拿大交界地带，由西北向东南延伸331km，湖面海拔176m，最大深度229m，最宽处163km，水域面积达59600km^2，在北美五大湖中面积居第二位。有苏必利尔、密歇根湖和众多河流注入，湖水从南端排入伊利湖。湖的东北部多岛屿。湖区主要经济活动有伐木业和渔业，沿湖多游览区。4月初至12月末为湖区的通航季节，主要港口有罗克波特、罗杰斯城等。

密歇根湖（Lake Michigan），又名密执安湖，位于休伦湖南面，是唯一全部

① 窦明等．北美五大湖水环境保护经验分析［J］．气象与环境科学，2007（2）

在美国境内的湖泊。湖南北长517km，最宽处190km，湖面海拔177m，最深处281m，水域面积为57757km²，蓄水量为4875km³，在北美五大湖中面积居第三位。湖区北端多岛屿，以比弗岛为最大，沿湖岸边有湖波冲蚀而成的悬崖，东南岸多有沙丘，尤以印第安纳国家湖滨区和州产公园的沙丘最为著名。东岸盛产水果，北岸曲折多港湾，湖中多鳟鱼、鲑鱼，垂钓业兴旺。南端的芝加哥为重要的工业城市，并有很多港口。湖区气候温和，大部分湖岸为避暑胜地。

伊利湖（Lake Erie），湖的东、西、南面为美国，湖的北面为加拿大，为美国和加拿大共有。湖泊呈东北–西南走向，长388km，最宽处92km，湖岸线总长1200km，湖面海拔174m，平均深度18m，最深处为64m，水域面积为25667km²，是北美五大湖的第四大湖。底特律河、休伦河、格兰德河等众多河流注入其中，湖水由东端经尼亚加拉河排出。岛屿集中在湖的西端，以加拿大的皮利岛为最大，西北岸有皮利角公园（加拿大）。主要港口有美国的克利夫兰、阿什塔比等。沿湖工业区曾导致许多湖滨浏览区关闭，20世纪70年代末环境破坏得到有效控制。

安大略湖（Lake Ontario），位于五大湖的最东面，其北部为加拿大，其南部属美国，大致成椭圆形，主轴线东西长311km，最宽处为85km，平均深度86m，最深为244m，水域面积约19554km²，蓄水量1688km³，是北美五大湖中最小的一个湖。有尼亚加拉、杰纳西、奥斯威戈、布莱克和特伦特河注入，经韦兰运河和尼亚加拉河与伊利湖连接，湖水由东端流入圣劳伦斯河。著名的尼亚加拉大瀑布上接伊利湖，下灌安大略湖，两湖落差为99m。安大略湖北面为平原农业区，工业集中在港口城市多伦多、罗切斯特等。

2. 北美五大湖区村落经济发展概况

北美五大湖区农牧业特别发达，五大湖区农业产值占整个美国农业产值的16%，仅次于中央西北区，居于第二位。湖区种植业以大豆、玉米、燕麦为主，畜牧业以乳牛、肉牛业和养猪业为主。此外，在伊利湖南岸和密歇根湖东岸也有较集中的果园区。丰富的农畜产品为农产品加工业、食品加工业以及轻工业的发展奠定了基础，使这里成为美国最大的肉、乳加工工业地带。五大湖沿岸逐渐发展成为以牛奶生产为中心的牧草乳酪专业化生产区，主要经营不便远途运输的农畜产品。美国农畜产品在国际市场占有巨大份额，2016年，美国农畜产品贸易额占世界贸易总额的9.5%，其中，牛肉产量为1244万吨，占国际市场的19%；猪肉产量为1325万吨，占16%；禽肉产量为

2280万吨，占22%，以上农畜产品有一半以上来自于五大湖区[①]。湖区丰富的农畜产品为农产品加工业、食品加工业和轻工业的快速发展奠定了基础，成为美国最大的肉、乳加工业的集聚区。五大湖区村落经历了农业向工业化转型的阶段，目前又进一步向服务业转型，湖区农村地区也完成了城市化进程。因湖区资源富饶，交通便利，围绕五大湖区产生了许多大城市，形成了五大湖区城市群，其中较大的城市包括芝加哥、底特律、密尔沃基、克利夫兰、辛辛那提、匹兹堡、布法罗、多伦多、渥太华和魁北克城等。弗吉尼亚理工学院暨州立大学的大都会研究所指出五大湖区城市群的发展“超越其他大都市带”，并将之归纳为美国十个主要城市群的其中之一。人们预测未来几十年的美国三分之二的经济增长都依靠五大湖区城市群。若把五大湖地区看作一个独立的经济体系，它将会是世界上最大的经济体之一。城市化后，五大湖区农业生产的重任已经由更少数量的农场来承担。1987 ~ 1997年，美国的农场数量由210万个减少到190万个，降低了7%，产量占农业生产量50%的农场数量则由75682个减少到46068个，降低了39%。[②]农场数量在减少，农业生产总量却在增长，这一降一升就意味着美国农业生产效率在不断提升。北美五大湖区是全世界生产率最高的农业区，美国湖区是世界上农业现代化程度最高的地区。

3. 北美五大湖区村落经济转型轨迹

北美湖区村落经济经历了从农业阶段到工业阶段再到去工业化阶段的转型过程，村落社会经历了城市化水平较高和经济结构调整背景下的“逆城市化”后，又回到“再城市化”的阶段，北美湖区村落发展呈现出明显的螺旋式上升转型轨迹。19世纪初，五大湖区尚处于工业开发阶段，农业仍是五大湖区的主导产业，到1850年农业所占国民收入的比重仍达50%左右，此时湖区村落刚刚迈出城市化的步伐，但城市化进程较为缓慢，五大湖区城市化率为9%。1865年美国南北战争后，五大湖区的工业化和城市化进程明显加快，城市人口激增。1865 ~ 1890年，芝加哥人口增长了10倍，其中制造业就业人

---

① 根据 WTO 数据库相关数据整理而得 https://www.wto.org/english/res_e/booksp_e/trade_profiles17_e.pdf

② 根据美国商务部（USDC）1989 年公布的数据和美国农业部（USDA）1999 年公布的数据计算

数增长了30倍。克利夫兰、底特律、密尔沃基的工业劳动力人数增长率相当于总人口增长率的两倍以上。此时，五大湖区已成为美国城市化的中心地带，美国10个大城市中，有4个位于五大湖区，1870年五大湖区城市化水平达到了30%。伴随着工业化的迅猛发展，到1920年，五大湖区拥有的大城市已占美国10大城市的一半，城市化率达到了75.7%。“二战”后，五大湖区工业经济增长乏力，湖区城市化表现为郊区化的趋向，出现了“逆城市化”的现象。1985年后，五大湖区的产业结构由工业型向服务型转变，湖区农业生产有了稳步增长，谷物价格达到历史的最高峰，食品加工业复兴。此时，五大湖区人口再次快速增加，湖区由“逆城市化”再度进入“城市化”。

五大湖城市群的繁荣发展，使当地获得了巨大的经济利益，同时也给其生态环境系统带来了很大的冲击。在早期，未经处理的工业废水被直接排放到湖水中，水体污染十分严重；森林砍伐、农业开垦导致土地裸露、水土流失加剧；城市迅速扩张造成野生生物栖息地急剧减少；过度捕捞造成渔业资源剧减；农药和化肥大量作用引发水体富养营化等。至20世纪60年代，五大湖泊群在沿岸经济高速发展的同时付出了惨痛的环保代价，伊利湖一度被宣布“死亡”，湖面充满蓝藻，水中生物因缺氧大批死亡，湖岸被黏稠的青苔覆盖，藻类和死去动物散发的恶臭让人无法忍受，鱼类也由于重金属污染而无法食用。为了应对日益严重的环境危机，美国和加拿大政府在1972年签署了《五大湖区水质协议》，要求降低磷的排入并设置了最高标准，也禁止在清洁剂中使用磷，两国政府还出台了《清洁水源法案》，这些补救措施的成效非常明显。今天，五大湖区的富营养化问题已经得到了根本性解决。

三、日本湖区村落经济转型与绿色发展透析

琵琶湖是日本境内最大的淡水湖，琵琶湖区的村落经济发展历程在日本农业经济发展史上最具有代表性意义。在此，以琵琶湖区村落经济转型发展为例来透析日本湖区村落经济转型发展情况。

1．琵琶湖湖区的地理概况

琵琶湖位于日本本州岛中西部地区，隶属于日本本州岛京都市东面的滋贺县，湖泊四面环山，由地层断裂下陷而成，形似琵琶，因而得名。湖水面积约为670km^2，占滋贺县总面积的1/6左右，流域面积达3848km^2，最大水深103.6m。湖面最狭窄处建有琵琶湖大桥，大桥北边的部分称之为北湖，南边

部分称之为南湖，北湖面积约为南湖的六倍，最深处位于北湖。南北湖的平均水深有很大不同，南湖仅有4m，北湖则达43m，出入河流400条，蓄水量为275亿m^3，是日本面积最大、贮水最多的湖泊，同时也是日本最古老的湖泊①。琵琶湖的地理位置十分重要，邻近日本古都京都、奈良，横卧在经济重镇大阪和名古屋之间，一直以来就是日本重要的水上交通要道，在铁路开通以前，琵琶湖是日本东部与北陆地方运输要道，也是日本近年来经济发展最快的地区之一。琵琶湖湖水从濑田川流出至大阪湾过程中，与其他河流汇合形成淀川水系，又成为支撑京畿地区两府四县（大阪府、京都府、滋贺县、兵库县、三重县、奈良县）居民的生活和生产用水的重要来源。此外，为了供应京都市的自来水以及灌溉、发电等，开辟了琵琶湖疏水这条人工水道。琵琶湖以丰富的水资源而闻名，滋养着有1400万人口的日本京畿地区人们，被誉为“母亲湖”，滋贺县也因琵琶湖而被称为“湖县”。

2. 琵琶湖湖区村落经济发展概况

琵琶湖区及所在滋贺县的发展初期主要以琵琶湖盛产的淡水鱼渔业为主要经济支柱。随着渔业的发展，水运开始繁荣，由于琵琶湖位于日本列岛中部，东南与三重县接壤，西与京都府相临，西北与福井县为邻，东北与岐阜县连接，逐步形成了四通八达的水路和陆路交通网络，例如，名神高速公路（名古屋—神户）和东海道新干线等高速交通网络；京滋迂回道路、JR东海道线等环绕琵琶湖的交通网四通八达，将琵琶湖和周边地区全线贯通，集中了连接东南西北，通往日本各地的道路，成为连接日本东西的走廊和沟通太平洋与日本海的通道②。便利的水陆交通网络促进了琵琶湖区物流业的快速发展，琵琶湖区因此而获得了巨大的经济发展机遇。

琵琶湖所在的滋贺县位于日本本州岛中部，是一个内陆县，四周被群山环抱，东北面是伊吹山地、东面是铃鹿山脉、西面是比良山地、比叡山地，西北是野坂山地、南面则有信乐山地，是连接东西的交通要地。二战以前，滋贺县主要是一个农业县，农业经济占主导地位，滋贺县的农业经济作物主

① 卢杰 . 国外大河大湖区域治理对鄱阳湖开发的借鉴［J］. 企业经济，2010（10）：113-115

② 尤鑫 . 日本琵琶湖开发与保护对鄱阳湖生态经济区建设的启示［J］. 江西科学，2012（12）：849

要有茶叶、水果等，畜牧业以肉用牛、奶牛为主，淡水珍珠养殖也非常发达。二战后，滋贺县经济开始腾飞，运输、制造业、通信网络等行业迅猛发展，成为日本著名的内陆工业县。除机械制造、纺织、化工、制药等传统产业外，滋贺县还致力于发展电子工业、生物工程等尖端技术产业，成为日本屈指可数的工业县。此外，以琵琶湖为旅游中心的第三产业也发展迅速。日本政府大力打造以琵琶湖为中心的周边区域旅游产业带，在琵琶湖为中心的国家公园里开发建设许多风景名胜，如著名的仿洞庭湖建造的近江八景等；开发和保留了不少传统工艺品，如以狸形状的小摆饰而出名的“信乐烧”（信乐陶瓷）、色彩鲜丽的“大津绘”（大津绘画）等；挖掘出滋贺县丰富的旅游资源，发现县内国宝55件，在都道府县中位列第5，重要文化遗产806件，位列第4；发掘出文明开化之地的珍贵历史遗迹、史迹和佛像，如被列为世界文化遗产的比叡山延历寺；挖掘出琵琶湖区美食特产，如用琵琶湖的特产鲫鱼和传统方法发酵做成的鲫鱼寿司（寿司是用鱼、菜、盐等做成的饭卷儿），在八世纪就已被载入文献，还有日本美食近江牛肉等。从“吃、住、行、游、购、娱”这六个方面构建琵琶湖区旅游产业体系，形成了湖区特有的旅游休闲产业链，滋贺县每年接待游客4000万人次以上，极大地增加了滋贺县的财政收入①。

自20世纪60年代起，滋贺县加快工业化步伐，第二产业获得迅速发展，并在滋贺县所有产业中占有非常高的比例，大大超过全日本平均水准。工业产品上市额多为电气机器、机械制造等，滋贺县举全县之力致力于发展电子工业、生物工程等环境附加值较小的尖端技术产业，不仅促进了工业的发展，提高了工业经济科学技术附加值的含金量，还促进了科学技术的进步，为琵琶湖区环境和经济协调发展奠定了坚实基础。

3．琵琶湖湖区村落经济转型轨迹

琵琶湖流域初期以渔业为主，随着经济的发展，开始填湖造田，湖区及周边的农业和畜牧业在不断的发展中逐渐壮大。琵琶湖区畜牧业以肉牛、奶牛为主；农业以水稻为主，稻米供给京阪神地区；经济作物有茶叶、水果等；渔业仍以琵琶湖盛产的淡水鱼为主。另外，琵琶湖区的淡水珍珠养殖也非常发达。二战后，日本经济迎来了高度增长期，琵琶湖流域工业化进程加快，

① 尤鑫．日本琵琶湖开发与保护对鄱阳湖生态经济区建设的启示［J］．江西科学，2012（12）：852

居民与地域环境之间的共生体随着1972年政府制定的“琵琶湖综合开发计划”的实施开始解体；机械制造、纺织、化工、制药等传统产业首先发展起来，之后致力于发展电子工业、生物工程等尖端技术产业，在25年的发展中，琵琶湖所在的滋贺县成为日本屈指可数的工业县。随着工业规模化生产，大量的工业废料被无节制地排入湖中。迅速发展的区域经济增加了从业人员的需求量，琵琶湖区人口随之迅猛增长，1970~1997年琵琶湖所在的流域人口从85万人增加到129万人，人口的增长和经济的发展必然导致用水需求的增加，大量的生活污水也无节制地排入湖中；在环保措施不到位的情况下，工业和生活污水，再加上农业面源污染使琵琶湖日益变成一个富营养化十分严重的湖泊。根据“琵琶湖综合开发计划”，湖区人们对河堤水陆进行了水泥固化，湖区土地利用方式因此发生了显著改变。1996~2000年间，滋贺县水田面积减少15%，旱地面积减少26%，而住宅面积增加149%，土地利用方式的变化导致琵琶湖流域自然下垫面结构发生变化，地表水入渗力大大减小；森林质量的下降，区域的蓄水能量下降，可用地下水水量较少，整个流域水循环局部断裂，对流域水环境产生不利影响；鱼类失去了理想的繁殖场所，稻田大量寄生虫爆发性增生，破坏了原有的河岸及湿地生态系统；鱼类产量减少，琵琶湖首次出现大面积的严重污染导致赤潮灾害和鱼类的大面积死亡；自然原生态的退化和人类生产活动无度干扰，双重作用下，致使在经济大繁荣的背景下琵琶湖出现了各式各样的问题；直接危及1400万人的生活饮用水水源问题，使日本政府第一次感觉到琵琶湖湖泊污染的严重性。[①]琵琶湖在20世纪70年代曾有过大规模暴发红藻的严重污染时期。滋贺县民众当时深受震动，随即开展了一场声势浩大的县民运动，主动停止使用导致红藻产生的含磷合成洗衣粉。这一运动继而促成滋贺县率先在日本制定防止湖水富养化的条例，后来又开展了多项环境保护活动，琵琶湖区普及了下水道设施，严格限制工业废水排放，制定了“环保型农业推进条例”，减少农药和化肥的使用，妥善管理废水，使琵琶湖水质得到明显改善。

琵琶湖全部位于日本滋贺县境内，湖泊面积约占滋贺县总面积的1/6，琵琶湖区主要位于日本的滋贺县境内，其集水区域占整个滋贺县所辖面积的

① 尤鑫.日本琵琶湖开发与保护对鄱阳湖生态经济区建设的启示［J］.江西科学，2012（12）：849

93%，琵琶湖是日本境内最大湖泊，日本的滋贺县主要位于琵琶湖区，滋贺县的村落经济发展状况在整个日本湖区村落经济转型与绿色发展过程中极具代表性，笔者以滋贺县的村落经济为例来研究日本湖区村落经济转型与绿色发展轨迹。1965~1985年期间，滋贺县农业就业人数每10年缩减一半，到2005年农业就业人数所占比例仅为3.7%，服务业则一直保持上升趋势，服务业就业人数增加了两倍。2005年，农业就业人数为25145人，占全体就业人数的3.7%；工业就业人数为234322人，占就业人数的34.4%；服务业等第三产业就业人数为421011人，占就业总人数的61.9%[①]。从20世纪90年代开始，随着滋贺县的人口急剧增加，琵琶湖沿岸的工厂数量急剧增加，而下水道普及率比较低，滞后于经济发展，化肥使用的增加和农业排水方式的改变，都使得农田排水的营养成分增加，由于琵琶湖本身封闭性比较强，对污染物质的承受能力小，大量生活和工业污水流入湖泊，生活方式向大量消费和大量废弃物产生的方向转变，琵琶湖污染日趋严重。“日本于是开始了工程浩大的治理过程，历时30年，耗资180亿美元”[②]，日本逐渐建立了比较完善的水污染防治法律法规体系。除作为全国性的法律《水质污染防治法》《河川法》以外，为了更有针对性地保护琵琶湖，日本政府和滋贺县还先后制定了《滋贺县公害防止条例》《琵琶湖综合开发特别措施法》《琵琶湖富营养化防止条例》、《湖沼水质保护特别措施法》等法律法规。同时，日本通过制订发展计划来治理琵琶湖水环境污染，以促进水资源的有效利用，其中制订并实施了《琵琶湖综合治理特别法》，对琵琶湖流域自然生态环境进行整治保护。通过建立水污染防治法律法规体系，强化对琵琶湖流域自然生态环境的整治保护，琵琶湖区生态系统才得以逐渐恢复。日本琵琶湖湖区村落经济历经了明显的先污染后治理的转型轨迹。

四、部分发达国家湖区村落经济转型与绿色发展的经验启示

通过对北欧、北美和日本等部分发达国家湖区村落经济转型情况展开考察，基本掌握了具有代表性的发达国家湖区村落经济概况和转型轨迹，虽然因地理条件、资源禀赋、政策制度等存在着较大差异，各国湖区村落经济转

① 傅春主编．中外湖区开发利用模式研究［M］．社会科学文献出版社，2009：68

② 孙秀萍，李虹，钟玉华．日本琵琶湖变清用了 30 年［N］．环球时报，2007-06-14

型与绿色发展轨迹不尽相同，但都具有湖泊这一同质的自然资源条件，各国湖区村落经济的转型发展过程也展现出异中有同的特点。现将国外主要湖区村落经济转型发展的经验进行总结和归纳，以期能够为探索洞庭湖区村落经济转型与绿色发展道路找到有益的启示。

1. 树立主导产业，优化产业结构。国外湖区注重以生态经济理念引领产业结构的调整，形成湖区主导产业集群。美国五大湖区就是通过积极调整产业结构，优化产业布局，促进湖区产业结构优化升级，围绕高端服务业构建了新型工业、生态农业、传统优势产业综合协调发展的湖区村落产业经济体系，保证了湖区村落经济的持续发展。日本琵琶湖区通过据点开发，促进中小企业发展，构建优势产业集群；通过发展循环经济，促进湖区产业结构优化升级，形成了以现代服务业、高新技术产业为主导的湖区产业经济体系，实现了从农业到工业再到现代服务业的湖区经济结构转型。鉴于国外经验，洞庭湖区村落亦可充分利用湖区的资源、交通、区位等优势条件，开发主导产业，培育核心企业，以主导产品和核心企业为中心，形成具有辐射效应的产业带。围绕优质稻生产与加工、淡水养殖与加工、棉麻、轻纺等传统优势产业，重点发展生态主导型产业，如休闲观光农业、生态农庄以及科研考察等产业，确立优势主导产业，优化产业结构布局，是实现洞庭湖区村落经济可持续发展的重要经济空间保障。另外，需要把握产业结构升级演变和城市化进程的总体趋势，在有相应的产业体系支撑下，制定适时的战略对策以加快城市化进程，从而更加有效地推进洞庭湖区村落产业结构的优化升级，促使湖区村落产业结构变动和城市化协调发展。

2. 重视科技创新，发展现代农业。美国、日本等发达国家高度重视农业科技对农业生产的贡献力量，以政策支持和资金投入的方式引导科研资源进入农业部门，促进农业科研与农业经济的有效结合。日本政府一直非常重视农业科学技术的管理研究，形成了“官、学、民”协调的研究开发体制，促进了湖区农业向集约化经营转变。通过建立有效的农技推广网络和完善的县、乡、村农业技术服务体系，美国农业科技成果的推广率达70%，农业科技对农业总产值的贡献率在70%以上。到20世纪70年代，五大湖区农业已经广泛使用了具有高新技术含量的农业生产机械，农业机械化有力地推动了农业经营的规模化和集约化。从20世纪70年代开始，生物工程、基因工程等高端生物科技成为美国农业科技的主攻方向，通过利用知识替代资源的农业生产新模式，大幅提高了湖区资源的生产效率，并极大地保障了湖区的自然生态环境，真正实现了人湖共生的发展理念。目前美国五大湖区已经有10%以上的农场全面接受持续农业的理念以及相应的技术体系，50%以上的农场部分采用持续农业技术，美国湖区农业生产全面实现了现代化。

3．健全法规体系，保护生态环境。为保护五大湖区的生态环境，美国建立了一套完善的控制湖区环境污染的制度约束体系，主要包括《水污染法》《联邦水污染控制法》等法律法规，以立法的形式强性规定了污染排放的责任、水质控制的标准等湖区环境保障机制。同时，他们还通过签署发展计划、共同宣言等形式共同维护五大湖区的生态环境。如2002年在由美国联邦政府、湖区州政府和地方部落高级代表组成的研讨会上，通过了名为“五大湖地区发展战略”的区域发展计划，针对水环境问题提出了一套共同行动纲领，并规定五大湖地区的生态环境保护和自然资源管理工作将由联邦政府、湖区州政府和当地部落来共同承担。2004年，由联邦政府内阁成员、资深人士、国会议员、流域管理者、部落代表以及地方政府相关代表组成的代表团在芝加哥签署了“五大湖宣言”，以恢复和保护五大湖的生态系统①。北欧湖区国家在经济高速发展的同时，非常重视生态农业建设，采取了一系列强有力的措施来保护湖区生态环境。如1980年瑞典制定了15个单项环境法规，1999年1月1日，颁布了一部《农业环保法》，严格规定了农药、化肥等的使用，明确了“污染者补偿原则”、节省原材料和能源的“生态环境原则”等，湖区生态环境得到了很好保护。全民的环保意识很强和对环境问题的超前决策是北欧诸国重视环保工作的特点之一。北欧国家每年花费巨额资金用于环境保护教育和污染情报研究，大大提高了全民的环保意识，对污染的监测分析和情报研究为政府的超前决策提供了可靠的依据。以上国家或地区在湖区环境保护方面的成功做法都是洞庭湖区村落经济转型与绿色发展过程中值得借鉴的地方。

4．合理开发资源，推动经济转型。国外湖区充分利用富集资源与现代产业基础形成了各具特色的产业发展模式，推动了湖区村落经济加速转型。美国充分利用五大湖区当地资源，进行资源的综合利用，充分发挥湖区水资源

---

① 傅春主编．中外湖区开发利用模式研究［M］．社会科学文献出版社，2009：37

的综合效益，发展湖区旅游业。通过战略性建议的实施为湖区经济可持续发展提供指导，并通过建立品牌使五大湖区成为集居住、工作、投资和游玩为一体的有竞争力的地区。美国在20世纪50年代就实现了经济增长方式的转变，50年代美国的GDP年平均增长3.3%，其中由要素生产率提高获得的增长占53%，表明其经济增长方式已经转入以集约型为主[①]。美国湖区农业的经济增长方式与整个国民经济增长方式的转型基本上是同步进行，美国湖区村落经济共经历了两次大的转型过程：第一次是从传统农业向商品农业的转型；第二次是从商品农业向持续农业的转型。通过两次转型发展，美国湖区村落经济完成了从传统到现代、从粗放到集约的转型过程，达到了湖区农业现代化、湖区村落城市化、湖区经济工业化的发展目标，并准确把握了湖区产业结构升级和城市化进程的总体趋势，实现了湖区产业结构有序而有效的调整，配合城市化发展态势，成功引导湖区产业从农业到工业转型，再从工业到服务业转型，湖区产业转型升级思路清晰而目标明确，有力地支撑了五大湖区从村落到城市，再从城市到大都市的快速发展。

通过归纳总结国外发达国家湖区村落经济转型与绿色发展经验，综合分析洞庭湖区村落经济的现实情况，从中能够获取对洞庭湖区村落经济转型与绿色发展有着很好借鉴作用的诸多启示：

第一，要加速洞庭湖区村落产业结构调整步伐，建立现代产业体系。洞庭湖旅游资源丰富，环境优越，为推动洞庭湖生态经济区建设进程，必须对现有湖区产业结构进行调整，转变湖区村落经济增长方式，大力发展包括生态旅游产业、生态农业在内的绿色产业。洞庭湖生态经济区建设尚处于初期阶段，产业规划、产业结构将直接影响到湖区生态和经济协调发展的过程和结果。应借鉴日本琵琶湖的后期发展模式，减少工业环境附加值，增加工业的科学技术附加值，提高工业企业的研发能力，以技术为突破口，形成以现代服务业、高新技术产业、战略新型产业为主导的高端产业经济体系。应大力发展洞庭湖区循环经济，促进湖区产业结构优化升级，实现从农业→工业→现代服务业的湖区产业与经济结构转型。应加大洞庭湖区生态旅游业的投入，形成湖区多中心旅游框架体系和层次分明的圈状旅游结构模式，构建以现代服务业为主的新型工业、生态农业和生态旅游业相结合的现代化湖区村

① 李蓉．美国农业经济增长方式转变的途径、特点［J］．世界农业，1999（10）

落产业体系。

第二，要推动洞庭湖区村落经济全面走向市场。国外湖区经济快速发展的成功经验启示：市场化能够带动产业化，产业化能够推动集约化，村落经济的产业化、集约化能够提升村落经济的竞争力水平。当前，我国农村经济市场化程度尚低于城市经济的市场化程度，洞庭湖区村落济也不例外，为激发洞庭湖区村落经济的市场活力，提升湖区村落经济的市场竞争能力，让湖区村落生产、分配和消费的每一环节均进入市场机制，需要在湖区农村建立健全市场体系，加速资源要素的市场化，如土地资源、劳动力资源、生产资料等要素的市场化。作为全国粮食的主要生产基地和供应基地，洞庭湖区村落应致力于推进农业供给侧结构性改革，提升商品粮的供给质量，开发有机稻米市场，打造属于洞庭湖区的安全食品、绿色食品和有机食品的品牌，激发品牌的市场拉动效应。

第三，要提高洞庭湖区村落经济的组织化程度。组织化是传统小农经济走向农业现代化的必由之路。100多年前，北欧湖区兴起的农业合作社是因为农业由自给自足的传统农业向市场经济体制下的现代农业转型，小农户受到市场的冲击，为了更好地抵抗市场风险，小农户逐渐联合起来成立了农业合作社组织。例如，芬兰有90%以上的农民参加了农业合作组织，拥有比较健全的农业组织体系，这些农业组织为保障农民权益，促进农业的健康发展发挥了重要作用。洞庭湖区应借鉴北欧湖区农业经验，重点培育壮大农民专业合作社、专业技术协会等社会化服务主体，提高农民组织化程度，大力发展互助型服务和经营性服务。通过建立农业专业合作社，促使以农户为单位的分散经营连接起来，有利于湖区农民扩大生产规模，提高湖区农业生产的专业化水平，有利于湖区农民应用推广新技术和新设备，有利于湖区农民获取全面的市场信息和减少市场风险。

第四，要建立洞庭湖区自然生态的保护体系。美国、日本等国外湖区经济转型发展经验告诉我们，在加速发展湖区村落经济的同时，必须高度重视湖区自然生态环境的保护，绝不能走先污染后治理的传统型经济发展老路。强化湖区环境立法是国外发达国家推动湖区经济与自然环境协调发展的很好借鉴。洞庭湖区应通过国家立法、地方立规等方式建立一整套保护湖区自然生态环境的法律制度，构建区域协同的湖区生态环境保护机制，形成完善的洞庭湖区自然生态环境保护体系。

第二节　国内主要湖区村落经济转型与绿色发展

我国是一个多湖泊的国家，湖泊总面积达8万多km^2，约占全国国土总面积的0.8%。其中淡水湖泊面积3.6万km^2，占全国湖泊总面积的45%，主要集中在长江中下游地区，该区域湖泊面积达22161km^2，占全国湖泊总面积的27.7%，著名的有鄱阳湖、洞庭湖、太湖和洪泽湖等。长江中下游湖群是我国农业人口最密集、农业经济最发达，同时也是洪涝灾害最频繁、人地矛盾最突出的地区，在长期的开发与治理过程中，湖区人积累了丰富的经验。

一、鄱阳湖区村落经济转型与绿色发展透析

1．鄱阳湖区的自然地理与经济概况

鄱阳湖位于长江中下游南岸、江西省境内，湖水面积达3583km^2，是我国最大的淡水湖，是全国四大淡水湖中唯一没有富营养化的湖泊，同时也是具有世界影响的重要湿地。鄱阳湖区地貌由丘陵、岗地、圩堤、水田、水道、洲滩、岛屿、内湖、汊港组成，共辖有南昌市区（县）、新建、进贤、永修、德安、星子、鄱阳、九江市（县）、湖口、都昌、瑞昌、彭泽、余干、波阳、万年、乐平、余江、丰城、庐山、樟树等20个市（县、区）。鄱阳湖区是江西省的政治、经济、文化中心，素有“鱼米之乡”之称，是江西的粮仓，也是我国重要商品粮基地之一。江西省47个粮食基地中，鄱阳湖区拥有12个，占26%，2014年湖区12个粮食基地农业总产值达455亿元，占33.9%；粮食总产量为63.9万吨，占37.4%；棉花总产量为1.6万吨，占34.7%；油料总产量为27.5万吨，占34.5%；肉类总产量为72.9万吨，占33.4%。（见表3–2）

表3-2　2014年鄱阳湖区12县市农业经济基本情况[①]

湖区粮食基地	乡村人口（人）	粮食总产量（吨）	棉花总产量（吨）	油料总产量（吨）	肉类总产量（吨）	农林牧渔总产值（万元）
南昌县	766598	788575		11275	128646	646472
新建县	571087	616892	189	28200	73439	580505
进贤县	695597	482980	243	42926	80503	531303
乐平市	679602	384746	1192	22730	31624	350461
永修县	725279	216256	471	11975	16081	164842
都昌县	695703	388518	7045	21462	19380	249050
余江县	297028	231256	10	11949	83311	243203
丰城市	1034402	931748	331	331	83593	661228
樟树市	412443	539259	286	286	88762	395841
余干县	855721	581113	11	20943	30656	209540
鄱阳县	1391683	1010984	5446	94902	29883	308486
万年县	302172	222203	297	7989	62833	210000
总计	8427315	6394530	15511	274968	728711	4550931

鄱阳湖是长江的重要调蓄湖泊，年均入江水量约占长江径流量的15.6%。鄱阳湖水量、水质的持续稳定，直接关系到鄱阳湖周边乃至长江中下游地区的用水安全。鄱阳湖区是中国重要的生态功能保护区，是世界自然基金会划定的全球重要生态区，承担着调洪蓄水、调节气候、降解污染等多种生态功能。2009年12月12日国务院正式批复《鄱阳湖生态经济区规划》，标志着建设鄱阳湖生态经济区正式上升为国家战略。国家规划将鄱阳湖生态经济区建设成为世界性生态文明与经济社会发展协调统一、人与自然和谐相处的生态经济示范区和中国低碳经济发展先行区。鄱阳湖生态经济区位于江西省北部，包括南昌、九江、景德镇三市，以及鹰潭、新余、抚州、宜春、上饶、吉安市的部分县（市、区），共38个县（市、区）和鄱阳湖全部湖体在内，面积为5.12万平方公里（见图3-1）。鄱阳湖生态经济区是以江西省鄱阳湖为核心，以鄱阳湖城市圈为依托，以保护生态、发展经济为重要战略构想的经济特区，是中国南方经济最活跃的地区之一，还是中部制造业重要基地和中部地区正在加速形成的重要增长极，具有发展生态经济、促进生态与经济协调发展的良好条件。鄱阳湖生态经济区雄踞长三角、珠三角、闽东南三大经济发达地

① 表中数据根据江西省 2015 年统计年鉴的相关数据整理而得

区的核心位置，是连接沿海与内陆的枢纽，直接面向东亚和迅速崛起的亚太经济圈，置身于世界经济的整体之中，拥有无限的发展机遇，成为国内外公认的发展现代化工业的理想区域。

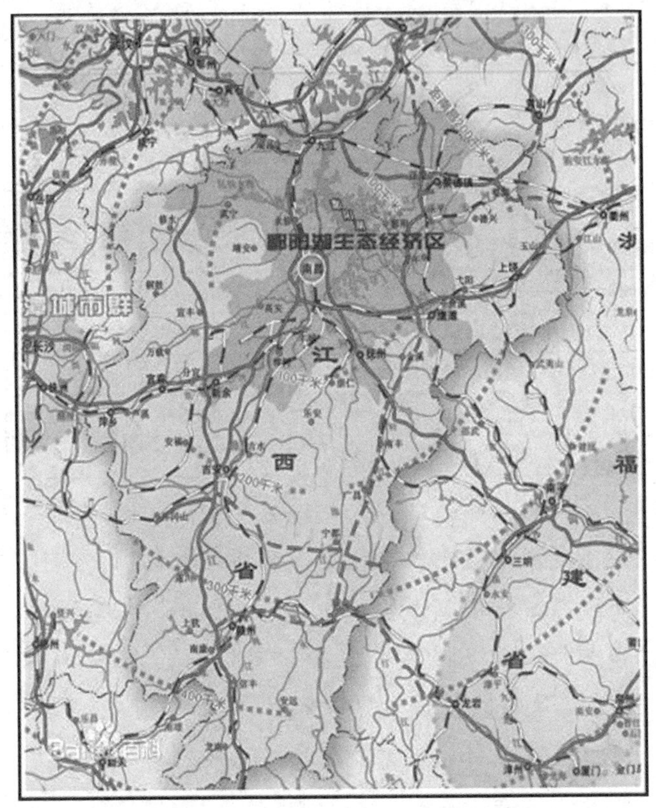

图3-1　鄱阳湖生态经济区规划图①

2．鄱阳湖区村落经济转型轨迹

鄱阳湖区是江西省经济开发最早、发展最快的地区。早在秦汉之前，鄱阳湖区就有了人类的活动，形成了密集的人类活动遗址。从遗址上出土的大量石器、陶器、房屋建筑、稻秆谷壳可证明当时已经栽培水稻。进入秦朝，鄱阳湖区由淮南的九江郡管辖。西汉初年，鄱阳湖区属豫章郡，到西汉中期，豫章郡常住人口达35万人，聚居鄱阳湖区从事农业生产的人口约为15.6万人，鄱阳湖区是当时全国重要的粮食产地。从隋朝到唐朝元和年间（806~820年），

① 图片资料来源于百度百科

鄱阳湖区人口不断增加，由2万多户上升到6.1万多户，后来再上升到27.9万多户，至元朝鄱阳湖区人口达51万多户。快速增长的鄱阳湖区人口反映出当时湖区良好的经济状况。唐宋元明时期，鄱阳湖区农业经济不断增长，粮食丰足，是国家重要的税赋基地，湖区范围的县级行政区持续增加（唐朝37县，南宋68县，明朝78县）。此时期，鄱阳湖区人口虽然因北方移民迁入而明显增加，但湖区人地矛盾比较缓和，北宋时期湖区人均耕地面积有14亩多，南宋时为9亩多，明朝后期为6亩多，人均耕地虽有下降，仍足以支持湖区人口增长，未出现大规模围垦现象，湖区自然生态系统仍然保持基本平衡。

明清时期，鄱阳湖区渔业、农业两大产业快速发展，鄱阳湖区成为全国著名的“鱼米之乡”。随着湖区人口的急剧增长，湖区人地矛盾日益加剧，为保障粮食生产所需的耕地面积，湖区人开始了与湖争地的围垦活动。特别是至20 世纪下半叶，鄱阳湖圩堤围垦快速发展，“1953年鄱阳湖水面面积维持在5050km^2，经历了3次大规模围垦活动后，至1997年鄱阳湖面积缩小了1301km^2，容积减少了81×10^8m^3。”[①]随着“围湖造田”带来湖水面积的锐减，渔业捕捞场所也在不断减少，湖区出现了“农进渔退”现象，渔业日益萎缩，农业日益扩展，农业主体地位得到加强。在“以粮为纲”的国家政策推动下，鄱阳湖区渔业经济迅速向农业经济转型，渔村变成农村，渔民嬗变为农民。湖区村民生产方式逐渐“农业化”，渔民农民化，与此同时湖区渔民的社会生活亦发生了明显的变迁。“捕捞场所逐渐减少，大批主业渔村变为副业渔村，副业渔村变为农业村。”[②]虽然“以粮为纲”“向湖要粮”的生产观念在一定程度上促进了鄱阳湖区粮食产量的增加，但大规模的围湖造田造成鄱阳湖面积严重缩减，“鄱阳湖对洪水的调节系数从0.173减为0.138，下降了0.035，使得湖泊对洪水的调蓄能力降低了近20%。”[③]因1954年以后鄱阳湖的围垦活动主要集中在湖滩、湖汊等地势较低的地方，湖体失去的调洪容积很大，对湖盆调蓄能力的削弱作用极大，导致湖区水旱灾害频繁发生，湖区生物多样性不断减少，湖区自然生态环境不断恶化。

---

① 闽蓦．鄱阳湖围垦的洪水位效应［J］．环境与开发，1998（2）：15-18

② 何焕荣．余干渔业生产简况［C］．余干县文史资料（第14辑，渔政管理专辑），1998（12）：25

③ 管日顺．江西水土流失对防洪的影响及防治对策［J］．中国水土保持，2001（10）：21-23

在严峻的生态危机面前，特别是1998年长江中下游特大洪灾后，江西省实施了“平垸行洪、退田还湖”工程，鄱阳湖面积增大了210km^2，增加蓄洪容积46亿m^3。自从鄱阳湖生态经济区上升为国家战略后，休闲农业成为鄱阳湖区建设现代农业、发展环境友好型产业的重要组成部分，成为转变鄱阳湖区村落经济发展方式的重要途径。按照《鄱阳湖生态经济区规划》关于“发展环境友好型产业”的要求，鄱阳湖生态经济区“坚持用现代手段装备农业，用现代科技改造农业，用现代经营形式发展农业，大力发展高产、优质、生态、安全的现代农业”①。“休闲农业既是一种新型的现代农业发展模式，更是一种新型的现代生活生产方式。”②鄱阳湖生态经济区发展休闲农业，改变传统的农业发展模式，建立起新型的多功能现代农业发展模式，这实际上就是鄱阳湖区村落经济转型在农业生产方式上的具体体现。

二、太湖湖区村落经济的转型发展透析

1. 太湖湖区的自然地理与经济概况

太湖地处江苏省南部，邻接浙江省，横跨江、浙两省，北临无锡，南濒湖州，西依宜兴，东近苏州，是我国第三大淡水湖（见图3-2）。太湖湖水面积达2338km^2，湖面形似西突的新月，西南部湖岸平滑呈圆弧形，东北部湖岸曲折多湖湾、岬角。湖泊长68km，最大宽度56km，湖岸线全长393.2km，太湖湖面海拔3.33m，最深达4.8m③。太湖西侧、西南侧为丘陵山地，东侧以平原及水网为主。太湖河港纵横，河口众多，有主要进出河流50余条，整个湖泊水系呈由西向东泄泻之势，平均年出湖径流量为75亿m^3，蓄水量为44亿m^3。湖内岛屿众多，有50多个，其中18个岛屿有人居住。太湖湖区地形特点为周边高、中间低，中间为平原、洼地，包括太湖及湖东中小湖群、湖西洮滆湖及南部杭嘉湖平原，西部为天目山、茅山及山麓丘陵，北、东、南三边受长江口及杭州湾泥沙淤积的影响，形成沿江及沿海高地。春秋战国以前，太湖地区原是陆地的冲积平原。至唐代，太湖湖水可达吴江塘岸，洞庭东山和西山原为湖中两大岛屿，后因无锡蠡园东山与木渎间泥沙淤积，滩地扩展，湖

① 见《鄱阳湖生态经济区规划》第四章第一节

② 黄国勤主编．农家生态旅游百问百答［M］．北京：中国农业出版社，2010：36

③ 孙顺才，黄漪平．太湖［M］．北京：海洋出版社，1993：1-5

面减损。至清代中期，岛与沙洲相接，使东太湖成为太湖的一大湖湾。近两百年来，因东太湖东岸和西北岸淤积加甚，加之围垦湖滩地，东太湖实际上已成为一个狭长且阻水严重的浅涸湖区。近代太湖的变迁以东太湖地区最为突出。二十世纪六七十年代，太湖及其周围湖群，因围湖种植和围湖养殖，湖泊面积减少13.6%，消失或基本消失的湖荡有165个，合计面积161km^2。太湖西北的马迹山岛因围湖造田已与陆地相连，使原有湖面大为缩小。

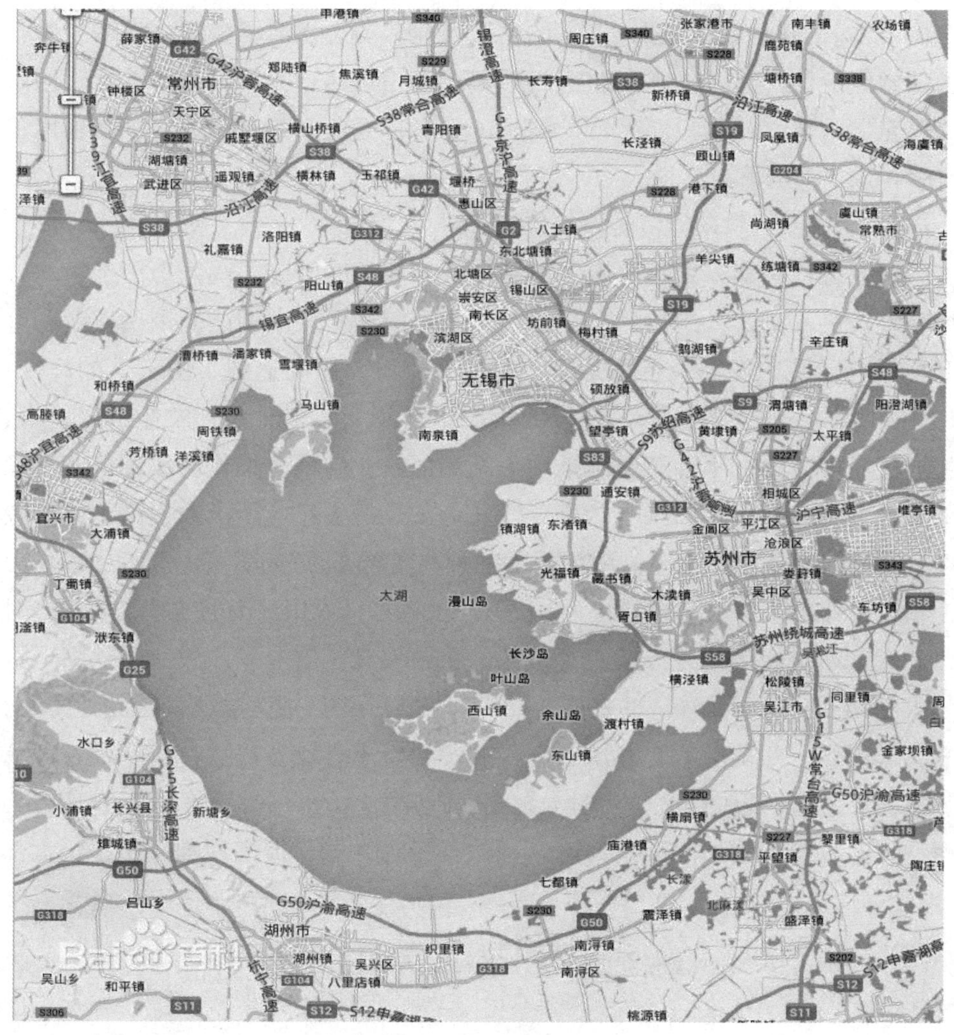

图3-2　太湖地理区位图①

① 图片资料来源于百度百科

太湖湖区是我国人口和城镇最为密集的地区，除有特大城市上海外，尚有镇江、常州、无锡、苏州、湖州、杭州、嘉兴等7个大中城市以及迅速发展的城镇乡村。湖区人口和国内生产总值分别占全国城市的4.2%和11%，财政总收入占全国城市总收入的11.5%[①]，是我国目前投资增长最快和经济发展最具活力的地区之一。太湖湖区交通运输体系和城镇体系均比较发达，已形成比较完善的交通运输网络和大、中、小城市合理配置的城市群，城市化水平达60%以上。太湖湖区是农业历史悠久、农业发展水平较高的地区之一，拥有全国 5.3‰的耕地，以全国 3.6‰的湖区农业劳动力创造了全国1.0%的农业产值，常年粮食产量达1150~1200万吨（高产年份可达1300 ~ 1400万吨）[②]，同时又是全国蚕茧、淡水鱼、毛竹、湖羊、生猪、毛兔、茶叶和油菜籽、食用菌等多种农产品的著名产地。

2. 太湖湖区村落经济转型轨迹

唐及五代时期，由于实施屯田制度，太湖湖区掀起了我国历史上第一个修建圩区的高潮。入宋以后，北方大量人口南迁，太湖湖区的围垦事业和圩区建设开始快速发展。特别是南宋时期，围滩、围湖达到了历史上的高峰，出现了我国历史上太湖圩区建设的第二个高潮。两宋时期，农业生产技术、生产工具等方面的不断革新是推动太湖湖区农业向精耕细作、集约经营转型的强大动力。曲辕犁、秧马、耘荡等农业工具的推广应用极大提高了劳动效率。徐光启在《农政全书》中记载了一种高转筒车，“如田高岸深，或田在山上，皆可及之”。[③]水车的创制大大提升了太湖湖区农田灌溉的效率，成为当时太湖湖区水稻田集约化经营不可或缺的主要农具。农业生产效率的提高促进了太湖湖区村落商品经济的发展，两宋时期太湖湖区成为全国的桑蚕业中心，在太湖湖区一年能够饲育八次蚕，而“平原沃土，桑拓甚盛，蚕女勤苦，周畏饥寒”，[④]文中反映的就是当时太湖湖区兴旺发达的桑蚕业，但在封建旧社会里，真正种桑养蚕的农民只有辛苦而收获极为微薄，他们的勤劳所得绝大部

① 秦伯强. 太湖地区水资源和水环境面临的问题、原因与建议［C］. 太湖高级论坛交流文集，2004（12）

② 国家统计局. 中国统计年鉴［Z］. 北京：中国统计出版社，2000

③（明）徐光启.《农政全书》（卷十七·水利）

④ 吴泳.《鹤林集》（卷二十九）：《隆兴府劝农文》

分被地主阶级剥夺。另外，茶业、果木种植业、养花业等种植业也是太湖湖区村落经济的重要组成部分。湖塘密布的地理条件造就了耕渔结合的太湖湖区村落经济特色。宋人这样描述当时湖区捕鱼的情景:“渔艇纵横映远汀”,“举网时闻鱼鳌腥”。[①]农业生产的多样化，农业经营的商品化，辅以发达的渔业经济，这为进一步调整太湖湖区村落的传统农业结构，增强太湖湖区村落的内在经济活力，促进太湖湖区村落经济转型与绿色发展创造了有利条件。

由于过度与水争地、围湖造田，太湖湖区自然环境遭到严重破坏，湖区生态系统越来越脆弱，各种农业灾害发生的频率不断增加。“据统计，长江流域在唐代平均18年发生一次洪涝灾害，而宋代增加到平均每五六年一次。”[②]“尤其长江流域下游的太湖湖区更是平均每两、三年发生一次洪涝。”[③]1987年，太湖已有1%的湖面水质受到轻度污染，主要分布在五里湖湖面和小梅入湖处；有10%的湖面水质达3级，主要分布在三山、马迹山、大浦港至乌溪港和胥港至光福的太湖沿岸水域；89%的水面维持在2级水质，主要分布在湖心地区水域。由于水质退化，太湖湖水的营养化程度加重，经常发生“水华”现象。从湖内氮、磷的营养成分分析，其指标均在中度富营养化和富营养化程度。“1960年总氮值仅为0.23毫克/升，1980年为0.85毫克/升，而1987年已达1.43毫克/升，1987年为1980年的1.6倍，为1960年的6.23倍；总磷值1981年为0.02毫克/升，1987年为0.046毫克/升，1987年为1981年的2.3倍。”[④]以氮、磷指标评价，太湖的中度富营养化和富营养化的面积已占太湖总面积的90%以上。无锡市太湖沿岸由于富营养化程度较高，近几年来夏季经常有蓝藻滋生，严重影响水质。历史时期太湖地区的与水争地在其形成和发展的过程中，有效地解决了人地矛盾，在一定时期解决了粮食紧张的问题，但过度与水争地、围湖造田也给太湖湖区生态环境造成了严重破坏。在新的形势下，是走经济与环境可持续发展的新路，还是走先污染后治理的老路？太湖湖区村落经济面临着转型的抉择。在中外诸多湖区村落经济发展的经验教训面前，太

① 苏舜钦.《苏学士文集》（卷七）：松江长桥未明观渔

② 吴华林，沈焕涎.我国洪灾发展特点及成因机制分析［J］.长江流域资源与环境，1999（8）

③ 杨世伦，陈吉余.太湖流域洪涝灾害的形成和演变［J］.地理科学，1995（4）

④ 叶珑琦.无锡水资源调查研究［EB/OL］.大学生网报，2017-08-02

http://www.dxswb.com/html/shehui/2017/0802/55164.html

湖湖区人果断地选择了走可持续发展之道。通过提高农业科技水平与农业结构优化调整等多方面的措施，推动了太湖湖区村落经济的转型发展。

三、洪泽湖区村落经济的转型发展透析

1. 洪泽湖区的自然地理与经济概况

洪泽湖位于江苏省西部淮河下游，苏北平原中部西侧，淮安、宿迁两市境内，是我国第四大淡水湖（见图3-3）。洪泽湖属过水性湖泊，水域面积随水位波动较大。在正常水位12.5m时，水面面积为1597km^2，平均水深1.9m，最大水深4.5m，容积30.4亿m^3。湖泊长度65km，平均宽度24.4km，汛期或大水年份水位可高达15.5m，面积扩大到3500km^2。全湖水域由成子湖湾、溧河湖湾、淮河湖湾三大湖湾组成。洪泽湖的形成，主要有以下三大因素。其一，地壳断裂形成的凹陷，是洪泽湖形成的自然因素，湖体胚胎始于唐宋以前的小湖群。主要有富陵湖、破釜涧、泥墩湖、万家湖等。其二，黄河夺淮是形成洪泽湖雏形的客观因素。宋绍熙五年（公元1194年），黄河决堤，至梁山泊分南北两支，南支与泗水合，南流入淮，此为黄河改道之始。至清咸丰五年（公元1855年），黄河北徙，由利津入海，黄河夺淮长达近700年之久。由于黄河居高临下，倒灌入淮，黄淮合流，流量增加，水位抬高，将富陵湖、破釜塘等大小湖沼、洼地连成一片，汇聚成湖。其三，大筑高家堰（洪泽湖大堤）是洪泽湖完全形成的人为因素，也是决定性因素。

洪泽湖处于暖温带黄淮海平原区与北亚热带长江中下游区的过渡带，因受季风气候的影响，洪泽湖降水量较为丰沛，丰富的水资源为湖区工农业生产和居民生活提供了有力保障，并在湖区航运、发电方面发挥了巨大效益。洪泽湖湖面辽阔，资源丰富，是重要的水产品基地，湖内有远近驰名的洪泽湖螃蟹，有以鲤、鲫、鳙、青、草、鲢等为主的近百种鱼类。此外，洪泽湖的水生植物非常著名，芦苇几乎遍布全湖，莲藕、芡实、菱角素享盛名，曾有“鸡头、菱角半年粮”的说法。洪泽湖湖区涉及2个市4个县2个区（淮安市的洪泽县、盱眙县、淮阴区；宿迁市的泗洪县、泗阳县、宿城区）61个乡镇、农场。截至2015年底，涉湖的淮、宿两市总人口为1150.73万，土地面积为18554平方公里，地区生产总值达4871.28亿元；第三产业从业总人口为197.4万，占所有一二三产业从业人口总数的34.99%；农林牧渔业从业总人口172.07万，总产值1058.97亿元，占地区生产总值的21.74%；渔业生产总值

135.22亿元，占农林牧渔业总产值12.77%[①]。

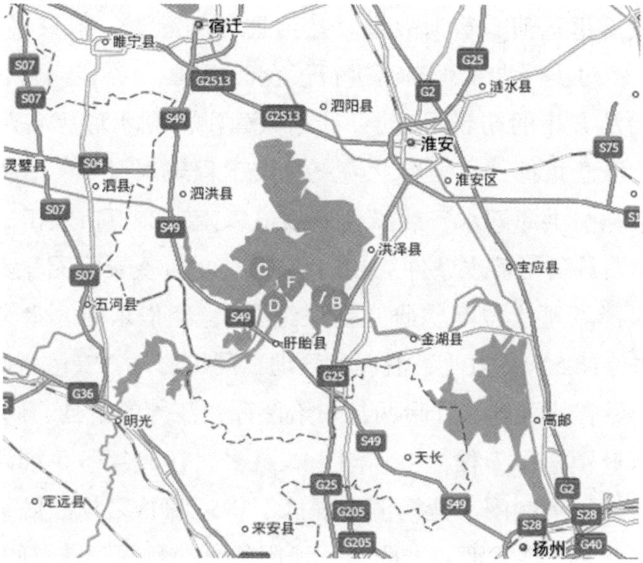

图3–3　洪泽湖地理区位图[②]

2. 洪泽湖区村落经济转型轨迹

洪泽湖形成之前，淮河右岸分布着破釜、白水、泥墩、富陵诸湖塘。汉建安初（196~200年），广陵太守陈登在破釜塘东筑高家堰，“巡土田之宜，尽凿溉之利”[③]，开始引湖水灌溉农田。三国魏明帝时（227~238年），邓艾修白水塘，“立三埝，开八水门，置屯四十九所，溉田万二千顷”[④]。南北朝北齐乾明元年（560年），复修百鳖屯。隋大业十二年（616年），破釜塘溃、白水塘亦坏。唐证圣时（695年），重置白水塘、羡塘屯田。长庆三年（823年），调扬州、青州、徐州民力开徐州泾、青州泾、大府泾、竹子泾、棠梨泾，灌溉范围扩大到东部沿湖地区。南宋时各塘淤废，元代又在湖区立洪泽屯田。明初，黄河南泛日剧，大筑高堰，蓄清刷黄，逐步形成洪泽湖，原有灌溉设

① 根据江苏统计年鉴（2016）的数据整理而得

② 图片资料来源于百度百科

③（西晋）陈寿著.《三国志·卷七·魏书七·吕布张邈臧洪传》注引《先贤行状》

④（唐）李吉甫撰.《元和郡县图志》

施全部破坏。延至清末，政府疲于应付防洪工程，无力修建灌溉设施，只有部分淮水出清口循里运河供沿线灌溉。民国时期提出导淮工程计划，规划用洪泽湖蓄水发展里运河、黄河故道、盐河地区的灌溉，但只兴建少数工程。新中国成立后，对洪泽湖蓄水灌溉进行了全面规划。1951年4月，治淮委员会提出《关于治淮方略的初步报告》，计划兴建洪泽湖水库，备苏北农田灌溉之用。苏北治淮总指挥部在《苏北灌溉总渠工程规划概要》中提出淮河下游开辟四大干渠，引洪泽湖水，灌溉黄河故道以南2580万亩农田。1953年三河闸竣工，洪泽湖具备了蓄水条件。1954年1月，治淮委员会召集苏、皖两省协商，形成“洪泽湖蓄水位问题研究会议纪要”，经华东局、水利部转报政务院，暂定蓄水位12.5米。为便于治理和管理，同年12月，安徽省政府报请政务院批准，将安徽省的泗洪、盱眙两县划给江苏，江苏的萧县、砀山划给安徽，开始进行蓄水垦殖移民工程，洪泽湖正式蓄水。1957年冬，淮沭新河进水口二河闸、盐河朱码节制闸、盐河涟东灌区、中运河竹络坝灌区等工程相继开工。1958年，二河、淮沭河、淮阴闸、沭阳闸、盐河闸、淮涟闸、蔷北地涵、滨海闸等输水控制工程开工。盐河涟中、涟西灌区，淮沭河淮涟、柴塘、柴沂灌区、新北灌区、沙河灌区，洪泽湖蒋坝灌区，废黄河张弓、南干灌区也陆续开始兴建。1967年，在洪泽湖大堤上建周桥洞，将原砚台、高涧灌区合并为周桥灌区。到60年代末，洪泽湖自流灌区面积扩大到400万亩。1970年又在洪泽湖大堤上建洪金洞，将原蒋坝灌区扩大为洪金灌区。到1987年，洪泽湖灌区范围内有5万亩以上大中型灌区19处，控制土地面积6939.34平方公里，设计灌溉面积579.39万亩，有效灌溉面积442.31万亩。其中30万亩以上大型灌区10处、10～30万亩中型灌区7处。由于水情变化，有7个中型灌区改为提水灌区，其设计灌溉面积120.2万亩，有效灌溉面积77.2万亩。

随着洪泽湖区人口密度不断增大，工业化进程不断加快，农业围垦不断加剧，洪泽湖区生态环境遭到严重破坏。为消解发展经济与保护环境的矛盾，跳出先污染后治理的经济发展怪圈，洪泽湖区村落经济开始放弃粗放式的传统生产方式，走上集约化的现代农业生产道路。为解决洪泽湖区生态环境问题，实现经济、社会和环境的协调发展，湖区村落将循环经济理念引入农业生产全过程，强调通过立体种植来强化物质循环和能量转化，提高资源利用率，降低生产成本。洪泽湖区因地制宜建立了观光农业带，湖区村落大力发展观光农业和体验农业，通过建立农业生态旅游基地带动旅游服务产业快速发展。另外，还推动传统渔业向现代渔业转型，洪泽湖水产养殖经历了单一捕捞、捕捞与水生种植相结合，繁殖保护与捕捞相结合、增殖与养殖相结合的发展过程。至2012年，洪泽湖区水产品总量达到35万吨，形成产值25亿元，成为国内最大的淡水鱼商品基地，洪泽湖渔业实现了从传统渔业向现代化渔业的转型。

四、国内主要湖区村落经济转型与绿色发展的经验启示

我国是一个湖泊众多的国家，鄱阳湖、太湖、洪泽湖与洞庭湖都是国内享有盛名的四大淡水湖，并且均处于长江中下游地区，均与长江连接贯通。四大湖区的自然地理、经济结构与社会变迁都在一定程度上具有同质性，但同中有异，不同湖区村落经济的转型发展路径具有较大的差异性。通过考察鄱阳湖、太湖、洪泽湖三大湖区村落经济的转型发展情况，分析三大湖区各具特色的村落经济发展路径，为洞庭湖区村落经济转型与绿色发展寻找经验借鉴，为洞庭湖区村落经济转型的未来走向获取经验启示。鄱阳湖湖区与洞庭湖区同处于中部地区，经济发展在节奏上、程度上比较接近，湖区村落经济转型过程中所面临的问题具有相似性，鄱阳湖区村落经济转型与绿色发展的经验，对于洞庭湖区村落经济转型与绿色发展来说，具有“镜像”式启示作用。太湖湖区村落经济转型的轨迹与北美五大湖区村落经济转型的轨迹大致相似，太湖湖区的城市化、工业化程度比较高，背靠特大城市上海，受到城市发展的辐射带动，很好地发挥了经济腹地的作用，这为洞庭湖区村落经济的转型发展指明了方向。从地理区位来看，洪泽湖区处于太湖湖区到鄱阳湖湖区的中间地带；从经济发达程度上来看，洪泽湖区也处于从高级工业化到初级工业化的过渡阶段。洪泽湖区村落经济的发展脉络正好能为洞庭湖区村落经济发展提供转型期的经验启示。作为中国三大淡水湖泊的鄱阳湖、太湖和洪泽湖，其湖区村落经济转型发展的路径虽不尽相同，但同为湖区，村落经济转型发展具有相似的自然地理前提，鄱阳湖、太湖和洪泽湖这三大湖区的村落经济转型发展具有同质的内在规律，同样能够给予洞庭湖区村落经济转型与绿色发展以启迪。

1．生态平衡是湖区村落经济转型发展的基本前提。人类经济社会发展历程清楚地告诉我们，自然资源是有限的，生态系统是具有阀值的，经济增长不能超越自然生态系统的承载力，否则，就是一种非理性的增长。围湖造田

因其盲目和无序一度给湖区生态系统带来严重破坏和灾难，是一种非理性的经济行为。只有打破经济发展的盲目和无序，实现从传统粗放经济到现代生态经济的理性转向，湖区经济才能获得可持续发展。西方一位企业家在评论经济发展与环境的冲突问题时说："中央计划经济崩溃于不让价格表达经济学的真理，自由市场经济则可能崩溃于不让价格表达生态学的真理。"①国内湖区村落经济发展历史启示，一切不顾湖区自然生态环境的生产方式和经济增长模式必然会为湖区村落经济进一步发展带来灾难，湖区生态环境的恶化、资源的衰减迫切需要湖区村落经济在生产方式、增长模式上向绿色发展转型。湖区经济活动应该高度重视生态效益问题，市场经济的价格杠杆对生态环境保护起着支配与调节作用，生态效益应该成为生产函数中一个影响产出的重要变量。保持湖区生态系统的平衡是实现湖区村落经济效益与生态效益同步增长的基本前提，也是湖区村落经济转型与绿色发展的内在目标。

2. 绿色发展是湖区村落经济转型发展的主要方向。国内外湖区经济发展经验表明，发展绿色经济是21世纪不可阻挡的世界经济发展大趋势，是狩猎文明、农耕文明、工业文明以来传统经济发展模式的根本转型，是人类社会迈向生态文明的历史性变革。洞庭湖生态经济区正在规划发展的过程中不断积蓄经济势能，洞庭湖区域是构成环洞庭湖经济圈的核心区域，是长株潭城市群的经济腹地，是全省乃至全国的商品粮生产基地，其传统的农业优势在全省农业经济发展中占有十分重要的地位。但洞庭湖区农业产业领域遇到"类发展困境"问题，出现资源过度消耗、环境严重污染、生态遭受破坏等问题，经济发展陷入"瓶颈"，洞庭湖区农业经济需要得到绿色发展理念的指导以获取经济转型发展的动能，进而推动整个洞庭湖生态经济区的快速发展。绿色发展理念强调经济与生态协调发展，要求遵循生态规律和经济规律，合理利用湖区自然资源，在物质可持续利用的基础上发展湖区村落经济。只有以绿色发展为主方向，洞庭湖区村落经济才能实现资源节约、环境友好的永续发展态势。

3. 资源禀赋为湖区村落经济转型发展提供了无可比拟的自然条件。湖泊是生命之源、农业命脉、工业血液，湖区以其丰富的自然资源而具有巨大的经济效益和生态效益增长空间。"饮水思源，借水兴业。"湖区村落经济应紧

---

① 转引自石田．评西方生态经济学研究田．生态经济，2002（1）：46–48

紧依托湖区资源优势，发展湖泊经济，加快发展以旅游服务业为主的第三产业，拓展湖区非农就业以致富湖区农民。洞庭湖区拥有十分丰富的旅游资源优势，1992年，东洞庭湖被国际组织定为“世界淡水鱼类优质种质资源基因库”，同时也是亚洲最大的内陆湿地保护区、国家级重点野生动物保护区，东洞庭湖生物的多样性、系统性、特异性在世界上稀有，独特的水域和湿地环境，孕育了以喜湿和半喜湿为主要特征的丰富水生资源、植被资源和鸟类资源，旅游资源极其丰富。东洞庭湖湿地是亚洲最主要的冬候鸟栖息地之一，共有各种鸟类320种，其中国家一级保护鸟类有白鹤、白头鹤、东方白鹤、大鸭、中华秋沙鸭、白尾海雕等七种，是“候鸟的天堂”，被誉为“拯救世界濒危物种的主要希望地”“世界生物基因宝库”。2002年以来，连续举办多届洞庭湖国际观鸟节，吸引了八方游客。另外，洞庭湖是我国主要淡水商品鱼基地，现有青鱼、草鱼、鳗鱼、鲤鱼、鲫鱼等鱼类100多种，每年产鱼量约30000吨左右，丰富的水域生物资源为打造湖区渔家乐旅游业提供了充裕的物质基础。

4．产业现代化是湖区村落经济转型发展的有效途径。国内外湖区经济发展与环境治理方面的经验教训对于推动洞庭湖区村落经济转型发展具有重要借鉴意义。洞庭湖区村落经济需要实现从粗放生产到集约生产、从传统经营到现代经营的转型，构建湖区村落经济现代化的产业体系，这是实现洞庭湖区村落经济增长与环境协调发展的有效途径。通过产业规划和政策引导，以价值链和产业链为纽带促进洞庭湖区重点产业集群化发展。洞庭湖区需要重点建设具有鲜明湖区优势和特色的粮食产业集群，建成集种植、加工和销售为一体的粮食产业链，提高湖区稻米加工和转化增值能力，扩大湖区稻米的生产规模和竞争力，打造“湖区牌”“绿色牌”“有机牌”的洞庭湖区特色粮食产业集群。尤其是围绕龙头企业在生态农业、旅游业等领域打造洞庭湖区产业集群。

5．城乡一体化是湖区村落经济转型发展的主要目标。《洞庭湖生态经济区规划》的主要目标显示：洞庭湖区城镇化率要从现在的45.6%，到2020年达56%，提高10.4个百分点。洞庭湖区必须彻底摆脱城乡分割、重工轻农的发展思路，根据比较成本和比较优势的经济原理，充分利用湖区良好的经济条件、经济政策和人力资源，实行城乡配套改革和推动城乡一体化发展。高起点规划建设具有湖乡特色的生态城镇和新农村，改善城乡人居环境，建设宜居家园，再现“八百里洞庭美如画”的秀美景象。依托洞庭湖山水独特风光，利用天然水湖资源优势，体现天人合一的理念，营造具有洞庭山水特色和湖乡人文特质的城镇风貌，着力提升城镇建设水平。按照“推进重点城镇扩容提质”的要求，通过政府政策支持和示范城镇建设的引领，带动整个洞庭湖区城乡一体化的建设进程。

第四章　洞庭湖区村落经济转型与绿色发展的历史考察

发展需要转型，转型推动发展。作为长株潭城市群的经济腹地，洞庭湖区农村拥有丰富的农业资源、广阔的市场空间和重要的粮食生产基地，在建设洞庭湖生态经济区和助推湖南经济腾飞的过程中，洞庭湖区村落需要成为长株潭城市群建设的驱动力量和支撑力量。洞庭湖区村落还是长株潭城市群“两型社会”建设的经济“湿地”，肩负着节约资源、保护环境的生态使命，洞庭湖区村落经济需要在发展理念、增长方式和建设路径等领域实现转型，以推动环洞庭湖区经济可持续发展。洞庭湖区村落经济转型的影响因素在哪？洞庭湖区村落经济转型的动力在哪？洞庭湖区村落经济转型的方向在哪？诸多关乎洞庭湖区村落经济转型与绿色发展的问题需要我们对洞庭湖区村落经济转型的历史脉络进行考察，通过追溯洞庭湖区村落经济变迁史，梳理出洞庭湖区村落经济的发展轨迹，判断出洞庭湖区村落经济转型的未来走向。从洞庭湖村落经济转型与绿色发展的历史考察中探寻洞庭湖区村落经济转型的原点，从纵向的村落经济变迁轨迹中探索当代洞庭湖区村落经济转型与绿色发展的路径与方向。经济史蕴含着丰富的经济规律，洞庭湖区村落经济变迁史是当今洞庭湖区村落经济转型与绿色发展的基点，透过千百年来洞庭湖村落经济变迁历史，掌握洞庭湖村落经济发展的内在规律，开启洞庭湖区村落经济转型与绿色发展的当代门径。

第一节　洞庭湖区自然地理与经济概况

一、洞庭湖的来龙去脉

洞庭湖位于长江中游荆江南岸，北纬28°30′~30°20′，东经110°40′~113°10′，地跨湖南、湖北2省，现有面积2740km^2，容积178亿m^3，北有松滋、藕池、太平、调弦（1958年已堵塞）四口分泄长江洪水，每年汛期分泄长江洪水量50%以上；南有湘、资、沅、澧四水灌注，从城陵矶出流长江，是一典型的吞吐调蓄性湖泊。洞庭湖是燕山运动断陷而形成，第四纪至今，均处于振荡式的负向运动中，形成外围高、中部低平的碟形盆地。盆缘有桃花山、太阳山、太浮山等500m左右的岛状山地突起，环湖丘陵海拔在250m以下，滨湖岗地低于120m者为侵蚀阶地，低于60m者为基座和堆积阶地；中部由湖积、河湖冲积、河口三角洲和外湖组成的堆积平原，大多在25m~45m，呈现水网平原景观。洞庭湖东、南、西三面环山，北部敞口的马蹄形盆地，西北高，东南低，湖体呈近似“U”字形，它接纳湖南的四水和长江四口分流，并由岳阳城陵矶泄入长江，多年平均径流量1661.5亿m^3，是长江流域最重要的集水、蓄洪湖泊。

洞庭湖名称的由来，历来众说纷纭。在《史记》《周礼》《尔雅》等古书上都有“云梦”的记载。梦，是当时楚国方言“湖泽”的意思，与“漭”字相通。“春秋昭元年，楚子与郑伯田于江南之梦”。又云：“定四年楚子涉濉济江，入于云中。”《汉阳志》曰:“云在江之北，梦在江之南。”合起来统称“云梦”。当时的“云梦泽”面积曾达4万km^2,《地理今释》载：“东抵蕲州，西抵枝江，京山以南，青草以北，皆古之云梦。”司马相如在《子虚赋》里写道：“云梦者方八、九百里。”到了战国后期，由于泥沙的沉积，云梦泽分为南北两部，长江以北成为沼泽地带，长江以南还保持一片浩瀚的大湖。自此不再叫云梦，而将这片大湖称之为洞庭湖，因为湖中有一著名的君山，原名洞庭山。唐代李思密在《湘君庙纪略》中写道：“洞庭盖神仙洞府之一也，以其洞府之庭，故曰洞庭。后世以其汪洋一片，洪水滔天，无所而称，遂指洞庭之山以名湖，曰‘洞庭湖’。亦犹彭蠡湖中有鄱阳山，后人遂以彭蠡为鄱阳湖也。”这就是洞庭湖名称的由来。

洞庭湖属扬子准地台江南地轴上的断陷盆地，形成于燕山运动，延续至喜马拉雅运动。白垩纪为盆地发展扩大时期，第四纪以来，洞庭湖拗陷盆地在新构造运动作用下，再次全面下沉，接受沉积，成为湖南省第四纪分布最广、厚度最大、沉积层序最全的地区。存在4次以上凹陷成湖、凸起成陆的演化过程，相应拗陷盆地解体，形成断坳盆地。全新世纪初期，洞庭湖区属平原水网景观；全新世纪中期，洞庭湖重新扩大；先秦两汉时期，洞庭湖形成江湖连通的浩渺大湖；魏晋南朝时期，洞庭湖开始受到分割与缩小；唐宋时期，洞庭湖水面积虽进一步缩小，但仍号称“周极八百里”；元朝时期，洞庭湖水面积不断扩大而湖盆日益淤浅；清代早、中期，洞庭湖处于一个由大到小的逐渐萎缩阶段；晚清、民国时期，洞庭湖有过多次缩小与短暂扩大，明清时期，洞庭湖区包括湖南之长沙、岳阳、常德三府、澧州直隶州和湖北之荆州府，据道光时期的《洞庭湖志》记载：“湖东北属巴陵，西北跨华容、石首、安乡，西连武陵、龙阳、沅江，南带益阳而寰湘阴，凡三府一州九邑，横亘八、九百里，日月皆出没其中。”19世纪中叶，洞庭湖开始由盛转衰，进入有史记载以来演变最为剧烈的阶段。从6000km^{2}的浩瀚大湖，萎缩到目前2691km^{2}的湖面，就是在这一百多年时间内发生的。咸丰、同治年间藕池、松滋相继溃口，荆江四口分流入洞庭湖的局面正式形成。藕池口、松滋口形成后，原由两口分流转变为四口分流，江湖关系巨变，成为洞庭湖近一百多年来演变的重大转折点。四口入湖泥沙淤积形成的河口三角洲自西北向东南推进，加速了洞庭湖洲滩的发育。随着三角洲在湖内不断充填和南移东进，洞庭湖由此进入了迅速缩小的过程。伴随着泥沙淤积和洲滩的迅速扩展，湖区继之开展大量的围垦。湖泊变成洲滩，洲滩又成为垸土和湖田，洞庭湖人进水退的状况开始出现。滨湖堤垸如鳞，弥望无际，已有与水争地之势，至清末洞庭湖总计有堤垸1094座。民国时期，围垦没有受到遏制，洞庭湖进一步萎缩。高位洲滩因每年显露期长，相继挽成堤垸已成必然之势。而中位和低位洲滩，因地势低下，每年淹没时间较长，修垸工程量大，且不适宜垦殖，这一类未经建垸的洲滩，当地俗称之为洲土。据民国35年调查，已形成岳临、苍梧台、注滋口、大通湖、飘尾五大区块，面积约为1787km^2。20世纪40年代中期，洞庭湖已是洲滩广袤，湖体支离破碎，港汊交织，滩地发育系数达0.4左右，洞庭湖滩地发育程度如此之高，表明洞庭湖已进入它的衰老阶段。此后由于分流入湖的洪水挟带大量泥沙，湖盆不断淤积，并被分隔为几个部分，加上围湖造田，洞庭湖面进一步缩小。近年来，特别是1998洪水的警醒下，通过退田还湖，洞庭湖面积有所恢复，现有湖水面积为2691km^2。

二、洞庭湖区的自然地理

洞庭湖区包括洞庭湖周围广阔的河湖冲积平原、环湖岗阜丘陵及外围低山区，在行政区划上地跨湖南、湖北两省。湖南省辖境内，涉及岳阳、常德、益阳和长沙4市环洞庭湖地区，包括岳阳、常德、益阳、长沙4市下辖的23个县市区和15个国有农场，总面积达32064km^2，占湖南省国土总面积的15%。[①]洞庭湖湖泊主体分东洞庭湖、西洞庭湖和南洞庭湖，其中东洞庭湖面积最大，占54%；南洞庭湖居中，占33%；西洞庭湖最小，分为许多大小不一的湖泊。洞庭湖区属于亚热带季风湿润型气候，四季分明，气候温和，热量丰富，雨水充足。湖区水网密布，既有来自长江的松滋、太平、藕池、调弦（1958年堵闭）四口水系，也有湘、资、沅、澧四水水系，东面还有汨罗江和新墙河注入洞庭湖。由于前期围湖造田，湖区大片湿地被堤垸所取代，据统计，建国初期湖区共有堤垸993个，经过20世纪50年代开始的调整合并和90年代开始的平垸行洪、退田还湖工程，到2002年止湖区堤垸数量减少至215个。目前整个湖区为“高水湖相，低水河相；水浸皆湖，水落为洲”的地貌特征，因过度围垦和工农业污染，湖区生态系统的平衡状态受到损害，自我调节功能因此而减损，湖区自然灾害发生频率增加。

洞庭湖水系由面积2691km^{2}的洞庭湖和入湖的湘江、资水、沅江、澧水4条河流和直接入湖的汨罗江、新墙河等中小河流组成（见图4-1）。洞庭湖水系流域面积达26.28万km^2，占长江流域总面积的14.6%。其中，湖南省境20.48万km^2，占78%；贵州省境3.04万km^2，占11.6%；其余10.4%属桂、川、鄂、赣、粤诸省。洞庭湖水系是洞庭湖及整个洞庭湖区生态环境、自然地理和资源禀赋的物质基础，也是影响洞庭湖区经济社会转型发展的重要自然条件。

---

① 高碧云．洞庭湖经济史话［M］．北京：方志出版社，2005：3

图4–1　洞庭湖水系图

三、洞庭湖区的社会经济

湖南省境内洞庭湖湖区人口为1450.62万，占湖南省总人口的20.33%，区域人口密度为346人/平方公里，是湖南省人口密度的1.35倍，是全国人口密度的3.3倍。农业生产总值254.51亿元，占全省生产总值的30.04%。[①]洞庭湖区是全国商品粮基地，也是湖南省粮棉经济作物的重要生产基地。洞庭湖区以不到湖南省1/6的土地，每年生产出占全省总量20%以上的粮食、80%以上的棉花、30%以上的油料和40%以上的水产品，每年为国家提供25亿kg以上的商品粮、1.5亿kg商品棉、2.5亿kg商品油和1500万头商品猪。洞庭湖区经济特别是农业的发展在湖南省乃至全国都占有重要地位。据2015年统计，粮、棉、油、麻、甘蔗、蚕茧、水产产量分别占湖南省的37.1%、83.9%、40.9%、90.7%、75%、78%、55.8%，与农业有关的加工业，如纺织、食品、造纸分别占全省的45%、52%、55%，洞庭湖区（按行政区划统计）2015年GDP达4493.62亿元，占湖南省的22.9%，在湖南省国民经济发展中具有重要

① 根据 2016 年湖南省统计年鉴相关数据归纳整理而得

地位。[①]

洞庭湖区是著名的鱼米之乡，是湖南省乃至全国最重要的商品粮油基地、水产和养殖基地。司马迁、班固均用“稻饭羹鱼”“虽无千金之家，亦无饥馑之患”来描绘湖区社会经济生活。在洞庭湖区，河网交错，湖泊星罗棋布，水生资源极为丰富，成为农业文明时期最为理想的地区之一，稻饭羹鱼也成为鱼米之乡在不同时期的代名词。洞庭湖自古为淡水鱼著名产地，唐代著名诗人李商隐有《洞庭鱼》一诗云：“洞庭鱼可拾，不假更垂罾。闹若雨前蚊，多如秋后蝇。”可见湖中渔产之丰富。如今湖里盛产鲤、鲫、鳙、鲢、鳊、鳜、银鱼、凤尾鱼和虾、蟹、龟、鳖、鳝、鳗、鳅、蚌等百余种水产，还生长着珍稀的白鳍豚。洞庭鱼中最大的是鲟鱼，重达两三百公斤；最小而又最名贵的是银鱼。洞庭银鱼，历史上即颇负盛名，据清代《巴陵县志》载：“银鱼出艑山、君山湖中，小才盈寸，眼见黑点者佳，以火焙之，胜日干者。他处出面条鱼，长二、三寸至四、五寸则贱物矣。一年冬夏产之，夏水热不如冬美。”洞庭湖给予湖区人以慷慨和丰厚的回报，除养活这一地区的民众外，明清以来，逐渐成为中国最大的粮食输出地。到清乾隆年间，随着洞庭湖区围垦洲土的高潮出现，湖南省的耕地面积急剧增加，粮食产量逐步赶上并超过湖北省，在湖南“止有本省之谷运出，从无别省之米运来。”[②]湖南省成为全国最主要的商品粮生产基地，洞庭湖成为著名的粮仓，湖南省的这一重要战略地位，一直延续到中华人民共和国成立后。按照1998年统计资料，洞庭湖区粮食总产量724.25万吨，占湖南省25.71%；棉花14.31万吨，占74.34%；水产品59.34万吨，占50.81%；苎麻3.18万吨，占79.5%；油料48.34万吨，占40.03%。[③]当前，洞庭湖区成为湖南省可持续发展最具活力的增长板块之一，是湖南水利安全、粮食安全和生态安全的重要基地，将成为湖南省乃至全国最重要的现代农业示范区、城市腹地经济支撑试验区和国家大江大湖生态保护与经济协调发展的探索区。

---

① 数据来源于 2016 年湖南省统计年鉴

② 杨锡绂：《四知堂文集》（卷 11），嘉庆十一年刊

③ 李跃龙 . 洞庭湖的演变开发和治理简史［M］. 湖南大学出版社，2014（6）：86

第二节　原始洞庭湖区村落经济转型：从采集渔猎到原始农业

洞庭湖是湖南的“母亲湖”，洞庭湖地区因为良好的自然环境和丰富的水、土、生物资源条件，成为中国最早的稻作农业发祥地。考古学家在洞庭湖区的澧县彭头山新石器文化遗址上发现了炭化稻谷的遗址，经碳十四检测，这些稻谷遗存距今9000～8000年以前，比浙江省余姚的河姆渡遗址出土的稻谷遗存还要早1000～2000年。早在8000～7000年前已有先民们在洞庭湖这块沃壤上开始有固定聚落的农业定居生活，创造了以稻作农业为主体的人类早期文明。

判断原始农业的发生和发展程度，目前考古界通常以农业遗存、农业生产工具、以农业为基础的动物饲养、陶器制作、永久性定居村落的有无、多寡和大小为根据。要探讨洞庭湖区原始农业的发展轨迹，需以完整的考古学文化序列为前提。经过多年的考古工作，洞庭湖区已建立了虎爪山文化—鸡公垱文化—乌鸦山文化—彭头山文化—皂市下层文化—大溪文化—屈家岭文化—石家河文化完整的史前文化发展序列。每一考古学文化时期的原始洞庭湖区村落农业发展情况呈现出螺旋上升的轨迹。洞庭湖区垦殖的历史，可以上溯到新石器时代。当时，人们在滨湖平原和洲滩上定居下来，开荒种地，并修筑类似后来北方“护庄堤”的土城拦阻洪水，这就是最早的垸堤工程。[①]据考古工作发现，新石器时期是洞庭湖区先民从居无定所、游牧渔猎到择水而居、原始农业的过渡时期。

“数家临水自成村”，此诗句生动而真实地描述了洞庭湖区村落的生成过程与形态布局，临水而居是洞庭湖区原始聚落最为典型的分布形态。洞庭湖区先民最初过着居无定所的生活，游牧渔猎是其生存方式，是一种生存经

① 武汉水利电力学院、水利水电科学研究院《中国水利史稿》编写组．中国水利史稿（上册）［M］．水利电力出版社，1979：107

济。资源丰富的洞庭湖区成为原始初民理想的聚居之所，湖泊涵养着鱼虾水产，湿地生长着肥美水草，这为先民提供了丰富的食物来源，先民们于是择水而居，定居在一定地域内的一群家庭便形成了原始湖区村落。在距今8000年前的新石器时代，洞庭湖区就有原始人群活动，形成了许多居民点，其中以澧县、安乡、华容、沅江4县为最多。它们分布在地势较高的地方，人们称之为岗，如安乡的汤家岗、划城岗、澧县的丁家岗等，其中汤家岗遗址有 2 万m^2。①一部分居民点由于农业经济条件特别优越，逐渐发展成为小城镇，特别是四水下游的一些居民点，如津市、常德、益阳等，由于水运便利，成为附近农副产品的集散地，进而发展成为较大的城市。原始村落的出现成为洞庭湖区稻作农业发生的至关重要的前提条件，湖区先民的定居化（Sedentism）直接带来了洞庭湖区原始农业的发展。

一、采集渔猎：原始湖区村落早期生计

在洞庭湖区旧石器早中期的虎爪山文化、鸡公垱文化时期，湖区早期人类遗存有60几处，遗存中发现各种生产工具，此时期的石器以大型石器为主，有砍砸器、多种形式的大尖状器；小型石器主要是刮削器，但数量少。这两者都是典型的采集用具，如采集块根植物、砍砸硬果；而刮削器，多用来切割肉类。考古出土器物组合说明，这一时期洞庭湖区原始居民的经济生产是以采集为主、渔猎为辅的生产方式。从乌鸦山文化（乌鸦山文化遗址位于澧县道河乡高堰村）时期开始表现出石器小型化特征，以石片石器为主，结合了砾石石器的特点，属旧石器晚期。石器小型化的趋势说明了洞庭湖区原始村落生计方式的变化，细小石器便于携带，易于切割肉类，反映出狩猎经济作为主导性经济形态的特点。大型的用于砍伐、挖掘以及切割肉类的石器类型的同时出现，说明乌鸦山文化时期的洞庭湖区原始村落经济生产方式与上阶段不同，变成以渔猎为主、采集为辅的经济生产方式。从考古发现来看，以上两阶段的洞庭湖区原始居民还没有形成稳定性的原始聚落，没有出现永久性的居民点遗址，定居化（Sedentism）是原始农业产生的前提，此时期洞庭湖区的原始农业还没出现。

---

① 有关洞庭湖区原始村落形成对湖区稻作农业起源影响的详细论述可参见：郭伟民．城头山遗址与洞庭湖区新石器时代文化［M］．岳麓书社，2012：109—114

二、采集渔猎辅以稻作农业：原始湖区村落中期生计

彭头山文化是目前洞庭湖区发现最早的新石器时代文化。“彭头山文化发生在新石器文化之初，以最早发掘的地点——澧县彭头山遗址命名，其时间大约距今10000年。”[①]出土器物表明，彭头山文化的石器仍然是打制石器占绝大多数，如刮削器、砍砸器和石锤，仅八十垱遗址中出土一件磨制石斧；陶器方面，器型简单，有罐、釜、钵、盘，皆圜底，多为夹炭陶、饰粗乱绳纹等，这些均为此时期洞庭湖区先民的生产工具，主要用于采集渔猎的生产活动。彭头山文化遗址中普遍发现了柱洞、红烧土等建筑遗迹，还发现一东西长6米，南北宽5.6米的房屋基址。以上考古发现证明了此时期洞庭湖区出现了永久性定居村落，洞庭湖区原始村落的出现为稻作农业的产生提供了条件。

属于彭头山文化的八十垱遗址（位于今澧县梦溪乡五福村）发现了大量的炭化稻谷壳，经科学鉴定为人工栽培的稻谷，这种水稻被确定为古栽培稻，这是此时期原始农业生产方式形成的更为直接的明证。彭头山遗址先民栽培稻谷的发现说明水稻在当时是非常重要的食物来源，也说明此时期洞庭湖区原始农业早已发生并得到初步发展。但从考古发掘出来的生产工具来看，缺乏典型的农业生产工具；而聚落遗址较少，其规模也相当有限，一般仅3000平方米左右，这说明可容纳的人口有限；陶器制作也原始，说明其尚未从成为独立的生产部门，其经济生产方式以采集渔猎为主、稻作农业为辅。

在晚于彭头山文化的皂市下层文化（距今7800~6800年）发现聚落遗址有34处，较上期增长一倍，且聚落规模也有所扩大。生产工具方面，有砾石石器、细石器和磨制石器，不仅产生了典型的农业生产工具并且种类在增多，如单面刃的石锛、双面刃的石斧、弧形双面刃的石刃等，甚至出现了碾磨器、石杵等谷物加工工具，这说明了此时湖区农业生产较上期已得到发展。在胡家屋遗址，还发现了较多的家猪骨骸。虽然不一定需要粮食作为饲料来养猪，但需要人力的投入，需要相对稳定的农业生产作为基础。家畜的出现，从另一侧面也充分说明当时湖区原始农业的进步。

彭头山文化与皂市下层文化的考古发掘均表明，此时期洞庭湖区原始村落的出现为原始农业奠定了基础，稻作农业为当时湖区居民提供了稳定的食

---

① 郭伟民．城头山遗址与洞庭湖区新石器时代文化［M］．长沙：岳麓书社，2012（8）：2

物来源，虽然农业仍不是此时原始湖区先民主要的生计方式，但为下阶段湖区村落农业经济的发展打下了良好基础。

三、原始农业：原始湖区村落后期生计

考古学家在距今6300~7000年的汤家岗文化遗址上发掘出古水稻田，在城头山遗址（湖南省澧县车溪乡南岳村）上发现了形态完整的古稻田，还有与稻作农业相配套的灌溉设施，表明此时洞庭湖区已形成了比较完善的稻作农业，但是稻作农业并非汤家岗文化时期洞庭湖区原始村落的主要经济形态。根据考古证明，此时期还存在着狩猎经济，从事稻作农业、利用和获取周围的动植物作为经济形态的补充，是汤家岗文化时期人们主要的生计形态。到了距今5100~6800年的大溪文化时期，此时期出现大面积的建筑遗迹，“此时的遗址一般都是永久性居住聚落，面积大，文化层堆积厚。如安乡汤家岗、划城岗，面积达4万平方米”。[①]益阳蔡家园遗址面积达7.5万平方米；还有三元宫、车轱山、丁家岗等遗址，面积都超过2万平方米。“在这些遗址中，发现有大面积的红烧土遗迹，其中夹杂大量的稻谷壳和稻草。”[②]这种采用谷壳拌泥涂抹墙壁的建筑方法，它可使墙壁平整光滑和减少龟裂，是一种较科学的早期建筑方法，至今仍在许多农村建筑中广为流行。大溪文化时期的房屋建筑大多是永久性的，这种规模大、延续久远的聚落需要有雄厚的农业基础作为物质支撑。此外，此时期的考古遗址上还出现了大量的农作物遗存和种类齐全的农业生产工具。“据粗略统计，在全国发现有栽培水稻遗存的史前遗址有100处，而以洞庭湖为中心的长江中游便占据40%以上。”[③]在三元宫、汤家岗等遗址中，曾出土有较多的动物骨骼，其中有很大部分是家猪骨骼。“据附近同时期的巫山大溪遗址出土的家猪所占全部动物的比例为17%来看”[④]，洞庭湖区原始村落发现家猪骨骼的比例要高出这个比例。以上考古发现均表明，大溪文化时期洞庭湖区原始农业已得到快速的发展，稻作农业已成为当时人们

---

① 吴小平．论洞庭地区原始农业的发展与环境的关系［J］．中国农史，2002（2）：17

② 王杰．大溪文化的农业［J］．农业考古，1986（1）：79

③ 何介均主编．长江中游史前文化暨第二届亚洲文明学术讨论会论文集［C］．岳麓书社，1996：107

④ 袁靖．论中国新石器时代居民获取肉食资源的方式［J］．考古学报，1999（1）：7

主要的经济形态。

综上所述，基于多年的考古工作而建立起来的洞庭湖区史前文化发展序列再现了洞庭湖区原始农业的发展轨迹。如洞庭湖区的虎爪山文化、鸡公垱文化，此时洞庭湖区原始居民的生产方式以采集为主、渔猎为辅；到了乌鸦山文化时期，变成以渔猎为主、采集为辅的生产方式，此时的经济生产方式较上阶段是具有进步意义的，能够利用洞庭湖丰富的鱼虾资源，补充人体生长所必需的蛋白质，但尚过着居无定所的原始渔猎生活。在彭头山文化时期出现了永久性定居的湖区村落，在考古遗存中发现了古稻田，证明此时期洞庭湖区稻作农业已经出现，只是农业生产仍处于辅助地位，其经济生产方式以采集渔猎为主、农业为辅。到了皂市下层文化时期，此时遗存中出现了典型的农业生产工具，如单面刃的石锛、双面刃的石斧、弧形双面刃的石刃等，甚至出现了碾磨器、石杵等谷物加工工具，这说明此时洞庭湖区农业生产较上期已得到了发展。发展到大溪文化、石家河文化时期，洞庭湖区原始村落遗址数量猛增，考古发现已达400多处，永久性居住点的增加，说明洞庭湖区人口数量扩大，更意味着湖区原始农业发展到了相应的规模水平。此阶段洞庭湖区原始农业已经经历了从无到有，从产生到发展的过程，不可否认，人类的创造力对农业生产状况产生了巨大影响，但是在每一个阶段湖区农业生产获得进步的背后，自然环境资源仍为左右湖区生产变化的关键力量。

第三节　古代洞庭湖区村落经济转型：从农业为辅到鱼米渐丰

中国是世界上最早栽培水稻的国家，而洞庭湖区又是世界上人工栽培水稻的发源地之一。正因为洞庭湖区得天独厚的农业生产条件，这里的水土养育了一代代湖区儿女。除土著人口外，洞庭湖区是历代移民的流入地。自先秦时代起，巴人东迁、糜人安居，都以湖区为目的地。楚人南迁，经营湖湘，洞庭湖区成为天下粮仓。

一、春秋战国至秦汉：铁制农具推动农田初垦

先进生产工具的使用大大提升了洞庭湖区农业生产力水平。春秋末期中国出现了铁制农具，洞庭湖区先民开始利用铁制农具开垦农田，尝试种植水稻。到秦汉时期，洞庭湖地区得到了初步的开发，种植水稻和捕捞鱼虾已成为湖区先民重要的谋生手段。《史记·货殖列传》载："楚越之地，地广人稀，饭稻羹鱼，或火耕而水耨，果隋蠃蛤，不待贾而足，地埶饶食，无饥馑之患……无冻饿之人，亦无千金之家。"以上史料真实地反映了当时洞庭湖区的生产方式、经济结构及社会发展水平，"火耕水耨"是湖区人借助铁制农具垦荒种地，大大提升了农业生产力，拓展了生存空间，洞庭湖区因此而"地埶饶食，无饥馑之患"。同时史料也表明当时洞庭湖区虽经开发但生产力水平仍很低下，农业虽有初步发展但仍处于"火耕水耨"的农业生产初级阶段，湖区人们生活虽"无冻饿之人"但"亦无千金之家"，渔猎山伐在当时湖区经济结构中仍占有较大的比重。

二、六朝时期：农业发展带来商业繁荣

秦汉至六朝时期，洞庭湖在自然演变过程中发展成为大小不一的湖群，江湖关系相对稳定，洪涝灾害较少。永嘉之乱后，"流入荆州者十万余家"[①]，洞庭湖区成为侨立州郡最多的地区之一，在洞庭湖北部、西北部专门设立南义阳郡、南河东郡，今松滋县就是侨县。新设置的州县，虽说不是侨立州县，但也与安置流民有关，如湘阴县、药山郡、药山县、重华县、玉山县、湘滨县、罗州等。安史之乱后，北方民众逃亡，流向湖南又形成高潮，"襄邓百姓，两京衣冠，尽投江湘。故荆南井邑，十倍其初。"[②]明代重视耕垦，移民大增，但性质有些变化，以经济性移民为主，难民开始减少。时有江西填湖广一说。西晋"永嘉之乱"后，河南、山西一带的流亡人口一万多进入洞庭湖区西部。西晋末年，巴蜀（今四川省）流民四五万家，十多万人流入荆湘，遍布于洞庭湖区各地。东晋初年，原在河南平氏县境的义阳郡流民又大量涌入洞庭湖西部。由于中原、巴蜀人口的大量移入，不仅大大增加了洞庭湖区的劳动力，

---

① （晋）陈寿.《三国志·魏志·王粲传》

② （后晋）刘昫.《旧唐书·地理志》

还带来了先进的生产技术和管理经验，这有利于改变洞庭湖区早前“火耕水耨”的粗放式农业生产状况。加上当朝统治者重视水利建设，水利事业的发展为此时洞庭湖区农业提供了有力保障，经过湖区先民和外来移民的共同开发，洞庭湖区农业有较大发展，成为东晋和南朝时期富庶的农业基地。唐代史学家杜佑在《通典·食货典》中曾对当时农业生产富饶之状如此描述：“南朝齐武帝永明（公元483–493年）中，天下米谷帛贱，上欲立常平仓，市积为储，六年（公元488）诏……荆州五百万，郢州三百万，皆市绢、棉布、米、大小豆、大麦、胡麻；湘州二百万，市米、布、蜡。”那时的湘州和荆州大体上就是现在洞庭湖区的湘阴、汨罗、岳阳、临湘、华容、安乡等县市。由于此地民勤粮丰，丝麻纺织兴盛，因而不得不设常平仓，以“市积为储”。可见当时洞庭湖区的农业生产已达到了较高水平。农业的发展带来了商业的繁荣，当时洞庭湖区的江陵就是商业重镇，成了商旅云集、四方凑会之所，正如《南齐书·州郡志下》的“荆州”条下所云：“江左大镇，莫过荆扬。”

三、唐宋时期：农业人口激活鱼米经济

唐宋时期洞庭湖区农业迅速发展，成为全国重要的农业生产区，这主要得益于此时北方人口大量向洞庭湖区迁移。唐安史之乱开启了北人南迁潮，“今湖北襄樊和河南安阳一带的流民，又一次大规模南迁。”①如大诗人杜甫即在这一时期流寓到洞庭湖区，最后病死在湘江的小船上。宋室南迁也带动了移民潮，在这两次移民潮后，洞庭湖区农业人口快速增加。根据《旧唐书》《宋史》《元史》的地理志记载，在唐贞观十三年（公元639年）、天宝元年（公元742年）、北宋崇宁元年（公元1102年）和元至顺元年（公元1330年）洞庭湖区的澧州（今澧县）、朗州（宋真宗时改为鼎州，今常德）、岳州（今岳阳）三地人口变动巨大，历经691年后，三州人口显著增长，共计达2925327人，其中澧州增长约44倍，鼎州约94倍，岳州约45倍。（见表4–1）。大量迁入的劳动力为洞庭湖区的进一步开发提供了有利条件，激增的农业人口推动着湖区农业快速发展，大大激活了湖区的鱼米经济。

---

①（后晋）刘籛．二十五史·旧唐书（卷四十）［M］．上海古籍出版社，1986：3675–3677

表4–1　唐至元代澧鼎岳三州人口变动情况表（单位：人）

时间	澧州	鼎州	岳州
639年	25027	10913	17556
742年	91113	43760	50298
1102年	231365	130865	128450
1330年	1111543	1026042	787742
注：表中数据根据《旧唐书·地理志》《宋史·地理志》《元史·地理志》相关数据整理而得。			

洞庭湖区农业生产的发达带来商业的迅速发展，唐代诗人柳宗元有诗云："自汉而南，州之美者十有七、八，莫若澧。"①至南宋，洞庭湖区农业继续发展，时人魏了翁云："荆湖十有五州，常德实称重镇。"②洞庭湖区渔业资源十分丰富，渔业生产条件得天独厚，自古以来，湖区居民或滨水而居，或以舟楫业渔，形成了有别于其他地区的湖区社会经济结构，发达的渔业是其必不可少的构成内容。唐宋时期，渔业生产在湖区经济结构中占有重要地位，如唐杜荀鹤有诗云"户口半渔樵"，③说的就是当时洞庭湖区益阳渔业人口情况，刘禹锡在诗中这样描绘汉寿县繁荣的渔业状况："县门白日无尘土，百姓县前挽鱼罟。"④唐宋时期洞庭湖区发达的渔业与发达的稻作农业交相辉映，名著天下，共同唱响了"洞庭鱼米之乡"的美誉。

第四节　近代洞庭湖区村落经济转型：从围垦初兴到围垦泛滥

清代康乾时期，洞庭湖区人口急剧增加，除一部分外省籍外，湖区移民大多以本省籍为主，为洞庭湖区土著（当时称之为"上乡人"），即湘水资水

---

①（唐）柳宗元.《柳宗元文集》（卷二三），《送南涪州移澧州序》

②（南宋）魏了翁.《鹤山集》（卷二四），《辞免除集英殿修撰知常德府状》

③（清）彭定求.《全唐诗》（卷六九一），《寄益阳武灌明府》

④（清）彭定求.《全唐诗》（卷三六二），《龙阳县歌》

上游地区的人口。洞庭湖能成为历史时期各个朝代移民的重要目的地，表明这一地区具有丰裕的自然条件，人口承载量大，能解决大量人口的生计问题。但随着洞庭湖区人口迅猛膨胀，为解决巨大的人口压力带来的粮食问题，洞庭湖区开始大量兴筑堤垸，围湖造田活动趋于泛滥。

一、明清时期：围垦农业活跃谷米贸易

明朝初期，明太祖朱元璋以洞庭湖区曾是陈友谅的粮秣后方为由，有意对湖区农民加赋示惩，造成湖区人民逃散，导致农田荒芜。据《明太祖实录》记载，洪武三十年（公元1397年），常德郡成为“地旷人稀”“耕种者少，荒芜者多”的地方。在洞庭湖区土著居民大批逃散，田园荒芜之时，江西等地居民大量涌入湖南，这就是历史上的“江西填湖南”，明代是江西人移入湖区最盛的时期（见表4–2）。由于朝廷的督导，洞庭湖区各州县进行了较大规模的农田水利基本建设，大大提高了农业生产水平，使洞庭湖区成为全国粮食的主要产地和供应基地。

表4–2 明代洞庭湖区各县人口和田地数量统计表①

县名 \ 人口、田地数	洪武二十四年（1391年）		万历十年（1582年）	
	人口数（人）	田地数（亩）	人口数（人）	田地数（亩）
湘阴	58205	366278	62820	785481
益阳	31636	198644	31036	849735
巴陵	84580	476781	53176	640800
临湘	21478	181116	9116	404566
华容	43099	497122	14228	461770
武陵	43469	370219	53671	886573
桃源	49265	377200	44664	670958
龙阳	27091	192032	21332	468342
沅江	4070	16800	14400	314700
澧州本州	33133	274939	45608	693400
安乡	15210	231000	13060	314700
合计	411236	2617129	363111	6491025

① 根据洞庭湖区各县县志相关数据综合整理而得

明末清初，因战祸连年，灾害频发，洞庭湖区人口迅速减少，湖区农业生产也随之衰退。康熙时期，洞庭湖区社会较为安定，人民得以休养生息，人口自然增长率上升，加上在清政府奖励开垦的政策刺激下，外地人口大量流入洞庭湖区开展垦植，湖区农业生产得到快速恢复，此时，洞庭湖区形成了筑堤围垸的垦殖高潮。1932年《益阳县志稿·食货》载：“及光绪年间，洞庭淤荒日广，邑（益阳）人竞相开垦佃耕，往往不及十年而成巨富者，衣食既足，生齿日暮，而邑户口之数，乃倍于曩日矣。”大量移民增加了湖区农业人口，围湖垦殖推动了湖区农业经济。近代以来，水稻不仅是洞庭湖区村民赖以生存的粮食作物，更是洞庭湖区村民聊以生计的经济作物。康熙年间偏远巡抚赵申乔云：湖南产米尤多者，“止于长、衡、常三属”①。乾隆年间朱伦瀚在《截留漕粮以充积贮札子》中说：“两湖有八大产米府州，即汉阳、黄州、长沙、岳州、澄州、常德、衡州、宝庆。”②到了咸丰年间，湖南巡抚骆秉章也称：“湖南素称产米之乡，岳、常、澄三府州宾湖之处，牙田最盛；长沙、衡州地势稍平，稻米之收，数处为广。”③光绪三十三年（1907），日本人根岸信的《清国商业综览》记载湖南产米集中在长沙、常德、岳州、衡州、永州五府州。④谷米贸易成为洞庭湖区村落重要的经济来源，有谷米出卖则湖区社会经济活跃，市场繁荣，人民生活得到相应改善。没有谷米出卖，市场就会陷入困顿，金融不活，百业萧条。如时有富裕之地美誉的长沙，“民朴，安土重迁，所需者日用之常资，惟米谷充积”，⑤“本地居民，大率服田力穑，以收谷之盛细为贫富”⑥。明清时期洞庭湖区外运的粮食数量大大增加，尤以民间贩卖的商品粮为主，远远超过官府采购的数量，此为“湖广熟，天下足”这句谚语的主要经济内容。乾隆时湖南巡抚陈宏谋说：“小民输赋及一切婚丧之事均须粜米，米难出粜，殊有谷贱伤农之患。”⑦谷米贸易促进了洞庭湖区商业网点

---

①《赵恭毅公自治官书类集》（卷八），复湖北请开米禁咨

②《清朝经世文编》（卷三十九）

③《骆文忠公文集》（卷九）

④转引自《湖北近代经济贸易史料选辑》（第二辑）

⑤嘉庆．长沙县志．卷十四，风土

⑥同治．长沙县志．卷十，积贮

⑦陈宏谋．培远堂偶存稿．卷三十七，收买民米檄

的形成，商人的触角逐渐深入广大湖区农村，如巴陵“自城邑市镇达乎山阻僻壤，列肆以取利者，皆江右人也”。[①]洞庭湖区夏、秋之季，“浙、粤商人坐收分购，轮船装运，络绎于途。”[②]米谷贸易的繁荣促进了洞庭湖区农村经济的发展。

二、清末民国时期：盲目围垦恶化江湖关系

水稻生产和贸易是洞庭湖区村落经济的命脉，为生产更多的粮食，卖出更多的米谷，满足市场需求以获得收益，洞庭湖区农民不得不“与水争地”，不断围湖造田以扩大粮食种植面积。洞庭湖区有着很久远的围垦历史，如汉晋时期湖区的围垦已初具规模。东汉樊重在西洞庭湖区武陵县（今常德市）东北八十九里兴筑“樊陂”，“有肥田数千顷，岁收谷千万解”。[③]至清代中后期，洞庭湖区的围垦活动尤为繁盛，特别是在光绪年间（1875~1908），洞庭湖区曾掀起过一次大规模的围垦洲土高潮。据统计，清代洞庭湖区筑堤围垸共900多个，其中同治以前400多个，同治以后500多个。[④]又据估计，至清末，洞庭湖区堤垸面积已近600万亩。[⑤]与此同时，洞庭湖面积也在迅速缩减，到清朝后期，洞庭湖与长江关系发生急剧变化。道光年间，魏源说：“自江至澧数百里，公安、石首、华容诸县，尽占为湖田。”“向日受水之区”，因围垦“使去其七八矣”。[⑥]道光中，俞昌烈说：“今之洞庭，非三十年前之洞庭也，是以容纳无地，故近年江水之为患也甚矣。”[⑦]道光末，湖北监利人王柏心说“今之洞庭，非昔之洞庭也，阔不及向者之半”。[⑧]民国时期，围垦继续发展，1935年的堤垸数目又比1911年增加300多个。1918年，湖南督军张敬尧宣布：对新淤

---

① （清）巴陵县志．卷十四，物产

② 章有义．中国近代农业史资料［M］．北京三联书店，1957：556.

③《元和郡县志》“山南道·朗州”条已佚，现据《舆地纪胜》卷六十八，“荆湖北路·常德府”转引

④ 何业恒．洞庭湖区水利事业的历史兴废［J］．益阳师专学报，1987（3）：69

⑤ 曾继辉．保安湖田志［M］．卷二十一，1915 年辍耕楼刻本

⑥（清）魏源．湖广水利论．见《魏源集》．中华书局，1976 年

⑦（清）俞昌烈．楚北水利堤防纪要．卷一，洞庭湖记，湖北人民出版社，1999 年

⑧（清）王柏心．导江三议，收入所纂（同治）《监利县志》

洲土“凡欲领亩开垦者，可缴费领照，筑堤围垸。”[①]滨湖各县农民争相围垦，到1931年已筑垸田约400万亩，相当于现今整个洞庭湖的面积。在入湖泥沙淤积、围垦等自然和人类活动的双重作用下，洞庭湖面积萎缩加剧，湖泊调蓄功能严重衰退，生态服务功能明显退化，环境日益恶化，洪涝灾害频繁发生。盲目围垦恶化了江湖关系，破坏了洞庭湖区生态平衡，造成洞庭湖区水土流失，水灾泛滥，不谐之音于人湖间响起。

三、现代湖区村落经济：从围湖造田到退田还湖

围湖造田是指通过建堤筑坝将湖泊及其周围湿地转变为农业用地的一种特殊的土地利用模式，是洞庭湖区扩大耕地面积满足人口增长对于粮食需求的一种重要的农业生产方式。1949年、1951年、1952年、1954年连续几年大水，给湖区人民带来了深重的灾难，为解决防洪问题，消除水患，湖南省政府经请示中央批准，对洞庭湖进行堵支并流并垸的治理。但是，由于洞庭湖区的人口压力和错误思想的指导，在新中国成立后开始的善待洞庭湖的思想没有能够坚持贯彻下来，而是在“以粮为纲”“向湖要粮”等口号影响下，开始了甚于历史上任何朝代的乱围滥垦高潮。1958年“大跃进”中，洞庭湖区各地、县相继对一些地面较高的荒洲进行围垸，兴建了8个国有农场。1961年比1955年又扩大围垦96.3万亩。至60年代末，湖区又修建了4处国有农场。1969年，洞庭湖区堤垸数增至257个，耕地面积较1961年又扩大77.8万亩。据《安乡县志》记载，从60～70年代，由于盲目围湖造田，垸内湖泊容积以年均5.6%的速度递减，调蓄能力由60年代的10.9亿立方米，减少到1985年的0.5亿立方米。“在20世纪50年代初到20世纪70年代末的近30年间，洞庭湖区的围湖造田活动达到空前规模，洞庭湖区的15个国有农场就是在这一时期的围湖造田过程中形成的。”[②]围湖造田带来了洞庭湖区稻米飘香，经济繁荣，但过度围垦，导致洞庭湖区水体和湿地面积迅速减损，打破了整个湖区生态系统的平衡，洞庭湖防洪调蓄的生态功能迅速减弱，导致湖区洪涝灾害频繁发生，阻碍了湖区村落经济的发展。盲目围垦也给洞庭湖区造成极大的生态负效应，因湖体萎缩和湿地破坏，湖区生物的多样性锐减。在生态倒逼机制作用下，湖区人开

① 《湖南实业》新刊第 3 号，1918 年 10 月 15 日

② 卞鸿翔，王万川，龚循礼 . 洞庭湖的变迁［J］. 长沙：湖南科学技术出版社，1993：112

始重新审视和反省围湖造田这一生产行为，并迅速建立洞庭湖水体和湖区湿地的恢复保护机制。20世纪70年代末国家水利部明令禁止围湖垦殖活动，同时因生态成本过高，投入和收益的逆差也使得湖区农民不愿意去修复被洪水淹没的堤坝，放弃围湖造田行为而任其自动恢复为原本的湖泊和湿地。

第五节　洞庭湖区村落经济转型的考察结论与建议

通过对洞庭湖区村落经济转型历史进行考察，分析洞庭湖区村落经济的转型轨迹，探寻洞庭湖区村落经济转型与绿色发展的内在规律。洞庭湖的生态地理环境演变影响着湖区村落经济发展的走向，湖区村落经济形态在洞庭湖自然演变的框架下演绎出一部生动的经济变迁史，形成了因湖而变的转型发展节律。洞庭湖区村落经济的转型发展必须顺应洞庭湖发展变化的自然规律，人湖和谐是洞庭湖区村落经济良性发展的前提，一旦打破了洞庭湖区村落经济的发展节律，人湖关系过于紧张，湖区村落经济就会受到洞庭湖自然生态力的反作用，湖区村落经济发展形态会出现变化，并通过转型以适应洞庭湖区的自然生态变迁。基于洞庭湖区村落经济发展变化的历史考察，分析得出湖区村落经济发展变化的影响因素主要有：自然因素（包括水资源、土地资源、湿地资源）、人口因素（包括人口数量、人口质量）、生产力因素（包括生产工具和生产技术）、政治制度因素等。以上影响因素的变化必然导致洞庭湖区村落经济的转型，而湖区村落经济的转型相应带来影响因素的权重序列变化。

一、洞庭湖区村落经济转型的考察结论

1．生态危机倒逼村落经济转型。洞庭湖区村落经济一直在转型中不断发展，在发展中实现经济转型。洞庭湖区村落经济转型始终围绕着人湖关系而展开，湖区村落经济发展曲线始终围绕人湖关系而上下波动，洞庭湖是湖区村落经济发展画卷中的主背景、主色调，洞庭湖这一自然条件是湖区村落经

济转型与绿色发展过程中权重最大的一个影响因素。自然因素在洞庭湖区村落经济转型中扮演着极为重要的角色，左右着湖区村落经济转型发展的走向，洞庭湖是洞庭湖区村落经济转型与绿色发展的自然前提，洞庭湖的演变必然带来湖区村落经济的转型，同时村落经济的发展方式也影响着洞庭湖的演变。凡是破坏洞庭湖自然资源的一切村落生产经济活动必然会带来洞庭湖生态系统的反作用力，村落经济活动一旦超出洞庭湖区的生态阀值，湖区生态系统就会失去原有的平衡，失衡的生态系统降低了其生态功能，湖区村落经济就会失去洞庭湖这一自然生态屏障，在各种自然灾害面前不堪一击。于是，在生态危机倒逼下湖区村落经济需要通过转型才能获得新发展。当今世界正处在一个绿色经济大变革、大转型、大崛起的新的历史起点上，洞庭湖区村落经济需要走上绿色发展的轨道，才能实现可持续发展。

2. 人口变化推动村落经济转型。经济条件随着历史的推移在不断发生着变化，在诸多影响洞庭湖区村落经济发展的因素中，人口因素占据着十分重要的地位。一方面，大量人口南迁，洞庭湖区村落农业人口数量迅速增长，提升了洞庭湖区农业生产能力；另一方面，在人口压力不断增加情况下，人地关系也随之变化，滨湖而居的人们大肆向湖抢地，围湖造田规模日益扩大，人湖关系发生了变化。肥沃的湖田带来了水稻的丰产，稻米成为湖区人主要的食物来源，稻米贸易也是湖区人主要的经济来源，因而稻谷种植成为洞庭湖区村落主要的生产方式。但随着盲目围湖造田，洪涝灾害增多，湖区农业经济的生态成本急剧增加，湖区村落经济又面临着转型的抉择。

3. 技术革命带来村落经济转型。在洞庭湖区原始农业经济阶段，农业生产力低下，生产工具简陋，湖区先民仅靠磨制石器开展简单的农业劳作，农业尚处于辅助地位，采集狩猎还是原始湖区人的主要生存手段。至春秋战国时期，铁制农具的出现大大提升了洞庭湖区农业生产能力，正式拉开了湖区农垦的序幕，种植水稻和捕捞鱼虾已成为此时湖区人重要的谋生手段。发展到近现代时期，技术革命带来先进的农业生产工具，为大规模围湖造田提供了前提条件，围湖造田成为湖区农业生产的主要形式，推动了湖区村落经济的发展，但围垦农业为洞庭湖区村落经济带来繁荣的同时，恶化了江湖关系，破坏了洞庭湖区生态系统，失衡的生态系统使洞庭湖区农业生产链条更为脆弱，围湖造田被迫转为退田还湖。当今，随着农业科技的迅速发展，水稻杂交技术的推广应用，农业机械化程度的不断提高，洞庭湖区村落从传统型农业生产向现代化农业生产转型的步伐正在加速，主张资源节约和环境友好的“两型农业”已经成为洞庭湖区村落经济转型与绿色发展的未来走向。

4. 政策制度变迁引致村落经济转型。外部性政治制度对村落经济的影响作用是巨大的，封建时期地主阶级土地所有制剥夺了农民对土地的所有权和使用权，大大打击了农民生产积极性，束缚了农业生产力，此时期推动洞庭湖区村落经济转型的更多的是自然因素、人口因素，如唐宋时期洞庭湖区拥有相对稳定的江湖关系，加上南迁人口大量涌入，湖区农业人口快速增长，自然因素和人口因素产生了正向叠加效应，水稻种植和渔业生产繁荣了洞庭湖区村落经济，鱼米经济因此成为洞庭湖区村落经济增长的主渠道。进入现代时期，随着封建土地制度迅速瓦解，中国新民主主义革命时期的土改制度让农民拥有了土地使用权，大大激发了农民生产积极性，农业生产力成倍增长。此时洞庭湖区出现了围垦高潮，大规模的围湖造田使洞庭湖区成为全国商品粮生产基地，同时也带来了生态负效应，破坏了湖区农业经济可持续发展的自然生态环境，于是国家出台了退田还湖政策，引导湖区村落经济适时转型。

二、洞庭湖区村落经济转型的考察建议

1. 在发展观念上，由单一经济理性向生态经济理性转型。在洞庭湖区村落经济快速增长的背后，湖区生态环境承受了巨大的压力，土壤污染、水污染、湿地萎缩等生态环境问题是摆在湖区人面前亟待解决的难题。“单一经济理性”引导人们只注重经济利益而无视生态利益，在外部经济负效应累积作用机制下，结果就使人类社会由“空的世界”转变成“满的世界”。[①]当前，洞庭湖区出现的生态环境危机是湖区人在经济活动中不遵循生态规律，片面追求经济效益而不重视生态效益的“单一经济理性”造成的恶果，是湖区自然生态呈现在人们眼前的一种“满的世界”，湖区人需要在这种“满的世界”中重新选择发展道路。遵循生态经济规律，实现由单一经济理性向生态经济理性的转型，这是洞庭湖区村落经济转型与绿色发展应该遵循的总方向。

生态经济理性引导人们对单一经济理性或非理性短视行为进行反思，关注经济社会与生态环境的和谐关系，探索资源循环利用、环境抗逆自净、人类与自然环境和谐共处的绿色发展道路。绿色发展是一种生态经济理性，是

① 赫尔曼·戴利．超越增长［M］．上海：上海译文出版社，2001：87

生态文明下以低消耗、低排放与高效率为特质的新型可持续发展道路，是人类社会面对全球经济危机、资源短缺危机和环境气候危机的必然选择。要让绿色发展理念成为引领洞庭湖区村落经济走向可持续发展的理论罗盘，有了这一罗盘的指引，洞庭湖区村落经济转型与绿色发展就有了正确的定位、正确的方向和正确的路径。绿色发展以生态理性的方式优化资源利用，引导选择可持续的生产与消费模式，在发展中倡导绿色、生态、低碳、循环的理念，改变以资源耗竭、环境污染支撑经济增长的发展方式，能够保障洞庭湖区村落经济社会行进在可持续发展的道路上。洞庭湖区村落经济要走好绿色发展新路，需要营造湖区绿色发展氛围，珍惜生态、崇尚绿色，推进湖区生产和生活方式绿色化转型，推动生态效益与经济效益双提升，不断提高洞庭湖区绿水青山的“含金量”，真正让绿色成为洞庭湖区村落经济转型发展的底色。

2. 在生产方式上，由粗放生产向集约生产转型。粗放式生产是指农业生产中把一定的生产资料和劳动分散地投放在较多的土地上，进行粗耕简作的农业经营方式。在这种农业经营方式中，主要的生产要素是劳动和土地，增加农作物总产量主要依靠增加劳动投入和扩大耕地面积，因而粗放式生产经营仅适应低下的农业生产力水平。虽然目前洞庭湖区仍是我国主要的商品粮食供给基地，但洞庭湖区的粮食生产方式依然较为粗放，湖区农业生产面临耕地和水资源双重约束的严峻局面。相关调查数据显示，洞庭湖区化肥施用量达20.8公斤/亩，是世界平均水平的4倍，洞庭湖区粮食生产依然没有摆脱“大农、大水、大肥”的粗放生产特征，高投入、高消耗、低产出的粗放式经营普遍存在，对土地等生产资料依赖程度高，这样的粗放发展方式直接导致洞庭湖区资源的过度消耗和湖区生态的日趋失衡，湖区农业生产的空间越来越小。洞庭湖区村落经济建设需要彻底摒弃掠夺性利用自然资源的方式，从过去单纯依靠增加物质生产要素投入转变为主要依靠增加科技含量，既重视经济发展，也重视资源、环境的保护，实现洞庭湖区农业生产体系的现代化。

破解当前洞庭湖区农业发展的瓶颈问题，关键在于尽快实现数量质量效益并重、注重农业技术创新、注重可持续的集约发展，需要走出一条产出高效、产品安全、资源节约、环境友好的湖区现代农业发展道路。农业科技创新是转变洞庭湖区农业增长方式的重要支撑，也是建设洞庭湖区现代农业的必然要求。当前，洞庭湖区农业生产的技术含量总体不高，政府需要在农业科技开发和技术推广上有所作为，为湖区农业生产和农民群众提供各种科技的公共服务，并以政策引导洞庭湖区农民因地制宜地走以市场为中心的适度规模经营的道路，通过集中连片、规模经营来降低农产品成本，依靠技术创新改变粗放生产模式来降低成本，提高农产品的竞争力，从根本上同步提升湖区农业生产的经济效益和生态效益。

3. 在人口因素上，促使传统农民向现代农民转型。农业现代化是农村现代化与农民现代化的统一。农民是农业现代化的主体，没有农民的现代化，就不可能实现农业现代化。农业现代化是洞庭湖区农业生产方式的未来走向，而现代农业需要完善的产业化体系，必须打破传统小农经济的生产经营模式，实现农业生产与经营的集约化、精细化、市场化。集约化农业要求洞庭湖区加快农业人口非农化和农村人口城市化的步伐，通过城镇化建设和户籍制度改革等举措拉动湖区农村人口向城市转移，以此破解湖区农业“过密化”的问题①。洞庭湖区村落经济要走现代农业之路，必然要求现代农业建设主体——农民由传统农民向现代农民转型，通过提高农民素质，使农民成为与现代农业发展要求相适应的新型职业农民。

培育新型职业农民对于提升洞庭湖区农村劳动力素质，解决农业生产效率低下的问题具有重要意义，是推进洞庭湖区现代农业转型升级的重要基础。首先，建立培育对象选择机制。过去那种“撒胡椒面式”的农民培训工作成效不高，应该增强职业农民培育的针对性，重点选择学习带动能力强的农业生产经营能手作为培育对象，如水产养殖大户、种养大户、家庭农场主、合作社带头人等新型农业经营主体，还有村干部、大学生村干部等管理型人才也应重点纳入培育范围，以示范带动作用推动洞庭湖区新型职业农民培育进程。其次，建立校地联合培育机制。由地方政府牵头建立新型职业农民的校地联合培育机制，政府出资，高校培养。一方面，充分发挥地方高校的人才培养优势，注重面向湖区农村培养新型职业农民；另一方面，湖区政府通过人才引进优惠政策，吸引更多掌握先进农业科技和理念的高校毕业生回乡创业。最后，建立新型职业农民培育激励机制。湖区地方政府应出台农民培训的补贴政策，将物质奖励与培育效果挂钩，注重增强精神层面的“职业激励”，以发放职业资格津贴、优秀学员奖励等代替直接培训补贴的方式提高农

① 过密化理论在中国社会经济史研究领域的提出，始于黄宗智教授 1985 年出版的《华北的小农经济与社会变迁》一书，在 1986 年的中文版中曾译为“内卷”。

民参训积极性。通过培训，打造一批爱农业、懂技术、善经营的新型职业农民队伍，助推洞庭湖区现代农业快速发展。

4．在政策制度安排上，由政策推动向制度诱导转型。政策对经济具有导向性作用，好的政策利于经济的发展，不好的政策会阻碍经济的发展。外部性政策制度对村落经济转型发展的作用是十分巨大的，但当外部性政策制度违背了村落经济发展节律，与湖区村落经济的内在规律相左时，此时外部性政治制度对村落经济的作用是负面的，即负向作用。在我国某些历史时期，某些农村经济政策是那种自上而下的推动型制度安排，缺乏政策执行并产生良好效益的底层基础。在这种制度安排过程中，政府是主动的，而农村基层农民是被动的，必然带来制度执行过程中的扭曲和走样，并且制度制订本身可能存在与农村经济社会发展不一致的问题。特别就洞庭湖区村落经济转型与绿色发展而言，相关制度设计与安排应紧密结合洞庭湖区村落经济发展的实情，紧紧围绕洞庭湖这一自然生态环境主题，从人湖和谐、江湖和谐的视角做好制度设计，避免重蹈人湖相分、江湖相悖的传统发展路径。各级政府应在深入调研影响洞庭湖区村落经济转型发展的各种关系、各种因素的基础上，切实把握湖区村落经济发展变化的内在规律，制定能够诱导洞庭湖区村落经济转型与绿色发展的具有正向作用的政策制度。

发展洞庭湖区村落现代农业，除了要突破传统农业观念的束缚外，还要实现农业政策制度、体制机制等方面的突破。政府要通过财政支农、税收减免、金融支农、价格支持等手段引导和激励洞庭湖区农业及关联产业主体，促进一、二、三产业融合发展，大力发展湖区休闲旅游观光、农业电商、绿色食品产业。洞庭湖生态经济区建设特别需要建立湖区生态农业发展的引导政策，通过生态补偿、绿色补贴政策、政府补助等多种经济支撑手段，支持湖区生态农业的快速发展，使其综合竞争能力不断增强。通过对湖区农业生态环境直接服务行为的补贴，如森林保护、植被养育、水土保持等方面的补贴，引导“两型农业”在洞庭湖区加快发展。通过对创造生态效益正外部性的经济主体的补贴，如植树造林、生物多样性保护、防范有害生物入侵等方面的补贴，实现经济主体的外部收益内部化，进而引导生态农业企业在洞庭湖区村落快速成长。通过对减少负外部性的经济主体的补贴，如畜禽养殖户采用沼气技术、农户减量使用农药或化肥等方面的补贴，能够激励生产者主动采用污染控制技术，引导有机生态农业在洞庭湖区村落快速发展。

第五章　洞庭湖区村落经济转型与绿色发展的现状、困境及动力

洞庭湖区是长江流域极为重要的调蓄滞洪区和长江中下游水域生态平衡的重要功能区，自然资源极为丰富，农业生产基础较好。洞庭湖区集中了湖南省近30%的耕地和基本农田，有14个商品粮基地县、3个商品棉基地县、8个水产基地县以及3个国家级基本农田保护示范区，是我国特大型商品粮基地。[①]洞庭湖区经济整体水平较高，工农业总产值和粮食总产量约占整个湖南省的1/3，湖区村落经济在全省经济中占有重要的地位，湖区农业生产为长株潭城市群发展提供了有力支撑，其转型发展水平直接影响长株潭“两型社会”的建设进程和整个洞庭湖生态经济区的建设水平。随着工业化进程日益加速，湖区人口密度不断加大，资源环境问题日益突出，洞庭湖区村落经济越来越面临着转型发展的巨大压力。由于长江上游水资源的过度开发和水电工程的大强度发展，洞庭湖与长江之间的生态平衡遭到破坏，湖区经济面临着“后三峡时代”的严重困境。“从现有中部区位经济布局来看，洞庭湖地区似乎已经成为一种典型的‘塌陷区’，处于‘两带’（珠三角、长三角经济带）和‘两区’（长株潭、武汉两型社会建设实验区）夹击和被‘边缘化’之中。”[②]为推动洞庭湖区村落经济的成功转型和快速发展，需要深入把握洞庭湖区村落经济转型与绿色发展的现状，科学分析洞庭湖区村落经济转型与绿色发展所面临的困境，全面激发洞庭湖区村落经济转型与绿色发展的动力。

① 根据 2016 年湖南省统计年鉴相关数据整理而得

② 李明贤 . 洞庭湖区现代农业示范区建设研究［M］. 经济科学出版社，2012（12）：3

第一节 洞庭湖区村落经济转型与绿色发展的现状

为深入了解洞庭湖区村落经济转型与绿色发展的现状，课题组以岳阳、常德、益阳三地区的湖区村落作为调查范围，采取访谈和问卷调查等形式，在岳阳、常德、益阳三地区各选取3个典型湖区村落，从每个典型湖区村落中随机选取100位村民作为调查对象，共计9个典型湖区村落的900位村民参与了本次调研活动。发放调查问卷900份，收回调查问卷892份，问卷回收率达99%，剔除不合格问卷，有效问卷为855份，有效率达95.85%，其中岳阳地区湖区村落297份，常德地区湖区村落272份，益阳地区湖区村落286份。[①]通过对调查数据的分类整理和统计分析，发现洞庭湖区村落经济转型与绿色发展过程中主要存在以下问题。

一、村落市场经济已开启，而程度不深

在市场经济大潮的推动下，洞庭湖区村民的市场经济意识已唤醒，湖区村落市场体系建设取得了一定的成绩，但仍处在较低水平。洞庭湖区村落市场组织欠缺，农民参与度不高，家庭小农经营限制了湖区村民的市场融入度，村民的市场经营能力欠缺，村民还没有真正成为农村市场经济的主体，湖区村落经济在一定程度上尚停留在自给自足的自然经济或简单交换的小商品经济阶段，湖区村落经济仍游离在市场经济边缘。

1．湖区村落市场体系建设滞后。受地理条件、经济发展水平和农村传统生产生活习惯等诸多因素的影响，洞庭湖区绝大多数村落基础设施规划布局和建设都比较落后，湖区村落市场体系建设相对滞后。调查发现（见表5–1），大多数洞庭湖区村落仍以马路市场和简易商铺为主，经营条件简陋，交易手段

① 此调查进行于2016年5月至2016年12月，主要参加者为严俊杰、黄正泉、贾先文、熊春林

落后，连锁经营、配送服务比例低。在回答“是否满意村落现有商业服务网点的供应和服务”时，选择“比较满意”的占19.91%，选择“基本满意”的占27.69%，这两项相加为47.6%，52.4%的问卷调查答案选择了“不满意”，说明村民对现有农村商业服务业网点的供应和服务尚处于不满意状态。洞庭湖区村落市场专业化水平较低，未能按照产业化的要求形成专业化的市场布局。“有场无市”和“有市无场”现象并存，市场聚集作用和引导生产的作用比较弱。同时，村落经济市场主体专业素质较低，农民合作经济组织发展缓慢，市场竞争能力亟待提高。目前洞庭湖区村落参加农村合作经济组织的农户为12.3%，与农业产业化龙头企业有直接联系的农户不到20%，真正的订单农业为18.5%。

表5–1　洞庭湖区村落经济市场化水平调查统计表（样本总数：855）

调查指标	问卷内容	问卷答案	样本数	比例（%）
村落市场体系建设水平	是否满意购物的方便程度	是	483	56.5
		否	372	43.5
	是否满意商品的质量	是	545	63.7
		否	310	36.3
	是否满意商品的价格	是	477	55.8
		否	378	44.2
	是否满意商业网点的服务	是	407	47.6
		否	448	52.4
农产品商品化水平	认为农产品主要是用来满足自家消费		663	77.6
	认为农产品主要是用来出售		192	22.4
农民组织化水平	是否加入农业合作社	是	105	12.3
		否	750	87.7
	认为农业合作社在农业生产中的作用很大		458	53.6
	认为农业合作社在农产品销售中的作用很大		571	66.8
村落市场流通水平	认为只需关注农业生产，不需关注农产品的销售		750	87.7
	是否满意农产品的出售价格	是	400	46.8
		否	455	53.2
	是否主动搜集市场需求信息	是	201	23.5
		否	654	76.5
	是否使用互联网推介与销售农产品	是	5	0.6
		否	850	99.4

2. 湖区村落市场秩序不规范。调查发现，洞庭湖区村落市场管理比较混乱，乱喊价、乱涨价、欺行霸市等现象时有发生。湖区村落市场假冒伪劣产品充斥严重，过期变质产品流通面广，抬级压价、食品安全问题也较为突出。36.3%的村民表示不满意村级商店商品的质量，农村市场假冒伪劣商品主要集中在食品类，82.34%的被调查者认为农村市场的食品类商品（含饮料、烟酒）有质量问题，有17.66%的村民认为假冒伪劣商品最多的是农业生产资料，假冒伪劣商品成为村落市场面临的突出问题。这表明，湖区村落市场秩序还不规范，监管缺失，制约了湖区村落市场的健康发展。

3. 湖区村落市场流通组织欠缺。洞庭湖区农民的市场流通意识缺乏，村民大多只关注农业生产环节，对于农产品的流通很少关注。调查显示，87.7%的村民认为"只需关注农业生产，不需关注农产品的流通"；76.5%的村民认为"不会主动搜集市场需求信息"，这种传统生产意识造成湖区农民的生产经营活动经常受制于市场流通渠道的主导者。调查发现，湖区村落农产品销售方式落后，选择"私商来家里收购"的占44.12%，"自己到城里销售"的占25.21%，"到农村集贸市场设点摆摊"的占23.32%，"根据购销合同交货"的仅占7.35%。以上调查数据表明，在农产品流通环节，洞庭湖区村落还没有通畅的农产品销售网络和规模化专业化的流通优势。由于湖区村落缺乏市场流通组织，农民处于农产品流通网络的起点，仅仅提供农产品，很少与购买方建立稳定的供销关系，导致湖区村民在市场交易中始终处于弱势地位，无法与市场洪流中的企业相抗衡。

4. 农民接受市场信息的渠道有限。洞庭湖区村落市场商品流通信息化建设尚处于起步阶段，农民接受市场信息的渠道十分有限，城乡信息差距明显，村落市场功能急需进一步完善。调查结果显示，50.35%的人认为获取市场信息的主要渠道是在与村里人交谈才知道的，33.25%的人是通过电视和广播了解市场信息的，11.2%的人是通过报纸杂志了解市场信息的，通过会议传达掌握农产品市场信息的占5.2%。以上调查数据说明，洞庭湖区农民获取市场信息的渠道狭窄，主要是通过口头交流和广播电视等传统渠道获取市场信息，村落市场信息链条不完善，成为湖区村落经济进一步市场化的一大障碍。

二、村落生产方式已渐变，而效率不高

随着市场经济的逐步开启，农业产业化步伐逐渐推进，洞庭湖区村落传

统的靠水吃水、围湖造田、涸泽而渔的粗放型生产方式正在逐渐发生着变化，由传统农业向现代农业转型发展。通过完善农村经营制度，创新农业生产经营体制，引导土地流转，洞庭湖区村落逐步迈入规模经营的集约生产阶段。根据岳阳市农村经营管理局统计数据，2016年全市农村土地承包经营权流转面积达258.2万亩，其中耕地流转面积为100.2万亩，约占总耕地面积的20%；林地流转面积为68万亩，占总林地面积805万亩的8.5%；养殖水面流转面积为80万亩，占总养殖水面面积113万亩的8.5%；荒地流转面积为10万亩，占总四荒地面积14.7万亩的68%。全市参与耕地流转的农户达25.2万户，占总农户数的25%。一方面，通过土地流转，实现了农业规模经营和生产效益增长；另一方面，通过流转土地，农民可放心务工经商，促进了农村劳动力向二、三产业的转移，增加了农民收入。湘阴县近三年通过流转土地转移新增劳动力2.1万人，其中向外转移1.68万人，就地转移0.42万人。岳阳县芭蕉扇业合作社带动张谷英、饶村等乡镇连片种楠竹，为2700多个农户转出土地2.4万亩，安排1600多个劳动力从事扇业加工。据估算，2016年，岳阳市通过土地流转为湖区村落带来近8亿元的产值。①

洞庭湖区村落生产方式虽在转变，但这种转变的步伐仍显缓慢，湖区村落经济还局限于小农经济形态，规模经营尚未形成气候，劳动生产效率还不高。洞庭湖区村落生产方式主要是以农户为基础的“自耕农体制”，但这一生产体制显然不适应现代农业的集约化生产要求。近年来，洞庭湖区村落土地流转工作虽取得一定的成效，但仍然不能跟上现代农业和农业产业化发展的步伐，土地的规模化、集约化程度不高，且湖区农户缺乏参与产业化合作经营的积极性，湖区农业产业化还处于起步阶段，传统的以家庭为基本单位的农业生产方式仍然占主要地位。调查显示，87.55%的湖区村民认为“耕作自家承包的土地，没有通过土地流转形成规模经营”，只有12.45%的湖区村民实现了“土地流转，规模经营”。以常德市为例，根据常德市农村经营管理局的数据，截至2016年底，全市农村土地流转面积72.65万亩，占耕地总面积的11.5%，涉及农户23.1万户，占农户总数的18.15%。在流转耕地面积中，通过转包形式流转土地的面积为32.02万亩，占土地流转面积的44.08%；通过租赁流转土地的面积为23.39万亩，占32.19%；通过转让流转土地的面积为5.46万

① 数据来源于 2016 年岳阳市农村经营管理局

亩，占7.51%；通过互换流转土地的面积为4.49万亩，占6.18%；通过入股流转土地的面积为0.86万亩，占1.18%；其他形式的为6.44万亩，占8.86%。以上数据说明洞庭湖区村落生产方式的集约化程度还不高，绝大多数湖区农业生产仍然遵循着年复一年的自然季节规律，湖区农民从事的主要是一种“靠天吃饭”的劳作。湖区农业生产囿于自耕农体制，无法形成规模经营，湖区农业机械装备水平较低，农业生产目前仍然主要依靠传统的生产工具，特别是田间作业机械动力仅占农机总动力的15%，湖区农业生产“过密化”问题比较严重。

三、村民消费观念已超前，而能力有限

随着社会整体消费水平的提高，尽管受其本身经济条件的制约，洞庭湖区农民的消费观念在发生变化，消费水平也在提高。调查发现，湖区村民消费观念正在超前，在所有接受调查的农户中，认为住房面积越大越好的有705人，占总数的82.5%；村民住房面积在100m^{2}以下的仅占5.6%，100m^{2}至200m^{2}占24.4%，200m^{2}至300m^{2}占28.7%，300m^{2}至400m^{2}占33.1%，400m^{2}以上占8.2%（见图5-1）。

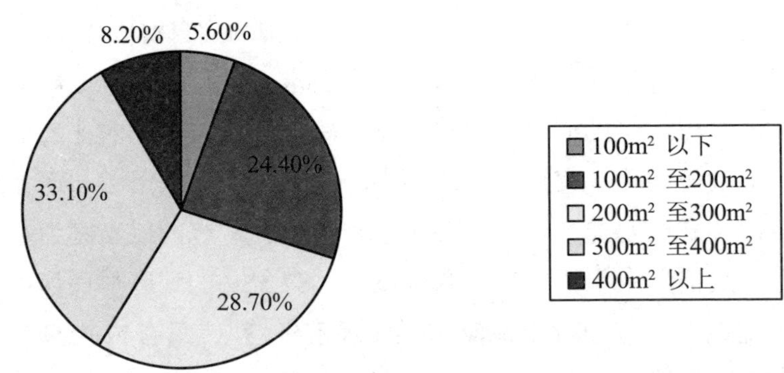

图5-1　洞庭湖区村民住房面积调查情况

洞庭湖区农民住房的占地面积很大，但真正利用起来的反倒有限，农民住房的利用率为63.3%，有近三成的房间被闲置，这是一笔很大的浪费，既是农民生产资金的浪费，也是农村土地的浪费。随着城市化的不断推进，湖区村民的消费观念也在受城市居民消费观念的影响，调查中有26%的村民赞同“超前

消费”，有37%的村民认为“不会把钱存入银行，应该改善生活质量”，甚至有11%的村民考虑“贷款买车”。与湖区村落传统农民节俭过度、消费不足相比较，现代湖区村民的消费观念已大为转变，超前消费意识增强。据湖南省统计局数据，洞庭湖区GDP占全省的17.3%，2016年，洞庭湖区的岳阳、常德、益阳三市农村居民人均纯收入为13097元，较上年增长8.5%；以上三市农村居民人均消费支出12106元，较上年增长10.6%。[①]其中，岳阳市农村居民人均可支配收入最高，为13119元，比上年增长8.5%，农村居民人均消费支出12050元，较上年增长11.0%。[②]洞庭湖区农村居民恩格尔系数为37%，人均住房面积42.14平方米，同比增加1.24平方米。平均每百户农户家庭拥有彩色电视机88.2台，电话机56台，移动电话128.3台。[③]其中，益阳市农村居民恩格尔系数为45.7%。平均每百户家庭拥有彩色电视机105台，洗衣机68台，电冰箱47台，摩托车50台，移动电话155台，分别比上年增加5台、5台、12台、3台和28台。[④]

农村市场的活跃程度取决于农民购买力水平。洞庭湖区村民消费的整体水平处于上升趋势，但湖区村民的消费能力还有限，相比较城市居民来说，洞庭湖区村民年均收入水平还偏低，且收入来源较少，这在较大程度上影响了洞庭湖区农民的消费层次和消费质量。在接受调查的855位洞庭湖区村民中，年纯收入在30000元以上的仅有22人，占2.57%；年纯收入在20000~30000元之间的有151人，占17.7%；年纯收入在20000~10000元之间的有576人，占67.4%；年纯收入在10000元以下的有106人，占12.33%。洞庭湖区农业现代化程度不高，农民增收比较困难。2016年洞庭湖区农民人均纯收入13097元，虽然比全省平均水平11041元要高，但相比同期长株潭地区农民人均收入的19648元则要低得多。[⑤]

---

① 根据 2016 年岳阳市、常德市和益阳市的国民经济和社会发展统计公报的相关数据整理而得

② 数据来源于《岳阳市 2016 年国民经济和社会发展统计公报》

③ 根据 2016 年岳阳市、常德市和益阳市的国民经济和社会发展统计公报的相关数据整理而得

④ 数据来源于《益阳市 2016 年国民经济和社会发展统计公报》

⑤ 根据 2016 年长沙、株洲、湘潭、岳阳、常德和益阳六市的国民经济和社会发展统计公报的相关数据整理而得

四、村落集体经济已复苏，而力量薄弱

村级集体经济是村级组织的重要物质基础，是村级组织有效发挥职能作用的前提和保障。村集体经济实力强大就有能力改善村级农业基础设施、发展农村文教卫生和社会保障等社会事业，村落集体经济的转型发展对于壮大了村落集体资产，保证村落集体经济组织功能的发挥起着至关重要的作用。近年来，洞庭湖区农村乡镇企业发展较快，特别是一些涉农企业取得了快速发展，在湖南省382家省级农业产业化龙头企业中，洞庭湖区占了115家；39家国家重点农业产业化龙头企业中，洞庭湖区占了11家；湖南省5家总资产在10亿元以上的上市龙头企业（泰格林纸集团、正虹科技、金健米业、洞庭水殖、亚华种业）全部在洞庭湖区。仅岳阳市规模以上农产品加工企业就达到368家，年产值过亿元的有57家，市级以上农业产业化龙头企业发展到221家，其中国家级企业2家，省级企业23家，市级企业196家。①但是以上农业企业的经济活动触角尚未延伸至湖区村级经济层面，洞庭湖区村落集体经济力量还比较薄弱。

益阳市地处洞庭湖平原北部，是具有代表性的湖区农业经济区，可以通过分析益阳市村落集体经济现状来掌握洞庭湖区村落集体经济存在的主要问题。透过2011~2016年益阳市村级集体经济数据（见表5-2、表5-3、表5-4），可以看出益阳市村级集体经济主要存在以下三方面的问题。一是村级集体经济发展不平衡。益阳市村级集体经济不平衡的问题比较突出，2016年实现了经营收益的村只有485个，有1301个村当年没有任何经营收益，村级集体经济可用收入10万元以上的村只有66个。二是收入渠道萎缩、支出负担日益加重。随着资源环境制约加深，一些依靠消耗资源的村落经营收入渠道逐渐退出，村级集体经济发展的空间在萎缩。而一些应由财政承担的公共管理和服务支出尚未统筹，村集体配套投入多，村级刚性支出逐年增加、负担日益加重。2016年益阳市村集体总支出2.56亿元，比2011年增加0.90亿元，年均增长11.2%。三是经营性资产减少。耕地已经发包到了农户；山林也已确权到户；荒芜的村集体茶厂、村办企业及其空坪隙地、撤并了的村级学校等，在偿还村级债务或并村并组中多已贱卖；湖区村的鱼塘水面大多由村民承包，但有

---

① 吴谪．岳阳农业产业化企业发展势头强劲［N］．岳阳晚报，2011-03-14

承包费用因拖欠等原因未真正进入村级集体经济。四是消赤减债困难。针对益阳沅江市草尾镇、资阳区新桥河镇、赫山区八字哨镇14个村的随机调查发现，村级集体平均负债达93.9万元。其中，因为垫付以前“五统三提”等税费而引起的村级集体负债占50%左右，个别村占80%，但相关政策规定以上费用不能再向农民收取，村集体的负债无法偿还。另外，中央有文件规定，对于普级九年义务教育检查达标的村落，以中央财政补贴形式消除村集体经济赤字，各级财政跟进，但消赤效果并不理想。如沅江市草尾镇新民村，该村上报“普九”债务为72万元，上级财政第一次核减36万元，第二次核减18万元，最后到村级集体账上的只有8万元，无法解决该村集体经济的赤字问题。

表5–2　2011~2016年益阳市村级集体经济收入明细表（单位：万元）①

年度	总收入	经营收入	发包及上交收入	投资收益	上级拨款收入	其他收入
2011	29520.20	2626.76	3554.72	438.35	11068.98	11831.39
2012	30134.32	2756.26	3577.04	226.26	12156.55	11418.21
2013	32667.75	3365.44	4784.04	544.84	12564.08	11409.35
2014	33278.37	4663.22	4839.55	557.12	13165.02	10053.46
2015	35652.27	5575.35	6735.19	634.57	13278.65	10428.51
2016	38755.58	6527.85	7345.35	778.33	13556.75	10547.30

表5–3　2011~2016年益阳市村级集体经济支出明细表（单位：万元）②

年度	总支出	经营支出	管理费	社会性福利事业支出	其他支出
2011	25609.65	1649.60	8485.77	241.39	15232.89
2012	26745.85	1832.65	8886.89	357.85	15668.46
2013	27342.44	1955.07	8232.50	379.51	16775.33
2014	27565.35	2105.77	8215.76	384.57	16859.25
2015	28345.85	2258.06	8216.04	405.39	17466.36
2016	29482.69	2597.38	8657.91	551.85	17675.55

① 表中数据来源于湖南省益阳市农村经济经营管理局

② 表中数据部分来源于湖南省益阳市农村经济经营管理局的统计数据，部分来源于课题组的调研数据

表5-4　2011~2016年益阳市村级集体资产及负债情况表（单位：万元）[①]

年度	总资产	经营性固定资产原值	所有者权益	负债	流动负债	长期负债
2011	200081.81	95652.78	58422.95	141658.86	123771.13	17887.73
2012	201256.36	96577.35	56368.86	144887.5	124532.46	20355.04
2013	203742.57	98231.25	60331.38	143411.19	123658.78	19752.41
2014	206548.27	99631.57	61421.73	145126.54	122372.75	22753.79
2015	208856.38	113565.24	62368.58	146487.8	124539.65	21948.15
2016	211253.55	128721.35	65473.34	145780.21	124732.5	21047.71

五、村民生态意识已觉醒，而环保不力

在频发的自然灾害教训下，在环保知识普及和大力宣传下，洞庭湖区村民已有初步的生态环境保护意识，逐渐懂得："保护洞庭湖就是保护自己的家园。"针对湖区农民关于生态环保意识的调查显示（见图5-2），湖区农民对生态文明知识的知晓程度较高，知晓率为76.8%；对生态文明的概念和两型社会建设，知晓率分别占63.5%和72.7%，有52.3%的村民知道"两型社会"的具体含义；有76.6%的湖区村民认为"保护洞庭湖就是保护自己的家园"，70.5%的村民赞同"退田还湖"，61.4%的湖区村民懂得"保护洞庭湖区湿地的意义"，68.6%的湖区村民意识到"农药、化肥对洞庭湖水体污染的严重性"，湖区村民对绿色产品和白色污染的概念以及废电池污染的危害，知晓率分别占71.8%、65.3%和66.8%。然而，在经济利益的驱使下，货币收入最大化的思想再次战胜业已觉醒的生态保护意识。洞庭湖区村民普遍缺乏长远利益观，只看重经济效益，不看重生态效益，因蒙蔽于眼前经济利益，在环保参与、投入方面积极性不高，生产生活污染对洞庭湖生态系统仍然造成严重破坏。不合理使用农药、农膜等化学品的现象还比较普遍，造成湖区水质和土壤污染。绿色农业和两型农业的生产方式尚未在湖区农业生产中得到有效贯彻，目前洞庭湖区达到国际标准的绿色食品只占10%。加上村民多年来形成的传统生活习惯难以改变，如乱倒生活污水、垃圾，使用敞口厕所，燃烧木材燃料

① 表中数据部分来源于湖南省益阳市农村经济经营管理局的统计数据，部分来源于课题组的调研数据

等生活习惯给湖区造成的污染也不容小视。据调查，有超过80%的村民认为“生活污水可直接排放到河流湖泊”，超过70%的湖区村落没有污水、垃圾处理设施，生产生活废弃物乱堆乱倒的现象比较普遍，家禽粪便没有得到合理的处理。

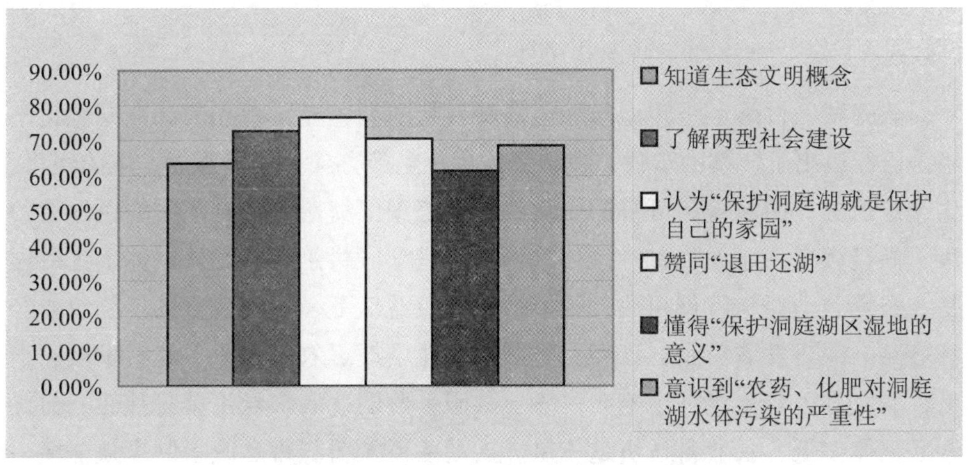

图5-2　洞庭湖区村民生态环保意识调查情况

洞庭湖区村落农业现代化基础还比较薄弱，“两型农业”建设尚处于起步阶段，还只是政府规划、引导阶段，没有在建设主体——农民这个层面得到普遍落实。同时，仅仅把“两型农业”当作一项农业生态环境保护的具体措施，只是在传统农业的基础上增加了一些环保内容的工作，并没有从可持续发展的科学观出发予以统筹规划。洞庭湖区村落的计划经济色彩还很浓厚，“两型农业”的生产销售与市场经济的供需规律难以结合，没有通过市场这只“手”来引导和调节，没有真正调动起农民参与“两型农业”建设的积极性，没有建立起与市场经济发展相匹配的现代化农业生态经济体系。目前，洞庭湖区农业的发展以种植业为核心，与其他部门之间的产业耦合程度不够，局限于小规模基于“食物链”原理发展的生态农业，没有形成大规模产业化的现代湖区农业生产和经营模式。

第二节　洞庭湖区村落经济转型与绿色发展的困境

洞庭湖区村落经济转型与绿色发展现状的调查显示，当前洞庭湖区村落经济已经迈出了转型的步伐，在市场体系、生产方式、消费观念、集体经济、生态意识等方面取得了可喜的变化，但洞庭湖区村落经济转型与绿色发展的步子尚显缓慢，还面临着一系列难题。洞庭湖区村落经济发展总体上走的还是一条资源消耗、管理粗放、规模散小、效益低下、污染较重的传统农业经济之路，缺乏发展后劲，已经严重制约农业增产、农民增收、农村发展。当前，洞庭湖区村落经济正陷入村落公共服务薄弱、农户经济单打独斗、村民素质整体偏低、农业科技贡献不足、人湖关系矛盾频现和政策制度缺漏滞后的转型发展困境，跳出了“黄宗羲定律”[①]的湖区农村面临着新的发展困境。

一、村落公共服务薄弱

农村公共服务主要是指在村落范围内为满足农民公共需要的产品和服务，具体包括基础设施、教育医疗、公共安全、环境保护等方面的内容。目前洞庭湖区村落公共服务事业整体还很薄弱。

第一，村落基础设施薄弱。洞庭湖区村落道路建设虽然略高于全省水平，但仍没有形成完善的村落路网，还存在村级断头路、城乡公路网脱节、农村客运班车欠缺等问题。调查发现，由于没有建立健全村级公路的管理养护机制，一些村级公路修建、硬化和养护成为难题，村级道路不畅造成村落经济不畅，有65.7%的村民认为“村级道路不畅的问题是制约村落经济快速发展的

① 此概念系秦晖总结而提出，是指黄宗羲对传统赋税制度“三害”的解释：“田土无等第之害，所税非所出之害，积重难返之害。”即土地不分好坏统一征税；农民种粮食却要等生产的产品卖了之后用货币交税，中间受商人的层层盘剥：税赋改革一次，税就加重一次。载于《凤凰周刊》2005 年第 29 期，总第 198 期。

主要原因”。洞庭湖区农田基本水利设施仍显落后，一般蓄洪垸堤安全设施建设滞后，遇到分蓄洪水时就会出现启用困难的问题。因基础设施薄弱导致农业综合生产能力不高，抗灾御灾减灾能力不强，还不能从根本上改变“靠天吃饭”的局面，稍遇灾害就有可能导致减产减收，洞庭湖区农业生产风险较大，对湖区农业持续发展和农产品稳定供给不利。

第二，村落医疗教育事业薄弱。“看病难”“因病致贫”等问题依然是困扰洞庭湖区村落经济社会转型发展的瓶颈问题。虽然新型农村合作医疗制度（简称“新农合”）已经在洞庭湖区农村基本实现了全覆盖，但农民在“新农合”中享受的报销范围和幅度并不大，现在生病住院的费用动辄几千甚至上万元，而“新农合”能够给予参保农民报销的费用远不及医疗开支，加上新型合作医疗以大病统筹为主，小病仍然得农民自己承担，不断增长的医疗费成为农民的一个沉重负担。调查发现，对于农村贫困家庭来说，农民低薄的收入只能维持养家糊口，遇到疾病只能“小病磨、大病拖”，实在坚持不下去则靠东借西凑，变卖粮食或牲畜来支付医药费，以致债台高筑，造成“一人得病，全家返贫”。从“医疗服务的距离可及性”调查数据显示，住户家庭与最近的医疗机构之间的距离差异也能体现出医疗服务设施的可及性程度。调查显示，洞庭湖区村落居民对现有医疗条件的满意度为17.68%，而城镇居民对现有医疗条件的满意度高达61.34%，两者相差43.66个百分点。“医疗服务水平低、看病贵”是农村医疗服务最突出的问题。调查发现（见表5–5），有70.8%的村民认为“医疗费太高”；42.7%的村民认为“当地医疗水平太低”；有31%和28.6%的农民是由于“医疗费不报销”和“看病不方便”而放弃就诊；还有17.3%的村民认为“当地医生水平差”。

表5–5　得病后未去医院看病的原因

	当地医疗水平太低	医疗费太高	医疗费没有报销	当地医生水平差	看病不方便	其他
比例（%）	42.7	70.8	31	17.3	28.6	4.5

相对于城市来说，农村的教育事业差距明显，相关资料表明：“在国家重点高校，农村家庭的学生较城市家庭出身的学生而言少得多。并且在教育

资源和教育质量相对较弱的地区性高校中农村家庭出身的学生比较集中。”[①]这一现象同样比较普遍地存在于洞庭湖区村落之中。调查显示，湖区村民对农村义务教育现状的满意度为44.5%，但仍有44.7%的农民选择不满意（见表5–6）。调查发现，认为农村学校教育教学质量差的占42.3%，认为农村学校师资水平低的占28.6%，优秀教师的流失、农村基础教学设施落后是造成农村教学质量不高的主要原因。此外，“学校离家远”（12.6%）与“上学花费太多”（13.3%）也是农村义务教育所面临的比较突出的问题（见表5–7）。

表5–6　农民对农村义务教育现状满意度的调查

	非常满意	较满意	不满意	非常不满意	说不清楚
比例（%）	3.2	41.3	39.2	5.5	10.7

表5–7　农村义务教育中存在的突出问题

	教学条件差	教师素质差	学校离家太远	上学花费太多	其他
比例（%）	42.3	28.6	12.6	13.5	3.2

第三，村落社会保障事业薄弱。虽然洞庭湖区村落的新型农村养老保险制度（简称“新农保”）参保率达95%，基本实现了全覆盖，“新农保”在一定程度上提高了洞庭湖区农村的社会保障水平，但并没有从根本上改变湖区农村居民的养老困境。一方面，家庭养老仍然是洞庭湖区农村的主要养老方式；另一方面，湖区农民离开家乡外出务工，家庭结构趋向小型化，仅仅依靠家庭养老已经难以满足社会发展的需要。特别是“留守老人”“留守儿童”等问题成为影响洞庭湖区农村社会保障事业向前发展的掣肘。调查显示，洞庭湖区农村人口老龄化问题较为突出，60岁以上人口占14%，65岁以上人口占9.2%。其中，属于“留守老人”（子女不在身边）占60岁以上人口的72.8%；“留守儿童”占在校学生数的65.5%。湖区村落“留守老人”面临着诸多困难亟待解决：一是亲情缺失，精神孤独。由于子女都外出务工，家庭出现“空巢”，“留守老人”缺少了亲情的安慰和生活照料，尤其是“空巢老人”大多

① 董美英．教育机会均等视阈下重点高校大学生来源的历史研究［D］．华东师范大学，博士论文，2010：23

数过着“出门一把锁，进门一盏灯”的寂寞生活。二是抚养孙辈，负担沉重。大多数外出务工人员都将子女留在农村父母身边，由父母看护小孩，带子女上学。“留守老人”担负着既要照顾孙辈的生活起居，又要做好小孩的家庭教育，这是一种双重压力。三是老弱多病，无人照料。由于子女不在身边，老人生病时更显得孤独无助，如遇意外，更是束手无策。湖区村落“留守儿童”同样存在着很多问题：一是家庭教育缺失。因年轻父母均外出打工，“留守儿童”的教育重担就压在老人的肩上，但农村老人无法在心理、学业、思想道德上教育好小孩。二是情感需求难以满足。父母常年在外，留守儿童与父母之间相处的时间很少，亲子之间缺乏沟通交流的机会，小孩的情感需求难以满足，甚至造成对父母感情淡漠的问题。三是心理问题逐步显现。留守儿童长期与父母分离，生理和心理得不到健康成长，留守儿童中性格内向的比例要明显高于非留守儿童，他们通常表现出焦虑、紧张、软弱等性格特征。由于孩子正处在人生观和价值观形成的关键时期，没有家长的正确引导，容易引起留守儿童感情脆弱、自暴自弃、缺乏自信、悲观消极、抑郁、恐惧等心理问题。

第四，村落公共安全服务薄弱。针对洞庭湖区村落治安环境的抽样调查表明，村民对村落治安环境的满意度仅为47.36%[①]，农村因建房、划界、争地址、争房基的民事纠纷仍时有发生，轻则相互谩骂，纠缠不休；重则相互殴斗，伤及人身，以致激化为伤害刑事案件。调查发现（见表5-8），在“与前两年相比，你认为身边纠纷是多了还是少了？”这项调查中，认为“多了”的占57%；村落民事纠纷年均达237起，刑事案件年均发生13起，几乎每月就有1起。以上数据说明处于转型时期的洞庭湖区村落社会问题还比较突出，一些诸如偷盗、赌博等社会不稳定因素时有滋长，农村治安问题形势严峻，各种形式的犯罪严重威胁村民的人身财产安全。有51.38%的村民认为“缺少民事纠纷的调解途径”，67.74%的村民认为“缺乏治安保障力量”，说明当前村落公共安全服务还很薄弱，不能为村落经济走上转型发展的快车道保驾护航。

---

① 数据来源于课题组在岳阳、常德和益阳三市六县所辖的 22 个湖区村落的相关调查

表5-8 洞庭湖区村落公共安全调查统计表（样本数：855）①

问卷内容	样本数	比例（%）
满意当前居住的社会环境	335	39.23
不满意当前居住的社会环境	520	60.77
认为偷盗等社会治安问题严重	661	77.32
参与过打牌赌博	712	83.24
认为缺少民事纠纷的调解途径	439	51.38
认为缺乏治安保障力量	579	67.74

第五，村落生态环保设施薄弱。随着洞庭湖区村落经济社会的发展以及新农村建设的深入推进，湖区农村的面貌有了巨大改观。然而，与明显改善的湖区村民生活相比，湖区农村的生态环境仍不尽人意。洞庭湖区农村环境的改善，特别是环境基础设施的建设和运转维护，需要大量的资金投入，而目前此项投入严重不足。一是村落环境综合治理资金投入不足，缺少应有的环卫设施。调查发现，每个湖区乡镇平均每年的村级公共维护经费仅2.5万元左右，使用范围是村级公共基础设施维修，仅能满足村级公路维修费用，基本没有资金投入在环境卫生整治上。在湖区新农村建设中，许多村落对建设新房非常重视，而对配套修建垃圾污水处理设施却不以为然。部分湖区村落没有垃圾处理场所，大量的生活垃圾未得到集中处理，而是被随意堆放在村落的路边、沟渠，既污染水源，又影响村容村貌。据统计，目前洞庭湖区农村人均生活垃圾产生量每年为460公斤，需要处理的生活垃圾总量年均约为五百万吨，并有逐步增加趋势。一些村落因随意乱排污水、乱倒垃圾、人畜粪便直排导致河流、水塘和饮用水源受到污染，成为当前影响湖区农村环境的重要污染源。二是村落公共设施建设滞后，缺少统一规划。尽管村民懂得村庄规划的重要性，但因村级集体经济无法承担村庄规划经费，有85%的洞庭湖区村庄建设没有规划。②由于村庄建设缺少统一的规划，农民建房的随意性很大，农民住房疏疏落落地遍布于村庄的每个角落，农民居住的分散性给农村公共设施建设带来了诸多不便。部分湖区村落没有将畜禽粪便和垃圾集中堆放场地等环卫基础设施纳入建设规划，因生活垃圾、畜禽粪便等乱堆乱

① 数据来源于课题组在岳阳、常德和益阳三市六县所辖的22个湖区村落的相关调查

② 数据来源于课题组在岳阳、常德和益阳三市六县所辖的22个湖区村落的相关调查

放，造成湖区村落环境颇受污染。三是村落基础建设不平衡，缺少村级公共设施需求反应机制。调查发现，洞庭湖区农村基础设施投入差距较大，村落基础设施和公共服务设施建设不平衡。在新农村建设过程中，某些湖区村落出现了“会哭的孩子有奶吃”的现象，如果村级领导班子人脉更广，就能争取到更多的建设资金。与此相反，一些村落就存在较大基础设施建设的资金缺口。许多农民迫切需要解决的公共设施问题由于诉求渠道的匮乏，一些必需的村落公共设施建设得不到上级政府的支持。调查显示，有63%的洞庭湖区村落都配置了垃圾桶，修建了垃圾池，配备了垃圾清运车辆，村落面貌焕然一新，但仍有37%的村落缺乏必需的垃圾清运车辆，①因运转和维护不到位，生活垃圾绝大部分未能实现无害化处理，农村垃圾污水恶臭现象依然存在。这种随意性较大的资源配置方式造成洞庭湖区村落基础建设的不均衡，不利于湖区村落生态环境的系统性建设与保护。

第六，村落信息化服务薄弱。信息化是现代农业发展的第一推动力，电子商务平台已成为现代农民获取市场资讯和销售产品的一种重要渠道。但对于多数洞庭湖区农民来说，实现农产品的网络市场营销还是一个比较遥远的梦想。调查显示，洞庭湖区农村信息化基础设施还比较落后，宽带入户率偏低，村落信息化综合应用平台匮乏。抽样调查显示，在855位村民中仅有26人表示“家中接通互联网”，占3.04%；只有19人表示“利用网络平台销售农产品”，占2.22%。②洞庭湖区农村信息化基础设施建设滞后，导致湖区城乡间存在着巨大的“信息沟”，也成为湖区村落经济联通外部市场的一道“鸿沟”，更是湖区村落经济顺利实现转型发展的“瓶颈”。

二、农户经济单打独斗

当前洞庭湖区村落经济仍以农户经济为主，是以农村家庭为单位组织生产的小农经济形态。洞庭湖区村落农业经营方式是一家一户的小规模经营，以家庭为单位的分散经营生产方式，无论是经营规模、经营手段或经营方式都处于传统小农经济阶段，与市场经济相差甚远。据洞庭湖区岳阳、常德和益阳三市农村经营管理局的相关统计数据显示，截至2015年底，常德市农村

① 数据来源于课题组在岳阳、常德和益阳三市六县所辖的 22 个湖区村落的相关调查

② 数据来源于课题组在岳阳、常德和益阳三市六县所辖的 22 个湖区村落的相关调查

土地流转面积72.65万亩，占耕地总面积的11.5%，涉及农户23.1万户，占农户总数的18.15%；岳阳市农村土地承包经营权流转面积258.2万亩，其中耕地流转面积100.2万亩，约占总耕地面积的20%，全市参与耕地流转的农户16.2万户，占总农户数的16%；益阳市农村共流转土地269万亩，其中耕地流转面积168万亩，占全市农村承包耕地总面积的43.4%，涉及农户32万户，占总农户数的32.5%。从以上数据得知，岳阳、常德地区村落农户参与土地流转的比例均低于20%，虽然益阳地区村落农户参与土地流转达比例超过了30%，但从整个湖区村落来看，尚有接近80%的农户没有参与土地流转，湖区村落农户还是一家一户单打独斗的经营状态，近80%的农田仍处于分散经营中，没有形成规模经营。

到2016年底，湖南省登记注册的农民合作社总数6.44万个，其中，农业普查登记的以农业生产经营或服务为主的农民合作社3.06万个；1295.60万农业经营户，其中，12.21万规模农业经营户。①洞庭湖区农民专业合作社实有入社农户为60多万户，约占农户总数的19%。②近年来，虽然农民合作组织在洞庭湖区村落有较快的发展，但在农业组织化经营中还存在着一些问题。当前一些农民创办合作社的目的仅仅是为了套取国家补助资金，没有组织成员开展真正的农业生产经营活动，合而不作，没有真正起到组织化规模经营的目的和效果。这些专业合作社对农民的服务，最好的也仅止于集中供种、统一收购和提供一定的技术支持，还没有专业合作社能为农民提供会计核算和分析农产品产销行情等服务。多数农户的生产经营处于自发状态，得不到产前、产中、产后服务，千家万户的小生产难于与千变万化的大市场连接，小农式的农业生产经营风险大效益低。洞庭湖区村落农业呈现出资金分散、土地分散、生产资料分散、劳动力分散的状况，而资金、土地、生产资料、劳动力都是经济发展的要素，经济要素分散导致生产效率低下。小规模经营状况不利于专业化的分工，社会化服务体系不健全，单个农户与市场对接难等问题，这些增加了洞庭湖区农业发展方式转变的难度。

---

① 湖南省统计局 . 湖南省第三次全国农业普查主要数据公报（第一号）［EB/OL］. 湖南统计信息网，2018-04-08 http://www.hntj.gov.cn/tjfx/tjgb/nypc/201804/t20180404_4984594.html

② 根据岳阳市、常德市和益阳市农村经营管理局的相关统计数据整理而得

三、农民素质整体偏低

农民是农业生产的主要承担者，是村落经济转型发展的主要依靠力量。近年来，洞庭湖区农村人口受教育程度有了较大的提升，但整体素质远远跟不上时代发展的需要，这是阻碍湖区农业快速发展的重要因素。

1. 湖区农民科技素质不高。洞庭湖区农民的文化素质和科技意识普遍不高，且缺乏现代生产生活所必需的知识。以益阳地区为例，益阳市湖区农村劳动力超过120万人，劳动人口数量庞大，但农民的科技文化素质较低。初中及初中以下文化程度的占到78%以上，高中以上文化程度的仅占7.1%，平均受教育年限不到9年，受过专业技术培训的不到三成，低素质劳动力大多缺乏技能，创业意识不强，转移就业面窄，是阻碍村落经济转型发展的“瓶颈”。[①] 湖区农民科技素质与现代农业要求还有一定的差距，科技意识淡薄，没有经过现代农业科技知识的教育学习和培训，绝大多数农户主要是通过先辈的经验传授等方式掌握和运用传统农业生产技术，农民接受职业技能的教育学习和培训还很欠缺，如益阳市2015年受过专业技能培训的农民仅20%。缺乏职业技能的农民难以从事技术含量高、经济效益好的农业生产项目，制约了整个洞庭湖区农业科技成果转化率和农业生产力的提升以及农业增长方式的转变。

2. 湖区农民经营管理素质不高。现代农业是运用现代科学技术，根据现代工业提供的生产资料进行科学合理管理的社会化农业方式。在现代农业体系中，传统的人畜劳动被现代技术性能优良的农业机器所取代，农业生产过程同加工、销售紧密联系，实现农工商一体化。因此，现代农业要求农民既要懂生产又要善经营，现代农民应该拥有市场大环境的眼光和一定的农产品经营管理能力。随着社会主义市场经济体制的建立和完善，洞庭湖区农民的经营管理意识，包括价格意识、质量意识、成本意识、创业意识等不断增强，但是大多数农民没有接受过有关农业经营管理的教育或培训，其市场主体意识、经营管理能力等有待提高。调查显示，有85%的村民表示“不懂经营管理”；有52%的村民表示“因不善管理导致创业失败”。洞庭湖区农民的经营

---

① 益阳市统计局 . 益阳洞庭湖生态经济区产业发展分析［EB/OL］. 湖南统计信息网，2015-07-17

管理意识普遍还比较淡薄，对市场经济发展大环境的适应能力较差，缺乏对各种资源进行合理配置的能力，导致农产品销售面狭窄，经济利益缩水。

3．湖区农民的培训教育欠缺。洞庭湖区现代农业的发展和村落经济的转型需要大量“懂技术、善经营”的新型职业农民，但目前洞庭湖区农民整体素质还不适应现代化的农业生产和市场化的经营管理，服务于提升农民素质的教育与培训还很欠缺。调查发现，洞庭湖区农民初中以下文化程度的占78%以上，农民既缺少务农技能，又缺少外出务工技能。农民参与培训的比例仅为7%，大部分农民没接受过任何教育培训；有33%的农民认为“不需要接受专门的培训和系统的学习”，有接近60%的农民认为“没时间或没钱学”，更多的是希望得到免费培训。认识不足和经费不足是制约洞庭湖区农民培训学习积极性的主要原因。因缺乏必要的教育培训，大部分洞庭湖区农民还是依赖传统的生产与经营方式，劳动生产率不高，经营效率低，成为洞庭湖区村落经济转型与绿色发展的最大障碍。

四、农业科技贡献不足

农业科技创新是农业现代化的需要，是实现农业持续稳定发展和保障农产品有效供给的需要，是突破农业资源环境约束的必然选择。洞庭湖区村落经济转型与绿色发展的根本出路在于农业科技，农业科技创新能够有效地推动村落农业生产结构的调整和村落经济增长方式的转型。近年来，随着农业科技领域的投入不断增加，洞庭湖区农业科技水平有了较大提升，但农业科学技术推广普及应用率较低，农业科技贡献率不高，这主要体现在农业科技成果的转化率低等方面，已有的农业科技成果没有转化为现实的生产力，洞庭湖区农业技术推广和社会化服务还存在着一系列困难和问题。

1．农业科技机构管理体制不畅。目前，洞庭湖区基层农技推广体系改革基本完成，公益性机构大部分实行县乡双重管理。但仍然存在着管理体制不顺畅的问题，条块关系难理顺，服务工作难协调。机构定编定人吃“皇粮”，很容易产生干与不干、干多与干少、干好与干差都一样的消极现象。县财政一般只保证基本工资，津补贴由乡镇发放，基层农技人员大部分时间围绕乡镇其他行政性工作转，造成农技人员“在编不在岗，在岗不在位”的现象。调查发现，洞庭湖区一些乡镇的农技人员与其他乡镇干部一起分配了联系村，大量的时间和精力忙于调解纠纷、治安管理等工作，无暇顾及农业生产的技术指导工作。一些湖区村落是棉花和油菜种植基地，但每年棉田遭受棉铃虫侵害和油菜花叶病频发，却很少有农业技术人员来到田间地头帮助解决病虫灾害，致使棉花和油菜大幅度减产，给湖区村民造成了严重的经济损失。

由于农业科技、教育管理体制不顺，出现了农技创新、农技推广和农技教育的“三个断层”，一些现代化的农业生产技术不能及时推广应用到农业生产一线。例如洞庭湖村落至今仍采用传统农业漫灌的用水方式，现代农业灌溉技术没有得到有效利用，造成农业生产用水浪费现象比较严重，湖区水资源利用率很低，导致原本水资源丰富的湖区出现农业生产用水短缺的现象。目前，洞庭湖区农业灌溉用水利用率只有34.5%，农业用水占了全部用水的70%~80%，每立方米耗水只能生产粮食1公斤。[①]农业科技进步贡献率仅为40%左右，只及发达国家的一半，洞庭湖区农业科技贡献不足阻碍了湖区村落农业现代化的进程。

2．农业科技服务体系不完善。农业科技服务体系是实现科技兴农的重要载体，对于提高洞庭湖区农民科技素质和加速推进洞庭湖区村落经济转型与绿色发展具有重要意义。农业科技服务体系分为省、市、县、乡四级，但省、市级农业科研机构与推广机构设置不合理，“两张皮”现象突出；基层推广体系布局分散，业务能力弱，效率低下。目前洞庭湖区的农业科技服务体系表面上被称为“一主多元”，“一主”即官办农技推广机构，“多元”则包括农业科研单位、高校、涉农企业、农业协会、合作社等。但从工作实践看，“一主”与“多元”还没有匹配和协调好，没有形成整体效益的最大化。调查发现，洞庭湖区农技推广体系虽然经历多年的建设已初具规模，但是还普遍存在“上实下虚”的现象，不少地区的农技站仅流于形式，且局限于传统式农业生产服务，跟不上现代农业生产的需要。洞庭湖区基层农技推广机构的人员明显不足，每个乡镇农技服务机构人员最多不超过5人，区区几人的乡镇农技站要面对几千家农户和上万亩耕地的服务需求，全方位的农业技术指导服务也成为一句空话。

3．农业科技推广的资金投入不足。近年来，虽然国家“三农”投入有较

① 根据 2016 年岳阳市、常德市和益阳市农村经营管理局的相关统计数据整理而得

大增加，但重点是向农村水电路等基础设施、民生保障、惠农补贴等方面倾斜，对农业科技推广方面的投入不够。发达国家政府对农业科技的资金投入一般占当年农业生产总值的1 %~1.5%，高的达3%~5%，而我国仅占0.28%。目前农技推广机构纳入全额拨款单位，人员工资有保障，但公用经费基本仅够机构办公，要开展技术指导、试验示范、检验检测、学习培训、差旅交通、下乡补助等农技服务工作，经费不足是一大障碍。当前洞庭湖区农技推广工作经费就是依靠"中央基层补助项目"资金，如果没有了这个项目，公益性农业科技推广工作就无法推动。调查发现，目前整个湖南省的农业科研和推广经费普遍紧张，大多只能养人，不能"打仗"，甚至有一部分养人都存在困难。例如，岳阳市农科所的人头经费在足额发放离退休人员工资福利后，在职人员人均仅有2.5万元，只相当于70%的工资待遇，其余30%要靠单位创收解决。投入不足造成农技机构经费紧张，这严重影响了农业科技推广服务工作的正常开展。

4. 基层农技推广人员综合素质偏低。现代农业要求生产模式由"产品数量型"向"质量效益型"转变，这种农业生产模式要求基层农技推广人员由单一的产中服务向产前和产后全程服务转变，由单纯的技术指导向提高农民综合素质转变，由单向个体农民服务向农户、村组干部、家庭农场、专业合作社和涉农企业组织等各类农业生产主体服务转变。目前，洞庭湖区基层农技推广人员队伍存在专业素质比较低、知识断层和知识老化等问题，基层农技部门被作为政策性安置就业人员的主要机构之一，一些不具备从事农业技术推广工作的人员被安排到基层农技推广部门，导致农技推广队伍中非专业人员比例过高。据调查，洞庭湖区农业技术推广人员普遍学历低、综合素质不高，加上待遇差，难以吸引优秀年轻人才，人员断层现象比较突出。在洞庭湖区农业技术推广人员队伍中，具有与所从事推广活动相关专业学历的仅占36%，如益阳市农科所有60多人，其中军转干部26人；洞庭湖区县乡农技推广机构具有大专以上学历的不到20%；有高级技术职称的不到1%，中级职称的约20%，如岳阳县农技推广站工作的9名农技人员第一学历均是中专，该农技站已经8年没引进过大学本科毕业生。①

① 根据 2016 年岳阳市、常德市和益阳市农村经营管理局的相关统计数据整理而得

五、人湖关系矛盾频现

洞庭湖区拥有广淼的水域和肥沃的土地，洞庭湖是洞庭湖区1200万农业人口生产生活的天然依靠。历史以来，依水捕鱼，因水种稻是湖区人的生存策略，优厚的自然条件适宜于发展鱼米经济。但随着人口的急剧膨胀，洞庭湖资源出现了入不敷出的景况，人湖关系趋于紧张。湖区村落传统的耕作方式，盲目地对湖区资源掠夺式开发和对湖区自然环境无节制的破坏，使得洞庭湖区生态环境进一步恶化，自然灾害频发。数据显示，现今洞庭湖天然湖泊面积不足其全盛期的43%，调蓄滞洪能力相当于二十世纪中叶的50%，一到汛期，洪水拍岸，湖区百姓心惊胆战。近年来，长江入湖水量减少62%，河道断流期超过半年。因水量减少，水质污染加重，被誉为“拯救世界濒危珍稀鸟类的主要希望地”的洞庭湖区湿地正在加速萎缩，白鳍豚、江豚等珍稀水生物濒临灭绝。[①]与2013年相比，2016年洞庭湖Ⅲ类水质断面比例从36.4%下降为0，出口断面总磷浓度升幅97.9%；因违规采砂作业不断蚕食侵占湿地洲滩，2016年东洞庭湖国家级自然保护区越冬雁类重要栖息地雁子洲已被挖除约4000亩；作为我国一级保护动物野生麋鹿的繁殖基地和黑鹳、白鹳等5种国家一级保护鸟类的重要栖息地，洞庭湖后湖因部分水域用于干湖捕捞，造成生态严重破坏；采桑湖是东洞庭湖越冬候鸟重要栖息地，2013年被当地政府租赁给经营户种藕养蟹，因承包方大面积挖藕作业，严重影响候鸟栖息觅食，生态环境至今仍未得到修复。[②]据统计，洞庭湖区年均农药化肥用量约170万吨，农业源化学需氧量和氨氮排放量分别占区域排放总量的49.7%和35.9%。[③]2015年湖区23个市（县区）农村化肥施用量为68.7万吨，农药施用量为3.45万吨，化肥和农药的使用造成大范围面源污染，恶化了湖区生态环境，破坏了湖区生态系统，导致湖区灾害频发。由于过度耕作，湖区耕地肥力下降，加上工农业带来的严重污染，粮食安全也受到严重威胁。虽然近年来因农业科技进步，化肥、农药的施用量在控制和减少，农业面源污染有所减轻，

① 刘媛．湖南推进洞庭湖生态经济区建设［EB/OL］．华声在线，2013-03-15
http://jjw.voc.com.cn/view.php?tid-65579-cid-220.html

② 贺迎春．中央环保督察：洞庭湖区生态环境问题严峻［EB/OL］．人民网，2017-07-31
http://env.people.com.cn/n1/2017/0731/c1010-29439786.html

③ 根据 2016 年岳阳市、常德市和益阳市农村经营管理局的相关统计数据整理而得

加上实施退田还湖的湿地保护措施，人湖关系有所改善。但因工农业污染问题没有得到有效遏制，洞庭湖区目前生态系统仍较为脆弱，生态环境恶化较为严重。统计数据显示，1985~2002年，湖区大水灾平均每两年一次。①因三峡建坝，生产生活用水剧增，加上水污染，原本水资源丰富的洞庭湖区出现缺水危机，湖区农业生产因此受到巨大影响，南县、华容、安乡等原来水患突出的地区出现大面积灌溉用水短缺的现象，导致农作物收成减损。洞庭湖区加剧的人湖矛盾严重制约了洞庭湖区村落经济的转型发展。

洞庭湖区人湖矛盾还包涵着人地矛盾。土地是农村百业之基、农民安身立命之本。《管子·地员》中曰："地者政之本也，辨于地而民可富。"但如果不合理利用洞庭湖区土地资源，不"顺天时，量地利"，就会"任情返道，劳而无获。"②随着工业化、城镇化加速推进，洞庭湖区人口总量增长、城镇人口比重上升和工业用途扩展，湖区村落面临着耕地减少、水资源匮乏等资源危机。随着农业税费的取消和国家推行一系列的强农惠农政策，广大农民对土地有了新的更深层次的认识，农村土地的价值在不断增长，原来被掩盖的各种土地矛盾纠纷开始显露并激化。近年来，洞庭湖区农村土地信访事件呈直线上升趋势，这也是湖区人地矛盾的另一种表现。2010年以来，常德市农村经营管理局直接受理的农村土地信访案件年均增长在10%以上。2012年常德地区共发生农村土地征占用纠纷案件达1528起，其中补偿费用偏低引发的纠纷案件达525起，占总数的34.26%；征地程序不透明引发的纠纷9起，占总数的0.59%；安置不到位引发的纠纷108起，占总数的7.07%；其他原因引发的纠纷886起，占总数的57.98%。③

黄宗智在分析长江三角洲小农经济的时候发现，在过去的历史时期，由于耕地紧张的制约，农业无法向外扩展为规模经营从而获得规模收益，于是转而向内发展，加大土地单位的人力、物力投入，所以虽然土地单位面积的产出不断提高，但土地的人均收益反而是下降的，他把这种现象称之为农业的"过密化"（或称"内卷化"）。④这种"过密化"现象在洞庭湖区村落表现

① 彭佩钦．湖南省农业生态建设的问题与对策［J］．生态与环境，2003（12）

②（宋）贾思勰．齐民要术·卷一［M］．学苑音像出版社，2002年

③ 数据来源于2015年4月8日常德市农村经营管理局公布的相关数据

④ 黄宗智．长江三角洲小农家庭与乡村发展［M］．北京：中华书局，2001：34

比较突出，农业劳动力资源丰富的优势变成了制约农民增收的劣势，洞庭湖区人多地少的矛盾是限制农业规模经营的一个主要原因，也是阻碍村落经济转型的一大障碍。

六、政策制度缺漏滞后

尽管村落经济形态各异，但各种形态的村落经济都面临着普遍的制度性障碍问题，农村政策制度缺漏滞后使村落经济转型发展处于困境，在这一方面，洞庭湖区村落经济与中国其他农村经济具有同一性。针对当前洞庭湖区农村政策制度的满意度调查显示（见表5-9），有88.7%的村民对中央惠农政策表示“满意”或“基本满意”；67.5%的村民对省、市政府具体贯彻中央惠农政策的工作表示“满意”或“基本满意”，但同时针对此项调查选择“不满意”和“非常不满意”的村民也占到了23.4%和9.1%；52.8%的村民对县、乡政府为老百姓办实事表示“满意”或“基本满意”，但选择“不满意”的村民占35.1%，选择“非常不满意”的村民占12.1%。通过以上调查数据得知，当前洞庭湖区农民对各级政府惠农支农政策的满意度相差悬殊，从中央到省市级再到县乡级，村民对农村政策的满意度呈现逐级下降态势，说明中央的惠农政策是很受农民欢迎的，但是因政策到了省市级或县乡级却因执行不力而大打折扣，自然农民的不满意度也就逐级上升。

表5-9 村民对各级政府惠农、支农政策的满意度（%）①

	满意	基本满意	不满意	非常不满意
中央惠农政策	36.1	52.6	8.2	3.1
省、市政府支农政策	23.3	44.2	23.4	9.1
县、乡政府支农政策	17.5	35.3	35.1	12.1

以上调查结果表明，当前洞庭湖区农村政策在一些层面已不能适应村落经济转型发展的需要，农村政策制度体系存在缺漏滞后的问题，主要包括土地制度问题、城乡公共服务不均衡问题、金融制度问题和农村产业化制度问题等。调查显示，54.13%的村民认为农村土地制度存在问题，22.26%的村民认为城乡公共服务不均衡问题还比较严重，认为农村金融制度和农村产业化

① 数据来源于课题组在岳阳、常德和益阳三市六县所辖的22个湖区村落的相关调查

制度存在问题的分别占13.45%、10.16%（见表5-10）。抽样调查发现，当前洞庭湖区农村政策主要存在以下几方面的问题。

表5-10　当前农村政策存在的问题调查表（样本数：855）[①]

选项	频数	百分比（%）
农村土地制度问题	463	54.13
城乡公共服务不均衡问题	190	22.26
农村金融制度问题	115	13.45
农村产业化制度问题	89	10.16

第一，农村土地制度改革滞后。目前的农村土地制度不利于农户通过土地流转形成规模经营，阻碍了洞庭湖区村落农业生产效率的进一步提高。土地制度改革滞后成为洞庭湖区村落经济转型与绿色发展的绊脚石。调查显示（见表5-11），64. 6%的专家认为产权主体缺位是当前农村土地制度存在的主要问题；63. 7%的专家认为土地征用制度不规范是当前农村土地制度存在的主要问题；还有近50%的专家认为农村土地流转机制不健全是农村土地制度存在的突出问题。

表5-11　农村土地制度存在的主要问题调查表[②]

选项	频数	百分比（%）
农村集体土地所有权主体不明确，严重缺位	73	64.6
土地征用制度不规范	72	63.7
农村土地流机制不健全	55	48.7
农民行使土地权利得不到保障	38	33.6
土地市场发育不健全	28	24.8
农民土地使用权不完整	26	23
以家庭承包经营为基础的双层经营体制不完善	25	22.1
国家对农村土地实行严格的限制	8	7.1

① 数据来源于课题组在岳阳、常德和益阳三市六县所辖的 22 个湖区村落的相关调查

② 数据根据课题组回收的相关调查问卷整理而得，调查对象为 16 位来自政府、高校和农业科学研究院的农业经济领域研究专家

第二，农村金融制度改革滞后。农村金融制度改革是破解农村资金瓶颈，促进农村经济转型发展的一项重要工作。虽然洞庭湖区农村金融制度的改革创新工作取得了一定的成效，但仍存在不少问题。一是新型金融机构资金规模较小，难以满足洞庭湖区村落经济的发展需求。调查显示，村镇银行、小额贷款公司、担保公司和农村资金互助组织等新型金融机构存在注册资本金规模小、贷款投放量小和金融服务面窄等问题。二是征信体系仍不完善，信用信息共享机制尚未建立。受观念、资金、技术等因素影响，许多金融机构信息系统建设滞后，信用信息长期处于分散状态，得不到有效利用。健全完善的信用信息共享机制尚未真正建立起来，很多仍处于相对封闭、垄断状态，难以实现信息共享，这在一定程度上制约了洞庭湖区农村金融创新工作的开展。三是监管制度尚不规范。针对新型金融机构的监管体系处于分割状态，在管理上跟正规银行还存在很大差距，且各地在制度设计上没有统一标准，容易造成监管缺失，引发金融秩序混乱。另外，民间借贷组织良莠不齐且利率较高，在一定程度上加大了洞庭湖区农民的负担和农村金融风险。调查显示，86%的村民表示在农业生产过程中“需要贷款”；73%的村民认为“找不到贷款的渠道”；52%的村民认为“太高的贷款利率造成融资成本过高”；85%的村民认为“贷款审批手续复杂，融资效率低”。[①]由于洞庭湖区农村金融制度改革滞后，一些金融机构的放贷规模和放贷方式还不能满足现代农业的发展需求，当前农村金融制度不能给洞庭湖区村落经济转型与绿色发展提供有效支持。

第三，农业产业化制度改革滞后。近年来，由于地方政府把农业产业化经营作为发展农村经济和提高农民收入的重要举措来抓，洞庭湖区农业产业化取得了明显成效。但在农业产业化进程中还存在不少制约因素和发展瓶颈。洞庭湖区村落小农作业方式向产业化经营方式的转变，需要实现规模化、信息化、公司化，但目前农业产业化的配套政策制度还跟不上，靠农户自身很难实现新品种、新技术的引进以及示范推广。调查发现，一些强农惠农政策还不完善，政策执行不力且透明度不高。有些惠农扶持政策没有得到有效执行，如有221位村民表示所在村落的一些农业补助没有公示，占调查样本总数（855）的25.8%；因宣传不到位，村民不了解惠农政策，如有276位村民

① 数据来源于课题组在岳阳、常德和益阳三市六县所辖的22个湖区村落的相关调查

不知补贴金额如何计算，占调查样本总数（855）的32.6%；[①]有些惠农政策因达标的门槛过高导致一些农民根本享受不到，如针对返乡创业的农民工可以有条件提供金额为5万左右期限为2年的无息贷款，但“必须要有公务员或者是事业单位的人担保”，这个硬性条件就把不少村民难倒了。作为洞庭湖区农业产业化的“排头雁”，龙头企业得到政策支持的力度不够。一些为农户提供培训、营销服务，以及研发引进新品种新技术、从事生态农业的龙头企业因得不到政策支持，因资金约束无法进一步拓展发展空间，有的甚至逐渐趋于萎缩。

第四，城乡公共服务不均衡。受长期以来城乡分割体制的影响，农村大量要素资源流向城市和工业，村落经济发展受到制约。据统计数据，2016年，湖南省财政总支出达6337亿元，而预算内支农支出仅占15.6%；社会固定资产投资25954亿元，农村仅占16.7%。2016年，湖南省涉农贷款1946.35亿元，仅占贷款总量的27.8%，2010年到2016年湖南省农村信用社累计发放的涉农贷款仅占总量的40%，农村金融满足率只有30%左右。[②]因城乡公共服务的不均衡分配，二元结构阻隔了洞庭湖区城乡之间资金流、信息流和人口流，导致湖区农民在市场经济中处于弱势地位，湖区村落经济发展步履艰难。当前洞庭湖区城乡基本公共服务分配不均的问题主要表现在如下几方面：首先是社会保障的城乡分配不均。洞庭湖区城市居民享有较为完备的社会保障服务，城市已经建立起以养老、医疗、失业、工伤、生育等五大社会保险为主体的社会保障体系。洞庭湖区农村居民享有的社会保障仅包括农村养老、新型合作医疗以及对五保户、特困户的基本生活救助，与城市相比明显覆盖范围偏窄，水平偏低。其次是基础设施建设投入的城乡分配不均。近年来，政府在洞庭湖区城市基础设施建设方面投入了大量资金，建立起了水、电、路、通信等基础设施体系，而洞庭湖区农村基础设施建设则相对落后，水利设施基本只能在一定程度上满足部分农业生产，通信方面比较落后，甚至有些地方通信网络还未覆盖。最后是医疗服务和教育资源的城乡分配不均。无论是在硬件方面还是在软件方面，洞庭湖区城市医疗服务资源远远优于农村。调查显示，洞庭湖区城市住户家庭与最近的医疗机构之间的距离不足1公里的比例

---

① 数据来源于课题组在岳阳、常德和益阳三市六县所辖的 22 个湖区村落的相关调查

② 根据 2017 年湖南省统计年鉴相关数据整理而得

为85.6%，而农村同一比例仅为46%；距离超过5公里以上的比例，城市只有0.8%，而农村高达7.5%。[①]先进的技术和设备、优秀的医疗卫生人才集中于城市，农村以及小城镇的医疗设备以及人才都很匮乏。教育资源在洞庭湖区城市与农村之间的分配也是不均衡的，湖区农村学校的校舍、教学设施、仪器设备以及师资力量均大幅度落后于城市。调查发现，由于在教育资源分配上存在着城乡分化，导致一些农村中小学学生存在辍学、流失等现象，甚至还有新的“读书无用论”苗头萌生，不少农村学生未到初中毕业便加入打工者的行列。教育不均衡给洞庭湖区城乡差距带来了所谓的“马太效应”[②]，进一步拉大了湖区农村教育与城市教育的差距，阻碍了洞庭湖区城乡一体化的进程。

第三节　洞庭湖区村落经济转型与绿色发展的动力

当前洞庭湖区村落经济转型与绿色发展面临着一系列困境，需要多种力量推动洞庭湖区村落经济摆脱困境进而实现转型发展，动力有来自湖区村落内部的内生动力，也有来自村落外部的外生动力。城市化对村落经济具有巨大的拉动作用，长株潭城市群两型社会建设是拉动洞庭湖区村落经济转型与绿色发展的外生动力。制度是外生的，外部性制度对村落经济转型起着强大的诱导作用。农村土地制度、农村社会保障制度、城乡一体化制度的改革创新是驱动洞庭湖区村落经济转型与绿色发展的又一外生动力。洞庭湖区村落经济转型与绿色发展始终置于洞庭湖这一自然生态背景中展开，外在的自然生态环境对村落经济内在的影响巨大，洞庭湖自然生态的演化变迁必然带来洞庭湖区村落经济的转型发展。但各种外力推动下的村落经济社会转型并不

---

① 数据来源于课题组在岳阳、常德和益阳三市城区与农村的相关调查。

② “马太效应”来自圣经《新约・马太福音》一则寓言：“凡有的，还要加倍给他叫他多余；没有的，连他所有的也要夺过来。”指强者愈强、弱者愈弱的现象，后来被广泛应用于社会心理学、教育、金融等学科领域。

彻底，村落社会自发性的转型需求将成为村落经济社会转型的主要动力。洞庭湖区村落经济转型的最核心内容应该是湖区村民的转型，而要实现村民身份的实质性转型，仅仅依靠外力显然无法达到转型目标。因此，需要激发村民参与村落经济转型的积极性，促使村民产生转型的内在需求。科技进步对农业生产的改变，是农业发展方式转变的主要内容，也是村落经济转型发展的内生动力。此外，村落产业结构调整也是推动村落经济转型发展的重要内生动力。

一、洞庭湖区村落经济转型与绿色发展的外生动力

1．长株潭两型建设带动湖区村落经济绿色发展。自2007年国家批准设立长株潭“两型社会”试验区至今，通过加快转变发展方式，在产业结构、增长方式和消费模式等方面推行资源节约和环境保护的转型，对周边地区产生了巨大的示范效应和带动作用。一是长株潭两型社会建设推动了洞庭湖区人发展观念的转变。长株潭两型社会建设起着巨大的示范和带动作用，两型社会建设向人们传递了“节约资源”和“保护环境”的绿色发展理念，让生态环保观念深入湖区人的心灵并外化为湖区人的经济行为，引导湖区人构建一个既注重经济效益又注重生态效益的洞庭湖区生态经济系统。针对洞庭湖区农民的调查数据表明，有超过80%的村民对“两型社会”具有一定的认识；有65%的村民认为“两型社会”建设和自己的生活、工作息息相关。二是长株潭两型社会建设带动了洞庭湖区“两型农业”的建设。长株潭“两型社会”建设浪潮已构成整个湖南农业的发展背景，资源节约和环境友好成为湖南农业产业的建设内容和发展目标。作为长株潭城市群“两型社会”建设的经济腹地，洞庭湖区村落亟须在“两型农业”发展道路上迈出坚定的步伐，需要开创出一条生产与生态共发展的现代农业生态经济新路径，进而实现湖区村落经济的转型发展。“两型农业”倡导“节约资源”和“保护环境”的生产行为，需要在洞庭湖区农业生产中大力发展生物质能源，如沼气、生物燃料等，不仅可以缓解湖区农村能源短缺、增加农民收入，而且还能减轻湖区生态环境承载压力，促进湖区环境友好型农业经济的快速发展。据调查，岳阳市君山区20个村就有18个村建设了沼气池，参与农户达到72%。“两型农业”能够有效延长湖区农业产业链，提高湖区农业附加值和湖区农业产业化水平，促进湖区农业增长方式发生根本转变，实现湖区村落经济的绿色发展。

2．外部性制度驱动湖区村落经济转型发展。李克强总理在英国《金融时报》发表署名文章，指出“制度创新就是解放生产力和发展生产力。”①合适的政策制度对村落经济的转型发展起着关键性的导引作用，国家和地方政府支持政策的外部推动是村落经济转型发展的强大动力。近年来，各级政府的支农惠农政策为洞庭湖区村落建立现代农业体系创造了有利条件，有力地推动了湖区村落经济的转型发展。以洞庭湖区岳阳市的湘阴县为例，2015年、2016年中央和地方各级财政分别投入14690万元、15027万元用于湘阴县农村水利建设（见表5-12）。水利建设改善了洞庭湖区农业灌溉条件，为湖区农村建立规模化、产业化农业经营模式打下了坚实基础。

表5-12 近两年湘阴县接受各级财政投资水利建设项目实施情况统计表②

序号	项目名称	完成投资（万元）					
		总投资		中央		地方	
		2015	2016	2015	2016	2015	2016
1	许家台泵站更新改造工程	2160	1800	1800	1600	360	200
2	城西蓄洪垸堤防加固工程	5608	7587	4350	6585	1258	1002
3	农村饮水安全工程	845	1705	639	1525	206	180
4	白水江（二期）治理工程	888	590	0	590	0	0
5	袁家铺防洪工程	724	233	603	233	121	0
6	小型水库除险加固工程	2020	1022	1690	1022	330	0
7	小水利重点县建设项目	2445	2090	1500	1350	945	740
合计		14690	15027	10582	12905	3220	2122

制度改革推动村落经济转型。当前农村集体经济存在产权结构单一、经营方式单一、实现形式单一等缺陷，农户无法衡量自己在集体经济资产中所占的份额，从而不能分享集体经济发展所带来的收益，农民参与集体经济的积极性正在逐渐下降，导致村落集体经济停滞不前。为激励村民的参与热情，于是就出现了村落集体经济股份制改革，村落集体经济经营方式也相应发生转变。洞庭湖区村落通过流转土地来改变经营方式就是制度改革推动村落经

① 转引自韩哲．制度创新就是解放生产力［N］．北京商报，2013-09-10

② 根据 2016 年岳阳市农村经营管理局的相关统计数据整理而得

济转型的典型案例。在落实国家关于稳定家庭联产承包经营、落实土地延包经营权30年不变的前提下，建立灵活的土地流转机制，出现了“村办农场”、“农业发展股份公司”等新型土地经营模式。

3. 洞庭湖自然生态力变化带来湖区村落生产方式变化。洞庭湖水面在大面积围垦和多年来泥沙大量淤积中急剧减少，解放初期的洞庭湖面积达4350km^2，目前洞庭湖水面面积仅剩2625km^2。由表5-13可以看出，洞庭湖湖面的萎缩与日俱增，新中国成立后30多年的萎缩进程基本赶上了新中国成立前100多年的萎缩进程。新中国成立以来，洞庭湖区人工围垦面积达到1530km^2，仅此围湖造田一项就使洞庭湖水面缩小25%以上。人工围垦、筑堤建圩改变了湖区的地表形态，削弱了洞庭湖的调蓄功能，湖面萎缩严重影响了湖泊调蓄宣泄洪水径流的生态服务功能。据统计，新中国成立以来洞庭湖削减入湖洪峰的能力平均每年下降153m^3/s，引发江湖洪水位不断升高，最高洪水位被不断突破，洪涝灾害频繁发生。洪涝灾害给洞庭湖区村民生命财产带来了巨大损失，而防洪修堤已成为湖区村落经济发展的一个沉重负担，严重制约了湖区村落经济的发展。

表5-13　近100多年来洞庭湖面积变化表①

统计年份	湖泊面积（km^2）	湖泊容积（m^3）
1825	6000	
1896	5400	
1938	4700	
1949	4350	293
1954	3915	268
1958	3141	228
1971	2820	220
1977	2740	178
1983	2691	174

洞庭湖面积因围垦泛滥而急剧缩减，加上湖区工农业生产带来的污染，洞庭湖生态环境遭受严重破坏，湖区生态承载力下降，直接导致了湖区村落

① 表中数据来源于高碧云．洞庭湖经济史话［M］．北京：方志出版社，2005：23–27

经济发展空间不断缩小，阻碍了村落经济的可持续发展，洞庭湖村落生产方式在自然生态力的变化下势必要发生转型。洞庭湖的生态地理环境演变影响着湖区村落经济发展的走向，洞庭湖区村落在洞庭湖自然演变的框架下演绎出一部生动的经济变迁史，形成了因湖而变的发展节律。一旦人湖关系过于紧张，外力干扰过强，打破了这种发展节律，村落经济就会受到洞庭湖自然生态力的影响，村落经济发展形态必然发生变化，通过转型以适应洞庭湖的自然生态演变。经济发展与环境保护似乎成为一个“悖论”，只有引入生态经济学理论价值观，实现从单纯经济理性向生态经济理性的转型，洞庭湖区村落经济的可持续发展与洞庭湖自然生态保护之间的矛盾才能得以消解。于是，在生态倒逼机制下，洞庭湖区村落生产方式开始转型，由“围湖造田”转向“退田还湖”、由“粗放农业”转向“精细农业”、由“传统农业”转向“现代农业”。

二、洞庭湖区村落经济转型与绿色发展的内生动力

1. 村落精英和创业农民带动洞庭湖区村落经济转型发展

随着市场经济向农村地区的深入推进，具有内生性特点的村落精英和创业农民在村落经济转型发展中起着关键性的推动作用。在村落经济转型发展过程中，“村落精英是村域经济社会转型发展水平的决定因素”①。村落精英是指在村民中有威望、有影响力和号召力的人，主要包括农村技术或经营能手、专业大户、农村民营企业家、村干部、龙头企业中的能人等。村落精英拥有更多的优势资源，并能利用这些资源取得成功，为村落经济发展做出贡献，从而使他们具有某种权威，能够对其他成员乃至村落经济社会结构产生影响。创业农民能够带动村民一起开展创业，为村落经济开拓新的经济增长点，推动村落经济结构走向优化。因此，村落精英和创业农民是洞庭湖区村落经济转型与绿色发展的“排头兵”，起着榜样示范的带动作用，是洞庭湖区村落经济转型与绿色发展的内生动力。

第一，村落精英和创业农民能够推动村落工业化和农业现代化。村落精英和创业农民往往拥有一定的资金积累，掌握着一定的农业生产技术，能够

---

① 王景新 . 农村改革与长江三角洲村域经济转型［M］. 中国社会科学出版社，2009（12）：227

调动一定的社会资源，可以有力地推动村落工业经济和农业现代化经济的发展。调查发现，在村落精英和创业农民的榜样示范下，洞庭湖区部分村民也开始了创业行动。在调查的855位洞庭湖区村民中，有78位村民开办了粮食加工、建筑装饰、物流运输等企业，这78位村民均表示“是在村干部的带领下开始创办企业的”，虽然调查中村民创业所占比例较低（9.12%），但这些不到十成的创业者将会在整个洞庭湖区村落经济转型与绿色发展过程中形成星火燎原之势，推动湖区村落工业经济的快速发展。创业成功的农民对所在村落其他农民能够产生很强的正外部性，能够加速村落经济转型发展。从所调查的数据来看，96.5%的创业农民认为自己带动了其他村民发家致富，带动了整个村落的经济发展；有68个创业户平均能够带动20人投资创业，所有创业户平均能够提供15个就业岗位。当前，洞庭湖区农村经济发展的瓶颈归根于资金、技术和人才的短缺，农民工回乡创业可以部分解决资金、技术和人才的问题，可以有力地推动新时期洞庭湖区村落经济的转型发展。

第二，村落精英和创业农民能够促进村落公共服务事业建设。村落精英在村民中具有很大的影响力和号召力，能够调动一定的资源投入村落公共服务事业的建设。调查发现，在岳阳市华容县，2016年就有225名创业农民相继在家乡投入资金600多万元用于村落基础设施建设，带领村民兴修村级公路，全县601个村街全部通了水泥路，295个村通了公交车，占全县总村数的63%，改善了村落农业生产条件，提高了村落农业劳动生产率。在地方政府积极引导下，回乡农民工除了创办各类企业外，还投资兴办各类社会事业和公益事业，有一部分回乡创业民工投入到农村基础设施建设和公共事业建设中，极大地改善湖区乡容村貌和农民的生活环境。在南县，2016年有275位在外的打工者相继回家乡投资建设了200多个水利项目，投入资金接近500万元，改善了湖区农业生产条件，提高了湖区农业劳动生产率。

第三，村落精英和创业农民能够创造村落新的经济增长点。村落精英和创业农民凭其对市场变化敏锐的嗅觉和开拓新产业、新产品的胆识与魄力，在非农产业、农业产业化和生态旅游农业、休闲观光农业等领域进行创业，打破了湖区村落局限于种植业的传统而单一的农业生产模式，加速了湖区村落产业结构的有效调整，为湖区村落培育了新的经济增长点。以岳阳市君山区广兴洲镇永庆村为例，这是一个32户、130余人的滨湖村落。2010年以前，65%的村民主要从事水稻种植，有接近20%的村民靠捕鱼为生，其余的均外出打工，村落经济主要依赖传统湖区种植、养殖农业来维系，农业生产效率不高导致村民收入水平也不高。2010年以后，一些村干部和回乡创业农民陆续建起3个较大规模的养猪场，5个蔬菜大棚，并利用土地流转的方式建立了4个具有一定规模的家庭农场，促使村落农业从粗放式经营走向集约化经营，极大地提升了村落生产效率，推进了村落农业产业化的步伐，增加了村民的收入。全村人均年收入从2010年不到6000元上升到2016年的12000元，整整翻了一番。在村落精英和创业农民的带领下，洞庭湖区农民走上了共同富裕之路，农民的收入得到了增加，农民的生活质量得到了提高。大部分村落精英和创业农民所从事的是非农产业、农业产业化经营或开发性农业生产，与洞庭湖区传统农业生产相比，对湖区村落经济的拉动作用更大，已经成为洞庭湖区村落新的经济增长点。

第四，村落精英和创业农民能够革新村落经济发展观念。村落精英拥有较为先进的管理理念，用于村落产业管理，能够加速村落经济的转型发展。回乡创业农民不仅能为村落经济发展带回资金、技术和市场信息，更是带回了城市文明和现代消费观念、思维方式、生活方式。村落精英和创业农民能够革新村落经济发展观念，有利于推动洞庭湖区村落经济由封闭向开放转型、由粗放向集约转型、由传统向现代转型。外出务工的洞庭湖区农民，不仅获得了较高的经济收入，而且通过现代工业和城市文明的熏陶、市场经济的洗礼，开阔了眼界，开启了心智，更新了观念，学到了技术和本领，转变了小农经济落后的思维方式和生产生活方式，综合素质得到了普遍提高。调查发现，92%的外出农民工具有强烈的市场竞争意识。相关调查问卷显示：表示愿意成为一名“虽然冒险可能赔钱，但赚钱机会也多的个体工商业者”的占78%；表示赞同“每个人应凭本事赚钱，能者先富”的占90%；表示“时间很宝贵，必须抓紧干”的占87%。洞庭湖区外出务工的农民逐步摒弃了“小农意识”“小富即安”等思想，增强了市场意识、创业意识和风险意识，劳动技术和创业能力大大增强，有的已成长为企业或公司的中高层管理者，还有的实现自主创业当上了老板。而回乡创业者是农民工中最具开拓精神的群体，他们在现代城市完成了自身物质资本和人力资本的积累之后回乡投资创业，不仅带回了资金、技术、和市场信息，更带回了城市文明和现代经济观念。因此，村落精英和创业农民是推动洞庭湖区农村经济社会转型发展的重要力量。

2．农业科技创新推动洞庭湖区村落经济转型发展

洞庭湖区村落经济转型与绿色发展的一个重要目标就是由粗放型、外延式的增长方式转向集约型、内涵式的发展道路，村落经济要实现这种转型，需要更多地依靠科技进步和生产效率的提升。农业科技创新是推动洞庭湖区村落经济转型与绿色发展的内生动力，以农业科技创新来突破洞庭湖区资源环境对农业生产的约束，走出一条科技含量高、经济效益好、资源消耗低、环境污染少的新型农业产业化道路，从而实现湖区村落农业生产方式的根本性转变。

农业科技创新是推动洞庭湖区村落农业现代化进程的关键力量。“农业科技创新在引导人们新的消费观念、促使开发新的涉农产业、推进农业产业结构调整、不断提升产业技术水平等诸多方面发挥着根本作用。”①近年来，湖南省农业科技领域取得了丰硕的创新成果。其中，最为突出的成果就是湖南杂交水稻研究中心袁隆平院士领衔的杂交水稻创新团队培育出超级杂交稻品种“湘两优900（超优千号）”，平均亩产达1149.02公斤；②针对油菜用途多、适应性广等特性，科研人员选育出了一批适应产业新需要的油菜新品种，其中，作为全产业链绿色高产的“中油杂19”在湖南沅江示范区平均亩产达186.98公斤，比对照品种增产63.56%。③此外，还有获得国家地理标志品牌的“华容芥菜”，华容县芥菜种植面积达22万亩，芥菜加工企业达39家，芥菜产业从业人员超过13万人，芥菜产品销往国内26个省份，远销东南亚和欧美部分国家，年总产值达到43亿元。④洞庭湖区是湖南杂交水稻研究中心的试验、推广应用基地，洞庭湖区依托全国商品粮油基地的资源优势，运用农业科技创新的成果大力发展粮油产业，能够加速湖区粮油的产业化进程，形成一批有影响力的粮油品牌。如常德的“金健米业”、南县的“克明面”、岳阳的“道道全”食用油、澧县的“盈成”食用油、“锦康”植物油、湘阴的“长康”食用

---

① 李华东，彭福扬．科技创新在农业发展中的作用［N］．光明日报，2009-5-19

② 俞慧友．1149.02 公斤！超级杂交稻亩产创世界新纪录［N］．科技日报，2017-10-16

③ 邹仕乔．2017 年我国油菜含油量和硫苷含量均达到历史最好水平［N］．农民日报，2018-04-04

④ 徐亚平，徐典波．一蔸菜衍生一个产业，华容芥菜大会好戏连台［N］．湖南日报，2018-03-18

油、“义丰祥”香麻油。这些生长于洞庭湖区的粮油品牌企业正在全省乃至全国占据着越来越大的市场份额，带动着整个湖南粮油业朝着“千亿产业”的目标迈进。农业科技创新还推动了洞庭湖区食品加工业的快速发展，如湘阴的“金顶”“华康”食品加工企业，常德“一品江南”的食品加工企业等。其中，常德市桃源县的万福生科（湖南）农业开发股份有限公司就一直从事稻米精深加工系列产品的研发、生产和销售，运用先进的生物工程技术，对稻米资源进行综合开发，生产大米淀粉糖、大米蛋白粉、米糠油和食用米等系列产品。农业技术创新有力促进了湖区农民增收，推动了洞庭湖区农业现代化的进程。

农业技术创新是推动洞庭湖区村落农业增长方式转变的重要支撑。转变农业增长方式是建设洞庭湖区现代农业的必然要求，需要立足农业科技创新，发挥科技在农业增长的支撑作用。例如科研人员积极推进了饲用、肥用、观赏等油菜多功能开发技术研究与示范，筛选出“饲油2号”等耐盐、高产饲料油菜品种，建立了油菜全产业链绿色高产高效关键技术集成模式，还开展了油菜花期延长技术研究，为洞庭湖区农村开拓油菜观光旅游产业提供了技术支撑。[①]农业科技创新能够优化农业资源配置，缓解洞庭湖区农业资源的约束，破解湖区农业发展的瓶颈，推动湖区村落经济结构转型和产业升级，拓展湖区农业发展空间。如抛秧技术、稻种改良技术、农业机械化技术、生态农业技术等农业科技的应用与推广有力地推动了洞庭湖区村落农业经营规模化、集约化步伐，加快推进湖区农业经营方式转变，大幅度提升了湖区农业的生产效率，提高湖区村民的收入水平。

农业科技创新是推动湖区农业产业结构调整的重要力量。农业科技创新在改变生产工艺的过程中，必然打破原有产业结构的构成环节或方式，形成新的产业结构组合，导致大批新型产业的出现和发展，从而适应市场新的消费需求。超级杂交稻技术创新为洞庭湖区村落经济转型带来了巨大影响，提高了水稻生产产量，进一步巩固了洞庭湖区商品粮生产基地的地位，推动了湖区粮食加工业的发展，如常德的金健米业，岳阳的正虹饲料等等，这些企业吸收了大量村落劳动力，促使村落劳动力人口非农化，加快湖区农业产业

① 徐亚平，徐典波．一蔸菜衍生一个产业，华容芥菜大会好戏连台［N］．湖南日报，2018-03-18

结构调整的步伐。再如，科研人员正研究适应产业发展需求的“板蓝根油菜”等新品种，延伸油菜产业价值链条，推动油菜产业从传统的混合加工被动消费向专用品种性化健康消费转变、从单一的油用向多元化开发转变、从主要服务生产向服务生产和服务消费者并重转变，从技术和市场两个层面推动了洞庭湖区油菜产业的供给侧结构性改革。

3．产业结构调整推动洞庭湖区村落经济转型发展

产业是农村发展之基，是农民致富之本。推动村落经济增长的因素主要有土地、劳力、资金、技术和结构，经济增长因素的变化直接导致村落经济的转型，特别是作为影响村落经济的结构性因素，产业结构的调整可以直接带来村落经济的转型发展。据统计，2016年洞庭湖地区生产总值达7540.6亿元，比上一年增长7.8%，人均GDP达到47475.9元，[①]三次产业以不同速度增长，产业结构得到逐步调整，但调整的速度还是比较缓慢，产业之间的相对地位不协调，到2016年三次产业的比重为18.6：40.2：37.35，农业比重仍比较大，农业内部结构不合理，农业产业化程度较低；工业经济总量不大，增长速度也落后于全省的平均增长速度，工业化水平滞后；第三产业以传统服务业为主，缺乏创新能力。湖区内部各地产业布局大同小异，重点产业都集中在食品、纺织、电力、造纸等行业，产业结构趋同趋势明显，出现产业同构现象。同时，洞庭湖区农产品加工能力较弱，也严重制约了洞庭湖区农业效益的提高，目前湖区农产品加工率不到30%，农产品加工业产值与农业产值的比值只有0.88：1，低于全国平均值1.2：1和发达省份2：1的水平，规模以上农产品加工企业数量不到山东省的一半。[②]洞庭湖区在加快推进产业结构调整和促进农业发展方式转变等方面还拥有巨大的发展空间，作为湖南省重要的商品粮生产基地，洞庭湖区村落经济正在通过产业结构调整来实现转型发展。

快速发展的农产品加工业推动湖区村落经济转型发展。农业产业化及农产品加工业，是一项发展潜力巨大的朝阳产业，既是发展现代农业的有效途径，更是推动湖区村落经济转型发展的重要突破口。近年来，洞庭湖区农产品品牌建设取得显著成绩，君山茶、宁乡猪、望城鱼、常德米等品牌效应逐渐显现。虽说整个洞庭湖区农产品加工业比较薄弱，但近年有些湖区市县的

---

① 根据《湖南省2016年国民经济和社会发展统计公报》的相关数据整理而得

② 根据岳阳、常德和益阳三市农村经营管理局2016年相关统计数据整理而得

农产品加工业发展较快，如常德市农产品加工业就有迅速的发展，形成了以棉麻、粮食、竹木、畜禽、油料等传统农产品加工的产业体系，同时特色产业也发展迅速。“2016年，常德市农产品加工销售收入514亿元、同比增长30%，完成增加值134亿元、同比增长26%。”①现有规模以上农产品加工企业281家，市级以上龙头企业225家，其中国家级龙头企业6家、省级龙头企业36家；农产品加工企业直接吸纳就业人员11万人，已成为常德地区村落经济转型发展的重要推动力量。

快速发展的休闲农业推动湖区村落经济转型发展。近年来，洞庭湖区休闲农业开发已初具规模，形成了集吃、住、行、游、购、娱为一体的旅游接待服务体系。湖区休闲农业产品的开发在重点突出水域风光、湖泊湿地、水域文化的基础上，形成了专项休闲旅游产品，如水上观光、运动休闲、近水休闲游憩、滨湖休闲度假、城市周边休闲、森林康体休闲、温泉度假疗养、民俗体验、农家休闲旅游产品体系。目前，洞庭湖区现有国家五星级休闲农业企业7家、四星级休闲农业企业11家、省五星级休闲农业企业97家。②洞庭湖区着重发展以水乡为依托的湖乡观光特色休闲农业，在全国休闲农业示范创建活动中，岳阳君山区、望城县、桃江县等县区获评全国休闲农业示范县，宁乡关山村获评全国最具魅力乡村，这进一步提升了洞庭湖区村落休闲农业的知名度，加快了湖区村落经济的转型升级。

快速发展的生态旅游业推动湖区村落经济转型发展。生态旅游产业具有的可持续发展观能够不断地促进环洞庭湖区域间的经济活动，通过经济利益的再分配过程促使洞庭湖区村落社会分工达到合理化，增加湖区村民的就业机会。太平洋经济合作理事（PECC）秘书长艾杜阿尔多佩德罗斯在第二届国际生态旅游经济论坛（2004）上指出，“包括生态旅游在内的旅游经济是推动世界经济发展的重要力量。”既注重经济效益又注重生态效益的生态旅游构筑的价值链不仅体现在当前经济发展意义上，还体现在长期生态价值意义上。洞庭湖区自然资源丰富，文化底蕴深厚，旅游资源种类齐全且特色鲜明。诸如历史文化水域风光和湿地生态环境等特色旅游资源在全国都具重要影响。

① 常德市乡镇企业局．打造现代农业发展新引擎——解读《常德市农产品加工业振兴规划（2013–2020年）》http：//xzqyj.changde.gov.cn/art/2016/11/29/art_13064_1429079.html

② 根据2016年湖南省乡镇企业局、湖南省农业产业化办公室数据整理而得

洞庭湖区村落旅游产业形成了以洞庭湖泊风光为中心的湿地生态游、洞庭文化游和环湖丘岗山地自然生态游三大特色旅游圈。截至2012年，洞庭湖区创建了34个省级旅游名村，占湖南省旅游名村总数（161个）的21%。[①]近年来，洞庭湖区农村利用水乡资源优势大力发展生态旅游业，在为湖区村民带来就业、增加收入等经济利益的同时，推动了湖区村落由传统经济模式向绿色经济模式转型。

① 根据湖南省政府发布历届省级历史文化名镇名村名单的相关数据整理而得

第六章　洞庭湖区村落经济转型与绿色发展的评价

“调结构、转方式”已成为当前经济界的热门话题，加快转变经济发展方式已是中国经济所面临的一项刻不容缓的重大任务，农村经济同样如此。自洞庭湖生态经济区建设上升为国家发展战略开始，洞庭湖区村落经济便迎来巨大的发展机遇，为紧跟国家经济转型发展的节律，洞庭湖区村落经济需要加快步入转型发展的道路，积极融入国家经济改革发展的大潮。因此，洞庭湖区村落经济转型的方向与目标、路径与举措等系列问题急需学界展开深入研究，尤其是如何客观地认识和评价洞庭湖区村落经济转型的成效，不仅是学者们急切需要解决的理论问题，而且也是实践者探索湖区村落经济发展方式转型之道的现实需求。笔者拟在对洞庭湖区典型村落经济变迁的历史脉络深入梳理、发展现状充分调研的基础上，结合洞庭湖区自然生态背景和资源环境特点，构建一套能全面地反映湖区村落经济转型与绿色发展水平的评价体系，并以个案形式对洞庭湖区村落经济转型与绿色发展水平展开实证分析，以期找出洞庭湖区村落经济转型与绿色发展现状与转型发展目标的差距，探寻洞庭湖区村落经济转型与绿色发展的思路与举措，加速洞庭湖区村落经济转型与绿色发展的步伐，驱动长株潭城市群和环洞庭湖经济圈的协同发展，为全国湖区村落经济转型与绿色发展探索道路和累积经验。

第一节　洞庭湖区村落经济转型与绿色发展评价指标体系的构建

指标体系（Indication System）的建立是进行预测或评价研究的前提和基础，它是将抽象的研究对象按照其本质属性和特征的某一方面的标识分解成为具有行为化、可操作化的结构，并对指标体系中每一构成元素（即指标）赋予相应权重的过程。洞庭湖区村落经济转型与绿色发展水平评价指标体系既是理论研究的一个基本问题，也是实践操作中的一个核心问题，评价指标体系构建得是否科学合理，将会直接影响到洞庭湖区村落经济转型与绿色发展水平评价的有效性和可信度。笔者以绿色发展理念、转型经济学理论、社会资本理论、生态经济学理论和制度经济学理论为理论依据，明确市场化、开放性、现代化、集约化和生态化是衡量洞庭湖区村落转型发展水平的五大指标，遵循全面性与主导性、动态性与稳定性、科学性与可操作性相结合的原则构建洞庭湖区村落经济转型与绿色发展水平评价指标体系。

一、洞庭湖区村落经济转型与绿色发展评价指标体系建立的理论依据与原则

所谓指标是指基于特定的研究对象和研究目的，能够确切地反映研究对象某一方面情况特征的依据。选取指标的主要目的在于简化复杂现象所体现的信息，使交流变得简单、便捷和定量化。指标名称是对指标数值的规定性，指标数值是依据该指标名称获取的统计数字的大小。因此，指标是值与量的统一，具有反映功能、比较功能、检测功能、评价功能、预测功能和计划功能。指标体系是指由多个具有内在联系的指标共同组成的有机整体，它能够反映被评价对象各个方面的信息。构建指标体系的目的在于全面、系统地对被评价对象的各个方面的状态进行系统描述。洞庭湖区村落经济转型与绿色发展水平评价是一个涉及人口、经济、社会、生态等各方面信息的复杂系统，对洞庭湖区村落经济转型与绿色发展水平评价不可能只依靠单个或几个指标

来实现，需要一整套指标体系来对其进行综合性的评价。

1．洞庭湖区村落经济转型与绿色发展评价的理论依据

一是绿色发展理念。绿色发展是以效率、和谐、持续为目标的经济增长和社会发展方式。当今世界，绿色发展已经成为一个重要趋势，许多国家把发展绿色产业作为推动经济结构调整的重要举措，在推进经济社会转型发展过程中突出绿色的理念和内涵。绿色发展是洞庭湖区村落经济转型与绿色发展的内在目标，也是洞庭湖区村落经济转型与绿色发展评价必然要遵循的理念。在2012年至2014年连续三年期间，北京师范大学经济与资源管理研究院协同西南财经大学发展研究院发布年度发展报告，创造性地构建了“人类绿色发展指数”，[①]对多个省市的绿色发展水平进行科学测评与指数排名。这是目前国内较有影响力的绿色发展指数评价指标体系。为科学合理和全面准确地评价洞庭湖区村落经济转型与绿色发展水平，洞庭湖区村落经济转型评价的“绿色指标”除了具有洞庭湖区自身生态环境和自然资源的评价要求外，还应纳入“人类绿色发展指数”的评价内容，主要从节能减排及污染物治理的角度测度洞庭湖区村落经济绿色发展的水平，具体内容包括“万元地区生产总值能耗”“环境污染治理总投资占GDP比重”“污水处理率”以及“生活垃圾无害化处理率”等。

二是转型经济学理论。转型经济学理论从“华盛顿共识”向“后华盛顿共识”演进的过程中，实现了理论价值的重构与升华，认为以自由化、市场化为目标的经济转型应以制度转型为前提，经济转型的基础是经济体制的转型。因此，考察洞庭湖区村落经济转型的一项重要指标就是洞庭湖区村落的经济体制转型程度以及村落经济的市场化程度。洞庭湖区村民只有从分散经营走向合作经营，才能在市场经济体系中拥有自己的话语权，才能与企业展开竞争，在生产、分配、销售、消费的各个环节参与市场过程中拥有主动权，农产品销售的定价权等。

三是社会资本理论。“社会资本理论对于研究正处于由农业、乡村、封闭半封闭的传统农村社会，向工业、城镇、开放的现代农村社会转变而言，具

① 北京师范大学，西南财经大学，国家统计局.2014 人类绿色发展报告［M］. 北京：北京师范大学出版社，2014：22

有重要理论指导意义和学术启迪价值。”[①]村落社会网络是村落经济的一种重要的资本形态，在村落经济转型过程中，村落社会资本同样需要转型，实现从封闭到开放的转型。村落经济转型与村落社会资本转型是同一过程的两个方面。随着洞庭湖区村落社会结构分化程度不断提高，分化边界由封闭性向开放性转变，社会资本分化推动着洞庭湖区村落从封闭式的村落家族式人际关系向开放式的社会人际关系转型；从自给自足村落自然经济向注重人口、资源、环境等系列村落社会因素协调转型发展。因此，经济社会的开放程度也是衡量洞庭湖区村落经济转型与绿色发展水平的一项重要指标。

四是生态经济学理论。生态经济学理论认为社会经济系统作为生态大系统的一个亚系统，人类社会和自然系统是一个有机的整体，以生态、经济、社会整合的观点来认识人类所面临的生态危机，指导人们正确认识处理人类与自然之间的相互关系。当前，洞庭湖区村落经济面临着环境污染、资源衰竭、生态失衡的发展困境，这一系列生态问题倒逼洞庭湖区村落经济必须走上从粗放到集约转变的生产方式之路，整个洞庭湖区村落经济必须实现从人湖相分到人湖共生的转型。

五是制度经济学理论。制度经济学理论认为制度创新能够带来预期收入增加或成本下降。洞庭湖区村落经济制度除经历了中国农村经济制度相同变迁轨迹外，还有着其独特的经济制度变迁内容，因洞庭湖这一自然生态环境因素的影响，洞庭湖生态环境的演变带来了湖区村落农业耕作制度的变化，经历了从游牧渔猎、居无定所→张网打鱼、船上渔家→围湖造田、岸上农家→退田还湖、渔民上岸的湖区农业耕作制度变迁过程。洞庭湖区村落土地制度、耕作制度和内生、外生管理制度的变迁带来了洞庭湖区农业生产方式从传统农业向现代农业转型。因此，在制度层面上的从传统向现代转变是判别洞庭湖区村落经济转型的重要指标。

以上五大理论构成了洞庭湖区村落经济转型与绿色发展评价指标体系建立的理论依据。五大理论指明了洞庭湖区村落经济转型与绿色发展的方向，即从当下到永续，从计划到市场，从封闭到开放，从传统到现代，从粗放到集约。因此，市场化、开放性、现代化、集约化和生态化是衡量洞庭湖区村

① 钟涨宝等.社会资本理论对农村社会结构变迁的解释功能［J］.华中农业大学学报（社会科学版），2002（1）

落转型发展水平的五大指标，通过量化洞庭湖区村落经济的市场化程度、开放性程度、现代化程度、集约化程度和生态化程度，可以测评洞庭湖区村落经济转型与绿色发展的水平，进而发现当前洞庭湖区村落经济转型与绿色发展过程中存在的问题，根据问题探寻解决问题的对策与措施。

2. 洞庭湖区村落经济转型与绿色发展评价指标体系的构建原则

洞庭湖区村落经济转型的评价指标体系是对洞庭湖区村落经济转型与绿色发展程度的客观评价与反映，在构建洞庭湖区村落经济转型与绿色发展水平评价指标体系过程中，既要遵循一般性原则，又要根据洞庭湖区村落经济转型与绿色发展的主要影响因子来确定特殊性原则。具体来说，洞庭湖区村落经济转型与绿色发展评价指标体系的构建应遵循以下原则：

第一，全面性与主导性相结合的原则。洞庭湖区村落经济转型与绿色发展发展评价指标体系作为一个完整的有机体，是一个大系统，需要遵循洞庭湖区村落经济转型与绿色发展的内在逻辑，从现代化、开放性、市场化、集约化和生态化等五个方面来确定评价内容和指标，力求全面完整地反映洞庭湖区村落经济转型与绿色发展状况。当然，一套指标体系不可能涵盖村落经济的所有指标，但必须能够反映当前洞庭湖区村落经济转型与绿色发展中的主导性问题。坚持全面性与主导性相结合的原则，使整个评价指标体系既能反映典型村落经济的转型特点，又能使这些特点加总在一起体现洞庭湖区村落经济转型的整体水平。

第二，动态性与稳定性相结合的原则。经济转型是一个动态的过程，指标应随着社会、经济、科技和环境的发展变化作适当的调整，同时指标体系在一定时期内应该具有相对稳定性。在设计洞庭湖区村落经济转型与绿色发展水平评价指标体系过程中，需要兼顾静态指标和动态指标的平衡，既能反映当前洞庭湖区村落经济转型的现状，又能预判洞庭湖区村落经济未来的发展趋势，体现村落经济转型发展的动态性特点。

第三，科学性和可操作性相结合的原则。评价指标体系既要科学地反映洞庭湖区村落经济转型的基本特点，又要能对洞庭湖区村落经济转型现状进行准确评价。在设计各项指标时，一定要考虑到该指标内容明确、具体、可供测量、易于应用，定量指标应能方便获取或者测算，指标数据主要来源于《中国统计年鉴》《中国能源统计年鉴》《中国环境统计年鉴》《中国循环经济年鉴》等统计年鉴和部委、省市政府、行业协会等公布的年报，定性指标应尽量标准化，指标的分析也无须太过复杂的程序，指标评价应具备可操作性。

二、洞庭湖区村落经济转型与绿色发展评价指标体系的构建路径

如何准确评价洞庭湖区村落经济转型与绿色发展水平？如何科学预判洞庭湖区村落经济转型与绿色发展的走向？如何制定推动洞庭湖区村落经济转型与绿色发展的对策和措施？这是洞庭湖区村落经济转型与绿色发展水平评价需要解决的问题，这有赖于指标选择与指标体系的科学构建，它直接关系到研究结论的科学性、客观性、准确性和可靠性，关系到能否为决策部门提供一个量化的、具有可操作性的依据。按照系统论的思想，基于绿色发展理念、转型经济学理论、社会资本理论、生态经济学理论和制度经济学理论的核心内涵，参照国内外学者构建的经济转型相关评价指标体系，在对洞庭湖区典型村落调查研究的基础上，寻找构建洞庭湖区村落经济转型与绿色发展评价指标体系的逻辑路径。在构建思路上，分为三个层次。第一层次，是在洞庭湖区村落经济转型与绿色发展评价指数下，选取一级指标，一级指标向上反映总体的概念构架，即绿色、转型与发展的协调，向下应提领二级指标的分领域建立。第二层次，是在一级指标所构架的子系统内，进一步分离出以绿色转型发展能力为主旨的二级指标。第三层次，是根据所确立的二级指标所指向的具体领域，选择可测可比的基础性三级指标，以进行下一步可操作的定量分析。整个洞庭湖区村落经济转型与绿色发展水平评价体系构建步骤如下：

首先，确立目标层。建立这一指标体系是为了衡量洞庭湖区村落经济转型与绿色发展水平，因此各层面的指标都共同指向“洞庭湖区村落经济转型与绿色发展评价”这一总体目标。

其次，确立一级指标和二级指标层：由总目标的构成因素确定评价要素。由绿色发展理念、转型经济学理论、社会资本理论、生态经济学理论和制度经济学理论为导向，结合洞庭湖区自然条件、资源禀赋、经济现状以及长株潭城市群建设的辐射带动作用等系列因素，确定洞庭湖区村落经济转型的未来走向是市场化、开放式、现代化、集约化和生态化。因此在这个层面上设计了“市场化程度”“开放性程度”“现代化程度”“集约化程度”和“生态化程度”这五个一级指标，根据一级指标设计相应的21个二级指标。

最后，在二级指标的基础上确定三级指标，依据各指标集的因果、隶属、

顺序等关系，对指标集进行关系划分、级别划分和类划分，从而得出指标体系的递阶结构，最后选取45个可检测易判断的三级指标。

三、洞庭湖区村落经济转型与绿色发展评价指标体系的总体框架

以绿色发展理念、转型经济学理论、社会资本理论、生态经济学理论和制度经济学理论作为构建洞庭湖区村落经济转型与绿色发展评价体系的理论支撑，构建出洞庭湖区村落经济转型与绿色发展水平评价的指标体系，主要采用层次分析法（Analytic Hierarchy Process，AHP），确定洞庭湖区村落经济转型与绿色发展评价的权重。洞庭湖区村落经济转型与绿色发展的评价指标体系有4层因素构成：第1层即目标层；第2层即准则层，包括市场化程度、开放性程度、现代化程度、集约化程度和生态化程度这5个一级指标；第3层即指标层，包括21个二级指标和45个三级指标，具体指标见表6–1。

表6–1　洞庭湖区村落经济转型与绿色发展评价指标体系

目标层	一级指标	二级指标	三级指标	单位
洞庭湖区村落经济转型与绿色发展评价指标体系（X）	村落经济市场化程度（X_1）	村落市场基础设施水平（X_{11}）	村民对购物方便程度的满意率（X_{111}）	%
		村落市场规范管理水平（X_{12}）	村民对商业网点商品质量的满意率（X_{121}）	%
			村民对商业网点商品价格的满意率（X_{122}）	%
			村民对商业网点售后服务的满意率（X_{123}）	%
		农产品商品化水平（X_{13}）	农产品综合商品率（X_{131}）	%
	村落经济开放性程度（X_2）	村落劳动力流动水平（X_{21}）	村落劳务输出的数量（X_{211}）	%
			村落劳务输出的质量（X_{212}）	%
			村落劳务输入的数量（X_{213}）	%
			村落劳务输入的质量（X_{214}）	%
		村落经济组织化程度（X_{22}）	村民参加农业合作社的比重（X_{221}）	%
		村落经济对外融资水平（X_{23}）	村落集体经济对外融资比率（X_{231}）	%

（续表）

目标层	一级指标	二级指标	三级指标	单位
洞庭湖区村落经济转型与绿色发展评价指标体系（X）	村落经济现代化程度（X_3）	村落经济发展水平（X_{31}）	村民人均纯收入（X_{311}）	万元
			村落居民消费水平（X_{312}）	万元/人
		村民知识化水平（X_{32}）	村落劳动力平均受教育年限（X_{321}）	年
			村落文化教育支出的比重（X_{322}）	%
		农业基础设施及装备水平（X_{33}）	旱涝保收率（X_{331}）	%
			单位面积农机总动力（X_{332}）	万千瓦/千公顷
			耕种收综合机械化率（X_{333}）	%
		农业技术服务水平（X_{34}）	农业科技进步贡献率（X_{341}）	%
			农业科技人员比重（X_{342}）	%
			农业信息服务覆盖率（X_{343}）	%
		农业生产力水平（X_{35}）	农业劳动生产率（X_{351}）	万元/人
			土地生产率（X_{352}）	千克/公顷
			水域生产率（X_{353}）	千克/公顷
		村落产业结构水平（X_{36}）	工业比重（X_{361}）	%
			农业比重（X_{362}）	%
			服务业比重（X_{363}）	%
		村落企业发展水平（X_{37}）	村落企业增加值占村落总产值比重（X_{371}）	%
			村落企业从业人员数占村落劳动力比重（X_{372}）	%
			绿色农产品认证产值占农产品加工企业产值比（X_{373}）	%
		村落经济非农化水平（X_{38}）	劳动力非农化比重（X_{381}）	%

（续表）

目标层	一级指标	二级指标	三级指标	单位
洞庭湖区村落经济转型与绿色发展评价指标体系（X）	村落经济集约化程度（X_4）	劳动集约水平（X_{41}）	单位耕地面积上的农业经济活动人口数（X_{411}）	人/亩
			土地流转水平（X_{412}）	%
			种粮大户比率（X_{413}）	%
		农业科技集约水平（X_{42}）	百亩农用地拥有的农业科技人员数（X_{421}）	人
		土壤肥力集约水平（X_{43}）	科学施肥率（X_{431}）	%
	村落经济生态化程度（X_5）	村落湿地生态水平（X_{51}）	湿地面积占国土面积比重（X_{511}）	%
		能源经济生态水平（X_{52}）	万元地区生产总值能耗降低率（X_{521}）	%
			农村沼气池占村落总户数比（X_{522}）	%
		村落环保生态水平（X_{53}）	环境污染治理总投资占GDP比重（X_{531}）	%
			生活垃圾无害化处理率（X_{532}）	%
			污水处理率（X_{533}）	%
		村落农业生态水平（X_{54}）	秸秆还田率（X_{541}）	%
			单位面积化肥使用量（X_{542}）	千克/公顷
			单位面积农药使用量（X_{543}）	千克/公顷

四、洞庭湖区村落经济转型与绿色发展评价指标体系的具体解释

1．村落经济市场化程度

虽然中国已经是市场经济体制的国家，但相对市场经济较发达的城市社会而言，洞庭湖区村落是市场经济发展滞后的区域，湖区村落的市场意识、市场规则、市场机制均远远落后于城市，湖区村落的生产方式、消费方式、管理模式普遍缺乏市场意识，市场机制尚未在洞庭湖区村落经济的土壤中扎根，洞庭湖区村落经济不能跟上城市经济的发展节奏，城乡差距逐渐拉大。因此，市场化成为洞庭湖区村落经济转型与绿色发展的走向和目标，也是衡量洞庭湖区村落经济转型与绿色发展的一项重要指标。洞庭湖区村落经济市场化程度主要体现在村落市场硬件与软件建设水平，以及农产品的商品

化水平。

①村落市场软硬件建设水平。该指标分解为以下3项指标内容：村落市场的基础设施水平用“村民对购物方便程度的满意率”来反映；村落市场的规范管理水平用“村民对商业网点商品质量的满意率”“村民对商业网点商品价格的满意率”和“村民对商业网点售后服务的满意率”来反映。

②农产品商品化水平。“农产品商品化水平”用农产品综合商品率来反映，是指农产品综合市场成交额在村落农业总产值中的比重，此项指标值越高，表明村落经济的市场化程度越高。计算公式为：农产品综合商品率=（农产品综合市场成交额÷农业总产值）×100%。

2. 村落经济开放性程度

经济开放度（Openness）是指一定区域范围内，经济体的商品和生产要素（包括资金、技术、劳动力等）跨越本区域参与到其他区域的生产与消费活动的程度。社会资本理论为解析村落经济转型提供了全新的理论视角，村落社会网络是村落经济的一种重要的资本形态，在村落经济转型过程中，村落社会资本同样需要转型，实现从封闭到开放的转型。农民进城务工促使村落社会结构加速分化，并推动着洞庭湖区村落从封闭式的村落家庭宗族式人际关系向开放式的社会人际关系转型；从自给自足村落自然经济向注重人口、资源、环境等系列村落社会因素协调转型发展。村落劳动力流动是对传统村落社交关系的破解与重构，基于血缘和地缘的村落社会资本随之发生嬗变，这是引发洞庭湖区村落经济转型与绿色发展的重要诱因，其本身也构成了洞庭湖区村落经济转型的具体内容，是洞庭湖区村落经济转型与绿色发展的重要指标。以农民合作经济组织替代传统的以亲疏远近建立的社会关系，以行业或协会组织为载体来扩展社会资本，促使洞庭湖区村落单打独斗的“小农经济”向市场化的合作经济转型，村落经济组织化程度是洞庭湖区村落经济转型与绿色发展的重要指标。此外，村落经济对外投融资水平也是衡量洞庭湖区村落经济开放程度的一项重指标，考虑到目前洞庭湖区村落集体经济尚不具备资金输出的能力，笔者只将洞庭湖区村落集体经济对外融资能力列入评价指标。

①村落劳动力流动水平。村落劳动力流动水平包括“输出劳动力水平”和“输入劳动力水平”，其中，“输出劳动力水平”用劳动力输出的数量和质量来反映，用“劳动力输出的数量占所有劳动力总数的比重”来表达“劳动

力输出数量”的指标内涵，用“知识技能型劳动力输出数占所有劳动力输出总数的比重”来表达“劳动力输出质量”的指标内涵；“输入劳动力水平”用劳动力输入的数量和质量来反映，用“劳动力输入的数量占所有劳动力总数的比重”来表达“劳动力输入数量”的指标内涵，用“知识技能型劳动力输入数占所有劳动力输入总数的比重”来表达“劳动力输入质量”的指标内涵。

②村落经济组织化程度。村落经济组织化程度是指农民合作经济组织的规模水平和数量水平。2013年中央一号文件指出“农民合作社是带动农户进入市场的基本主体”，农民合作社是联结农户和市场的主要桥梁和纽带，在现代农业经营体系中起着巨大的组织带动作用。村落经济组织化率用参加农民合作社的成员数与农业从业人员数之比来表示，此指标值越高说明村落经济的组织化程度越高，计算公式为：农民经济组织化率=（参加农民合作社的成员数÷农业从业人员数）×100%。

③村落经济对外融资水平。无论是发展现代农业、促进粮食生产和农民持续增收，还是发展非农产业、加快农村经济结构的调整，洞庭湖区村落经济发展都离不开资金的支持。对外融资是村落经济获得资金支持的重要渠道，村落经济对外融资水平用“村落集体经济对外融资比率”来表示，即村落集体经济对外融资额在融资总额中的比重。

3．村落经济现代化程度

洞庭湖区村落土地制度、耕作制度和内生、外生经济制度的变迁带来了洞庭湖区村落生产方式从传统向现代转型。反映洞庭湖区村落经济现代化程度的指标有8个：村落经济发展水平、村民知识化水平、农业基础设施及装备水平、农业技术服务水平、农业生产力水平、村落产业结构水平、村落企业发展水平和村落经济非农化水平。

①村落经济发展水平。村落经济发展水平是衡量村落经济现代化程度的重要指标，此指标包括以下二项具体指标内容：村落居民人均纯收入和村落居民消费水平。“农民人均纯收入”是指农村住户当年从各个来源得到的总收入相应地扣除所发生的费用后的收入总和。计算公式为：农民人均纯收入=农民人均总收入–农民人均费用性支出。“村落居民消费水平”是指村民在物质产品和劳务的消费过程中，对满足村民生存、发展和享受需要方面所达到的程度，通过村民消费的物质产品、劳务的数量和质量反映出来。计算公式为：村落居民消费水平（元/人）=一定时期内村民消费总额/村落人口数。

②村民知识化水平。村民是洞庭湖区村落经济建设的主体，是推动村落经济转型发展的重要内生力量，传统自耕农式的村民向现代知识化村民转型是洞庭湖区村落经济能否成功转型的关键。村民知识化水平是衡量评价洞庭湖区村落经济转型与绿色发展的重要指标，具体指标内容为：村落劳动力平均受教育年限；用村落文化教育支出占总支出比例表示的“村落文化教育支出的比重”。

③农业基础设施及装备水平。农业基础设施及装备是农业生产的“硬件”，这个硬性条件左右着村落农业的现代化水平，是村落经济现代化转型的重要指标。此指标分解为以下三个具体指标内容：用旱涝保收面积在耕地总面积中所占比例表示的“旱涝保收率”，计算公式为：旱涝保收率=（旱涝保收面积 ÷ 耕地总面积）× 100%；用农机总动力占农作物总播种面积的比例表示的“单位面积农机总动力”，计算公式为：单位面积农机总动力=（农机总动力 ÷ 农作物总播种面积）× 100%；用机耕面积占农作物总播种面积的比例表示的“耕种收综合机械化率”，计算公式为：耕种收综合机械化率=（机耕面积 ÷ 农作物总播种面积）× 100%。以上三项指标值越高就表明村落经济现代化水平越高。

④农业技术服务水平。农业技术社会化服务是农业生产商品化发展到一定阶段的产物，农业技术服务水平是衡量村落经济现代化水平的一项重要指标。具体指标内容如下：用农业科技进步率占农业总产值增长率表示的“农业科技进步贡献率”指标；用农业专业技术人员数占农业从业人员数比例表示的“农业科技人员比重”指标；随着信息高速公路不断向农村地区延伸，农业信息技术成为推动村落经济转型发展的一大动力，“农业信息服务覆盖率”成为衡量农业技术服务水平的重要指标，计算公式为：农业信息服务覆盖率=［（电视人口覆盖率+广播人口覆盖率+网络信息覆盖率）÷ 3］× 100%。

⑤农业生产力水平。生产力因素是一切经济活动的决定性因素，洞庭湖区村落经济转型与绿色发展的核心指标就是村落农业生产力水平。洞庭湖区村落农业生产力主要包括以下三项指标内容：用农业总产值占农业从业人员总数比重表示的“农业劳动生产率”；用全年粮食总产量占粮食作物总播种面积比重表示的“土地生产率”；用水产品总量占养殖总面积比重表示的“水域生产率”。

⑥村落产业结构水平。村落产业结构水平是衡量村落经济现代化程度的一项重要指标，也是评价洞庭湖区村落经济转型与绿色发展水平的一项重要

指标。村落产业结构水平可以用第一、二、三产业比重来综合反映，计算公式为：工业比重=（村落工业总产值÷村落总产值）×100%；农业比重=（村落农业总产值÷村落总产值）×100%；服务业比重=（村落服务业总产值÷村落总产值）×100%。

⑦村落企业发展水平。村落企业的发展带来的不仅是村落经济的增长，村民生活水平的提高，更重要的是能够推动村落生产方式、村民生活方式的转变。村落企业发展水平的具体指标内容和计算公式如下：“村落企业增加值占村落总产值比重”，其计算公式为：村落企业增加值占村落总产值比重=（村落企业增加值÷村落总产值）×100%；“村落企业从业人员数占村落劳动力总人数的比重”，其计算公式为：村落企业从业人员数占村落劳动力总人数的比重=（村落企业从业人员数÷村落劳动力总人数）×100%。

⑧村落经济非农化水平。非农化可以优化村落产业结构，提升村落经济质量，强化市场意识、效益观念和投资意识，是反映村落经济现代化水平的一项重要指标，其计算公式为：劳动力非农化比重=（非农劳动力人口÷劳动力总人数）×100%。

4．村落经济集约化程度

洞庭湖的自然生态问题倒逼湖区村落经济必须走上从粗放型向集约型转变的发展道路，加快湖区村落经济转型步伐，提升村落农业集约化经营水平，大力发展既注重经济效益又注重生态效益的“两型农业”，有效节约湖区资源，保护湖区生态环境，这是洞庭湖村落经济应该遵循的转型之道。反映村落经济集约化程度的指标有“劳动集约水平”“农业科技集约水平”和“土壤肥力集约水平”。

①劳动集约水平。反映劳动集约水平的具体指标有：“平均每个农业经济活动人口耕地面积”，用耕地面积与农业经济活动人口的比重来计算；“土地流转水平”，用村落流转面积与总面积的比重来计算；“种粮大户的比率”，用种粮大户的数量与村落人口总数的比重来计算。

②农业科技集约水平。衡量农业科技集约水平的具体指标内容是“百亩农用地拥有的农业科技人员数”。

③土壤肥力集约水平。农民由于缺乏科学施肥知识，普遍存在着施肥不当的现象，不仅影响农作物的产量和品质的提高，而且导致成本增加、资源浪费、环境污染。反映土壤肥力集约水平的具体指标是“科学施肥率”，用测

土配方施肥面积占耕地面积的比重来反映“科学施肥率”，计算公式为：科学施肥率=（测土配方施肥面积÷耕地面积）×100%。

5．村落经济生态化程度

在传统粗放式生产模式下，洞庭湖区农村普遍存在滥用化肥、农药等问题，经济的非生态化行为只是换来洞庭湖区村落短期的经济效益，却造成洞庭湖区的资源浪费和环境破坏，失去了洞庭湖区村落长期的可持续发展。将“村落经济生态化”纳入洞庭湖区村落经济转型与绿色发展评价指标体系，有利于正确引导洞庭湖区村落经济走上经济和生态协调发展的道路。反映“村落经济生态化程度”的指标有：村落湿地生态水平、村落能源经济生态水平、村落环保生态水平和村落农业生态水平。

①村落湿地生态水平。湿地是具有多种功能和价值作用的生态系统，洞庭湖区湿地是湖区村落发展生态经济的宝贵资源，更是维护湖区村落生态安全的天然屏障。衡量村落湿地生态水平的具体指标内容是“湿地面积占国土面积比重”。

②村落能源经济生态水平。反映村落能源经济生态水平的具体指标内容是“万元地区生产总值能耗降低率”和“农村沼气池占村落总户数比”。

③村落环保生态水平。反映村落环保生态水平的具体指标内容是“环境污染治理总投资占GDP比重”、“生活垃圾无害化处理率”和“污水处理率”。

④村落农业生态水平。反映村落农业生态水平的具体指标内容有三个：“秸秆还田率”，即秸秆还田面积/粮食播种总面积；“单位面积化肥使用量”，即化肥施用量/农作物总播种面积；“单位面积农药使用量”，即农药施用量/农作物总播种面积。

第二节　洞庭湖区村落经济转型与绿色发展水平的实证分析

理论源于实践，又用于实践。洞庭湖区村落经济转型与绿色发展水平评价指标体系是建立在充分吸收中外湖区村落经济转型与绿色发展经验和深入考察洞庭湖区村落经济转型历史的基础之上，其科学性和合理性需要在实践工作中得到检验。洞庭湖区村落经济转型与绿色发展评价指标体系的设计是否科学合理？运用的评价方法是否切实可行？设定的指标内容是否操作有效？这些问题需要置于洞庭湖区村落经济转型与绿色发展的实证分析与研究中加以验证和解决。

一、洞庭湖区村落经济转型与绿色发展评价指标权重的确定

指标权重是指标在评价过程中不同重要程度的反映，是决策（或评估）问题中指标相对重要程度的一种主观评价和客观反映的综合度量。若某一指标因素的权重发生变化，将会影响整个评判结果，指标权重赋值的合理性对评价结果的科学性起着至关重要的作用。因此，评价指标权重的赋值必须做到科学和客观，这就要求寻求合适的权重确定方法。指标权重的确定方法有很多种，其中，由美国运筹学家萨迪于20世纪70年代初提出的层次分析法（AHP）原理简单，且具有数学逻辑分析依据。层次分析法是一种整理和综合人们主观判断的客观分析方法，也是一种定量与定性相结合的系统分析方法，它适合于具有多层次结构的综合评价问题的权重确定和多指标决策的可行方案优劣排序。在本文中，由于每个影响因子中选用的指标较多，对其相对重要性分析时，利用AHP法是比较有效的，并且AHP是对指标进行一对一的比较分析，可以连续进行并能随时改进，能够保障指标权重赋值的科学性。

根据洞庭湖区村落经济转型与绿色发展水平评价指标体系确定的各层次评价指标，选择来自高等院校、科研机构和政府部门长期从事洞庭湖区域经济研究的专家11人，通过专家对洞庭湖区村落经济转型与绿色发展水平评价指标进行比较，构造判断矩阵并赋值。根据11位专家的判断矩阵建立综合判断矩阵，利用综合判断矩阵进行排序，采用层次分析法（AHP）的计算思路，运用Excel计算综合判断矩阵中各指标权重，现在以一级指标层中的“村落经济市场化程度（X_1）”为例说明该指标层各项指标的权重计算过程，具体计算步骤如下。

1．在Excel 的工作表Sheet1 中，选择单元格区域B2：D4，把表6-1（洞庭湖区村落经济转型与绿色发展评价指标体系表）所示的判断矩阵X_1—X_{1j}的数据输入Excel B2：E5区域，输入公式：={1，1/3，3，1/3；3，1，4，3；1/3，

1/4，1，1/4；3，1/3，4，1}，按Ctrl+Shift+Enter键，结束数组公式的输入，形成图6-1所示的矩阵。

	A	B	C	D	E
1	X_1	X_{11}	X_{12}	X_{13}	X_{14}
2	X_{11}	1	1/3	3	1/3
3	X_{12}	3	1	4	3
4	X_{13}	1/3	1/4	1	1/4
5	X_{14}	3	1/3	4	1
6					

图6-1　判断矩阵X_1—X_{1j}的原始数据[①]

2. 计算判断矩阵每行元素的乘积。在单元格F2中输入公式"=B2*C2*D2*E2"，按住填充柄拖动到F5，完成判断矩阵每行元素的乘积（M_i）的计算，如图6-2所示。

	A	B	C	D	E	F
1	X_1	X_{11}	X_{12}	X_{13}	X_{14}	行内连乘
2	X_{11}	1	0.333333	3	0.333333	0.333332667
3	X_{12}	3	1	4	3	36
4	X_{13}	0.333333	0.25	1	0.25	0.020833313
5	X_{14}	3	0.333333	4	1	3.999996
6						

图6-2　判断矩阵每行元素乘积（M_i）计算结果

① 本文采用层次分析法（AHP），运用Excel软件对各级指标层的指标权重进行了计算，第六章的图6-1、图6-2、图6-3、图6-4、图6-5、图6-6、图6-7和图6-8均是通过截取Excel运算环境下"村落经济市场化程度（X_1）"指标权重的各分步计算过程而得。

3．计算M_i的n次方根$\overline{W}_i$，并求和。在单元格G2中输入公式“=power（F2，1/4）”，按住填充柄拖动到G5，完成M_i的4次方根的计算，结果显示在单元格G2、G3、G4、G5中；在单元格G6中输入“=SUM（G2：G5）”，完成$\overline{W}_i$的求和，结果显示在单元格G6中。Excel运算过程如图6-3所示。

Microsoft Excel - AHP分析法

	A	B	C	D	E	F	G
1	X_1	X_{11}	X_{12}	X_{13}	X_{14}	行内连乘	开n次方
2	X_{11}	1	0.333333	3	0.333333	0.333332667	0.759835306
3	X_{12}	3	1	4	3	36	2.449489743
4	X_{13}	0.333333	0.25	1	0.25	0.020833313	0.379917748
5	X_{14}	3	0.333333	4	1	3.999996	1.414213209
6						Σ	5.003456005
7							

图6-3　M_i的4次方根计算结果及$\overline{W}_i$的求和结果

4．权重W_i的计算。在单元格H2中输入“=G2/G6”，按住填充柄拖动到H5，完成权重W_i的计算，得到特征向量$\overline{W}$=（0.15186209，0.48955956，0.07593107，0.28264728）^{T}，结果显示在单元格H2、H3、H4、H5中，如图6-4所示。

Microsoft Excel - AHP分析法(1.21)

	A	B	C	D	E	F	G	H
1	X_1	X_{11}	X_{12}	X_{13}	X_{14}	行内连乘	开n次方	权重W
2	X_{11}	1	0.333333	3	0.333333	0.333332667	0.759835306	0.15186209
3	X_{12}	3	1	4	3	36	2.449489743	0.48955956
4	X_{13}	0.333333	0.25	1	0.25	0.020833313	0.379917748	0.07593107
5	X_{14}	3	0.333333	4	1	3.999996	1.414213209	0.28264728
6						Σ	5.003456005	
7								

图6-4　权重W_i的计算结果

5．判断矩阵最大特征λmax的计算。

第一步，求矩阵X与矩阵W的乘积。用鼠标选中欲显示XW乘积矩阵的第一个元素的单元格区，本例为单元格B9；再用鼠标单击工具栏上的“f_x”，弹出“插入函数”的对话框，如图6-5所示。在“插入函数”对话框的“选择类别”中选中“数学与三角函数”，在“选择函数”中选中“MMULT”，单击“确定”，弹出“函数参数”对话框，如图6-6所示。

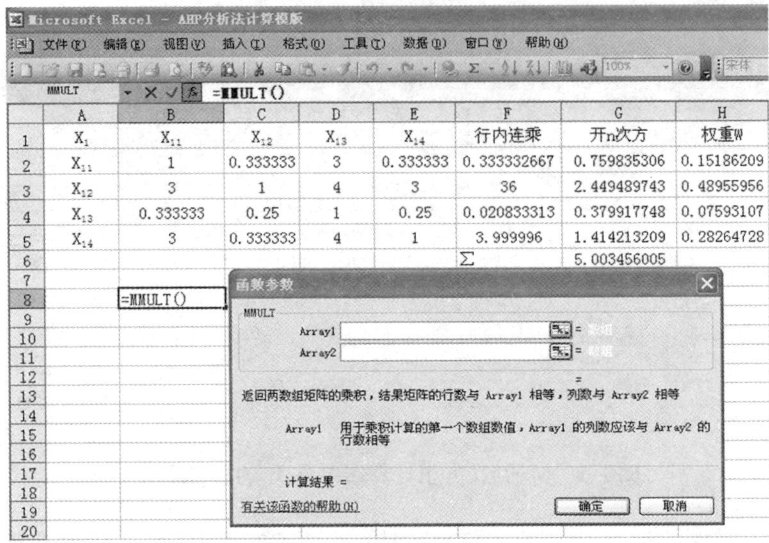

	A	B	C	D	E	F	G	H
1	X_1	X_{11}	X_{12}	X_{13}	X_{14}	行内连乘	开n次方	权重W
2	X_{11}	1	0.333333	3	0.333333	0.333332667	0.759835306	0.15186209
3	X_{12}	3	1	4	3	36	2.449489743	0.48955956
4	X_{13}	0.333333	0.25	1	0.25	0.020833313	0.379917748	0.07593107
5	X_{14}	3	0.333333	4	1	3.999996	1.414213209	0.28264728
6						Σ	5.003456005	
8		=MMULT()						

图6-5 “插入函数”对话框

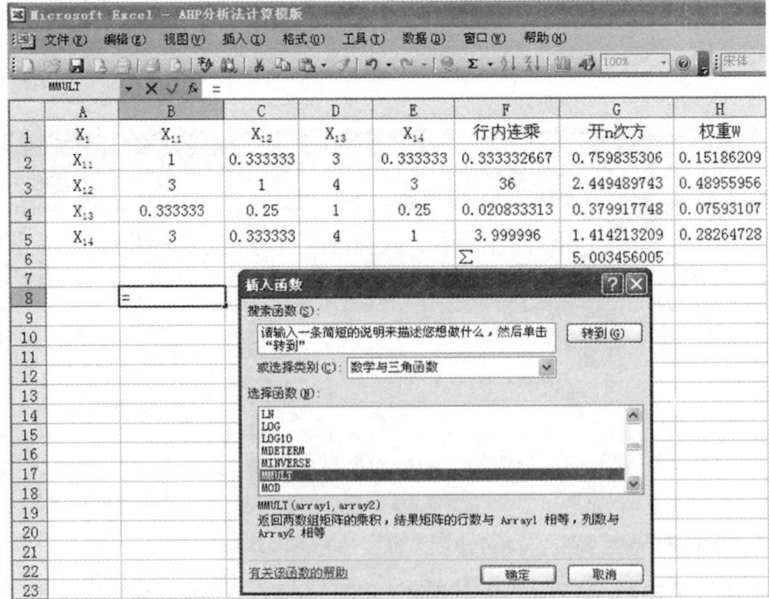

	A	B	C	D	E	F	G	H
1	X_1	X_{11}	X_{12}	X_{13}	X_{14}	行内连乘	开n次方	权重W
2	X_{11}	1	0.333333	3	0.333333	0.333332667	0.759835306	0.15186209
3	X_{12}	3	1	4	3	36	2.449489743	0.48955956
4	X_{13}	0.333333	0.25	1	0.25	0.020833313	0.379917748	0.07593107
5	X_{14}	3	0.333333	4	1	3.999996	1.414213209	0.28264728
6						Σ	5.003456005	
8		=						

图6-6 “函数参数”对话框

第二步，在“函数参数”对话框的“Array1”框内输入“B2：E5”，在“Array2”框内输入“H2：H5”，单击“确定”按钮，所求的乘积矩阵的第一个元素值（0.637057314）就出现在单元格B8中。然后用鼠标选择B8：B11，先按“F2”键，然后同时按“Ctrl+Shift+Enter”键，结果显示在B8：B11中（见图6–7）。

Microsoft Excel - AHP分析法计算模版

文件(F)　编辑(E)　视图(V)　插入(I)　格式(O)　工具(T)　数据(D)　窗口(W)　帮助(H)

B8　　{=MMULT(B2:E5,H2:H5)}

	A	B	C	D	E	F	G	H
1	X_1	X_{11}	X_{12}	X_{13}	X_{14}	行内连乘	开n次方	权重W
2	X_{11}	1	0.333333	3	0.333333	0.333332667	0.759835306	0.15186209
3	X_{12}	3	1	4	3	36	2.449489743	0.48955956
4	X_{13}	0.333333	0.25	1	0.25	0.020833313	0.379917748	0.07593107
5	X_{14}	3	0.333333	4	1	3.999996	1.414213209	0.28264728
6						Σ	5.003456005	
7								
8		0.637057314						
9		2.096811937						
10		0.319603423						
11		1.205144179						

图6–7　判断矩阵最大特征根计算结果

第三步，在单元格C8中输入“= B8/（4*H2）”，按住填充柄拖动到C12，然后单击工具栏上的求和按钮“Σ”，计算得出判断矩阵最大特征根λmax，结果显示在C12中（见图6–8）。

6．判断矩阵的一致性检验。先计算一致性指标CI，计算公式：$CI=\frac{l\max-n}{n-1}$，式中：λmax为判断矩阵的最大特征根，n为判断矩阵的阶数。在单元格E9中输入“=（E8–4）/（4–1）”，得到CI=0.0792443，然后查平均随机一致性指标RI值（见表6–2）。

表6–2　平均随机一致性指标RI值①

阶数	1	2	3	4	5	6	7	8	9	10	11	12	13	14	15
RI	0	0	0.52	0.89	1.12	1.26	1.36	1.41	1.46	1.49	1.52	1.54	1.56	1.58	1.59

① 根据文献（许树伯．实用决策方法——层次分析法原理［M］．天津大学出版社，1988.）得出的1–15阶重复计算1000次的平均随机一致性指标RI。

当n=4时，RI=0.89，一致性指标CI与同阶平均随机一致性指标RI之比称为随机一致性比率CR（Consistency Ratio），即CR= CI/RI，当 CR<0.1时，便认为判断矩阵具有可以接受的一致性，当 CR>0.1时，就需要调整和修改判断矩阵，使其满足CR<0.1，从而具有满意的一致性。本例中CR=0.0792443/0.89=0.0890386<0.1，表明该判断矩阵通过检验，不需要做调整（全部计算过程见图6–8）。

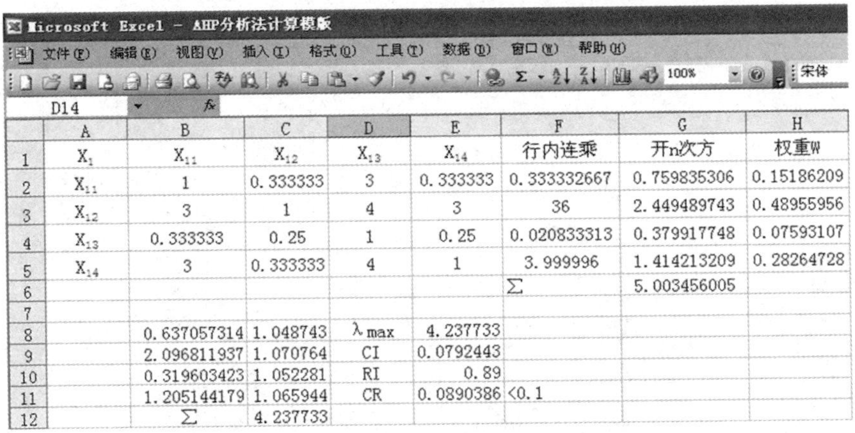

Microsoft Excel – AHP分析法计算模版

文件(F) 编辑(E) 视图(V) 插入(I) 格式(O) 工具(T) 数据(D) 窗口(W) 帮助(H)

D14

	A	B	C	D	E	F	G	H
1	X_1	X_{11}	X_{12}	X_{13}	X_{14}	行内连乘	开n次方	权重W
2	X_{11}	1	0.333333	3	0.333333	0.333332667	0.759835306	0.15186209
3	X_{12}	3	1	4	3	36	2.449489743	0.48955956
4	X_{13}	0.333333	0.25	1	0.25	0.020833313	0.379917748	0.07593107
5	X_{14}	3	0.333333	4	1	3.999996	1.414213209	0.28264728
6						Σ	5.003456005	
7								
8		0.637057314	1.048743	λmax	4.237733			
9		2.096811937	1.070764	CI	0.0792443			
10		0.319603423	1.052281	RI	0.89			
11		1.205144179	1.065944	CR	0.0890386	<0.1		
12		Σ	4.237733					

图6–8 判断矩阵X_1—X_{1j}原始数据和计算结果

依据以上评价指标权重计算方法和步骤计算得出的其他各判断矩阵对应指标权重值见表6–3。

表6–3 洞庭湖区村落经济转型与绿色发展水平评价指标权重

目标层	一级指标	权重	二级指标	权重	三级指标	权重
洞庭湖区村落经济转型与绿色发展评价指标体系（X）	村落经济市场化程度（X_1）	0.130	村落市场基础设施水平（X_{11}）	0.245	村民对购物方便程度的满意率（X_{111}）	1.000
			村落市场规范管理水平（X_{12}）	0.489	村民对商业网点商品质量的满意率（X_{121}）	0.445
					村民对商业网点商品价格的满意率（X_{122}）	0.385
					村民对商业网点售后服务的满意率（X_{123}）	0.170
			农产品商品化水平（X_{13}）	0.266	农产品综合商品率（X_{131}）	1.000

（续表）

目标层	一级指标	权重	二级指标	权重	三级指标	权重
洞庭湖区村落经济转型与绿色发展评价指标体系（X）	村落经济开放性程度（X_2）	0.047	村落劳动力流动水平（X_{21}）	0.594	村落劳务输出的数量（X_{211}）	0.110
					村落劳务输出的质量（X_{212}）	0.217
					村落劳务输入的数量（X_{213}）	0.215
					村落劳务输入的质量（X_{214}）	0.458
			村落经济组织化程度（X_{22}）	0.249	村民参加农业合作社的比重（X_{221}）	1.000
			村落经济对外融资水平（X_{23}）	0.157	村落集体经济对外融资率（X_{231}）	1.000
	村落经济现代化程度（X_3）	0.284	村落经济发展水平（X_{31}）	0.184	村民人均纯收入（X_{311}）	0.500
					村落居民消费水平（X_{312}）	0.500
			村民知识化水平（X_{32}）	0.192	村落劳动力平均受教育年限（X_{321}）	0.668
					村落文化教育支出的比重（X_{322}）	0.332
			农业基础设施及装备水平（X_{33}）	0.174	旱涝保收率（X_{331}）	0.400
					单位面积农机总动力（X_{332}）	0.300
					耕种收综合机械化率（X_{333}）	0.300
			农业技术服务水平（X_{34}）	0.072	农业科技进步贡献率（X_{341}）	0.490
					农业科技人员比重（X_{342}）	0.268
					农业信息服务覆盖率（X_{343}）	0.242
			农业生产力水平（X_{35}）	0.082	农业劳动生产率（X_{351}）	0.406
					土地生产率（X_{352}）	0.325
					水域生产率（X_{353}）	0.269
			村落产业结构水平（X_{36}）	0.143	工业比重（X_{361}）	0.162
					农业比重（X_{362}）	0.375
					服务业比重（X_{363}）	0.463
			村落企业发展水平（X_{37}）	0.092	村落企业增加值占村落总产值比重（X_{371}）	0.405
					村落企业从业人员数占村落劳动力比重（X_{372}）	0.330
					绿色农产品认证产值占农产品加工企业产值比（X_{373}）	0.265
			村落经济非农化水平（X_{38}）	0.061	劳动力非农化比重（X_{381}）	1.000

（续表）

目标层	一级指标	权重	二级指标	权重	三级指标	权重
洞庭湖区村落经济转型与绿色发展评价指标体系（X）	村落经济集约化程度（X_4）	0.312	劳动集约水平（X_{41}）	0.556	平均每个农业经济活动人口的耕地面积（X_{411}）	0.392
					土地流转水平（X_{412}）	0.311
					种粮大户比率（X_{413}）	0.297
			农业科技集约水平（X_{42}）	0.261	百亩农用地拥有农业科技人员数（X_{421}）	1.000
			土壤肥力集约水平（X_{43}）	0.183	科学施肥率（X_{431}）	1.000
	村落经济生态化程度（X_5）	0.227	村落湿地生态水平（X_{51}）	0.179	湿地面积占国土面积比重（X_{511}）	1.000
			能源经济生态水平（X_{52}）	0.217	万元地区生产总值能耗降低率（X_{521}）	0.631
					农村沼气池占村落总户数比（X_{522}）	0.369
			村落环保生态水平（X_{53}）	0.292	环境污染治理总投资占GDP比重（X_{531}）	0.575
					生活垃圾无害化处理率（X_{532}）	0.213
					污水处理率（X_{533}）	0.212
			村落农业生态水平（X_{54}）	0.312	秸秆还田率（X_{541}）	0.255
					单位面积化肥使用量（X_{542}）	0.353
					单位面积农药使用量（X_{543}）	0.392

二、洞庭湖区村落经济转型与绿色发展评价指标值的确定——以湘阴县白泥湖乡楠竹村为例

为验证洞庭湖区村落经济转型与绿色发展评价指标体系的科学性，并通过对洞庭湖区典型村落经济转型的当下状态进行评价，分析洞庭湖区村落经济转型与绿色发展存在的问题及原因，预判洞庭湖区村落经济转型与绿色发展的未来走向，探寻洞庭湖区村落经济转型与绿色发展的现实路径，特选取一个具有代表性的洞庭湖区村落——湘阴县白泥湖乡楠竹村作为实证研究对象。

1．样本村落基本情况概述

楠竹村地处湘江与洞庭湖交汇处，行政隶属岳阳市湘阴县白泥湖乡，全村总面积8200亩，其中耕地面积5225亩、水面810亩。现有23个村民小组、

498户，总人口1872人，其中党员88人。2005年12月被定为省级新农村建设示范村、2011年被确定为省级旅游名村。楠竹村以盛产藠头闻名，形成了产、加、销一体的藠头产业链和以龙头企业带动的11家藠头加工企业群，全村现有楠竹山华鑫农副产品开发公司、楠竹山物流运输公司、楠竹山建筑劳务公司、楠竹山至友米业、双佳农牧科技开发公司、大棚蔬菜种植、生猪养殖场等各类企业8家。楠竹村建立了良种藠头基地1500亩，优质稻生产基地3000亩，建成蘑菇、蔬菜大棚77个，发展养殖大户48户，建设生猪养殖小区5个；引进了湖南双佳农牧有限公司标准化养鸡场，年养殖规模超过120万羽；引进了至友米业，年产值突破5000万元，获批省级农业产业化龙头企业。楠竹村形成了农副产品加工、劳务、物流、养殖等多个支柱产业，2015年全村实现工农业总产值1.75亿元，增长21%，农民人均收入达11600元，同比增加14.5%。2016年全村实现工农业总产值2.25亿元，增长30%，村民平均纯收入13500元，同比增加2000多元。

2．定量指标值的来源（具体数据见表6-4）

表6-4　楠竹村经济转型发展水平评价指标数值

指标名称	指标值	指标名称	指标值
村民对购物方便程度的满意率（X_{111}）%	53.36	水域生产率（X_{353}）千克/公顷	5232.62
村民对商业网点商品质量的满意率（X_{121}）	47.56	工业比重（X_{361}）%	22.43
村民对商业网点商品价格的满意率（X_{122}）%	65.23	农业比重（X_{362}）%	63.56
村民对商业网点售后服务的满意率（X_{123}）%	37.22	服务业比重（X_{363}）%	14.01
农产品综合商品率（X_{131}）%	12.73	村落企业增加值占村落总产值比重（X_{371}）%	22.57
村落劳务输出的数量比（X_{211}）%	67.48	村落企业从业人员数占村落劳动力比重（X_{372}）%	26.44
村落劳务输出的质量比（X_{212}）%	11.37	绿色农产品认证产值占农产品加工产值比（X_{373}）	11.23
村落劳务输入的数量比（X_{213}）%	6.25	劳动力非农化比重（X_{381}）%	26.77
村落劳务输入的质量比（X_{214}）%	9.22	平均每个农业经济活动人口的耕地面积（X_{411}）（亩）	2.85

（续表）

指标名称	指标值	指标名称	指标值
村民参加农业合作社的比重（X_{221}）%	35.64	土地流转水平（X_{412}）%	25.42
村落集体经济对外融资比率（X_{231}）%	115	种粮大户比率（X_{413}）%	5.35
村民人均纯收入（X_{311}）万元	13500	百亩农用地拥有农业科技人员数（X_{421}）%	0.19
村民消费额占总收入比重（X_{312}）%	37.58	科学施肥率（X_{431}）%	26.83
村落劳动力平均受教育年限（X_{321}）	8.2	湿地面积占国土面积比重（X_{511}）%	8.69
村落年均文化教育支出的比重（X_{322}）%	2.75	万元地区生产总值能耗降低率（X_{521}）	4.25
旱涝保收率（X_{331}）%	73.28	农村沼气池占村落总户数比（X_{522}）%	2.46
单位面积农机总动力（X_{332}）	0.50	环境污染治理总投资占GDP比重（X_{531}）%	0.89
耕种收综合机械化率（X_{333}）%	66.34	生活垃圾无害化处理率（X_{532}）%	65
农业科技进步贡献率（X_{341}）%	65.75	污水处理率（X_{533}）%	52
农业科技人员比重（X_{342}）%	0.52	秸秆还田率（X_{541}）%	72.55
农业信息服务覆盖率（X_{343}）%	92.46	单位面积化肥使用量（X_{542}）/吨	1320.73
农业劳动生产率（X_{351}）万元/人	1.11	单位面积农药使用量（X_{543}）/吨	16.84
土地生产率（X_{352}）千克/公顷	6048.31		

定量指标值的获取来源于以下三个方面：

一是直接由样本村村委会提供。一些村落经济数据出现在村务公开、村级预算、汇报材料中，以上材料汇集于村委会办公室，征得村支书或村主任的同意，可以通过查阅相关材料获取样本村（楠竹村）的一些基本经济数据。

二是通过调查获得第一手数据。对于在样本村村委会查阅不到的一些数据，笔者以问卷形式调查该村村民，获得村落经济相关数据。

三是通过互联网搜索相关数据。样本村没有建立村级网站，但在其隶属的乡镇一级网站上能够查阅较多关于该村的经济数据，如“湘阴县白泥湖乡人民政府网”（http：//www.xiangyin.gov.cn）上开设了“新农新村”栏目，此栏目中就有丰富的村级资料和数据。

四是通过相关政府部门获得相关数据。从省农委、省农业厅、省旅游局、湘阴县经研室等政府部门获取了大量样本村楠竹村的经济数据。

3. 目标值的确定

目标值具体表示各项指标应达到的水平和程度。各项指标有了目标值，才能使人们的努力具有明确的要求，使目标成果的评价有具体标准。因此，确定目标值是评价洞庭湖区村落经济转型与绿色发展水平的关键步骤。为使洞庭湖区村落经济转型与绿色发展的目标值科学合理，确定目标值时应遵循以下原则：一是目标值需尽可能地具体化和量化，以便于掌握、控制和评价；二是目标值必须综合反映目标项目的基本内容；三是确定目标值的同时，要明确该目标值达成的时限。洞庭湖区村落经济转型与绿色发展的总体目标是市场化、开放性、现代化、集约化和生态化，本文主要围绕村落经济转型发展的五大目标来设置洞庭湖区村落经济转型与绿色发展评价的目标内容，主要参考2014年中央一号文件《关于全面深化农村改革加快推进农业现代化的若干意见》、《2010中国绿色发展指数年度报告》、农业部的《全国现代农业发展规划（2011—2020）》、湖南省政府的《洞庭湖生态经济区发展规划》、洞庭湖区各市（县）级政府制定的农村经济“十三五”规划中的相关指标、我国村落经济转型发展水平较高的地区以及美国、荷兰、日本、韩国等发达国家农业经济相关指标，综合确定洞庭湖区村落经济转型与绿色发展水平的目标值（见表6-5）。

表6-5　楠竹村经济转型发展水平评价指标值①

指标名称	现实值（2017年）	目标值（2022年）	实现率（%）
村民对购物方便程度的满意率（X_{111}）%	53.36	100	53.36
村民对商业网点商品质量的满意率（X_{121}）%	47.56	100	47.56
村民对商业网点商品价格的满意率（X_{122}）%	65.23	100	65.23
村民对商业网点售后服务的满意率（X_{123}）%	37.22	100	37.22
农产品综合商品率（X_{131}）%	12.73	22	57.86
村落劳务输出的数量（X_{211}）%	63.48	70	90.69
村落劳务输出的质量（X_{212}）%	11.37	50	22.74

① 如果指标是正指标，则实现率为现实值与目标值的比重；如果指标是负指标，则实现率为目标值与现实值的比重。

（续表）

指标名称	现实值（2017年）	目标值（2022年）	实现率（%）
村落劳务输入的数量（X_{213}）%	6.25	30	20.83
村落劳务输入的质量（X_{214}）%	9.22	40	23.05
村民参加农业合作社的比重（X_{221}）%	14.24	30	47.47
村落集体经济对外融资比率（X_{231}）%	115	300	38.33
村民人均纯收入（X_{311}）万元	13500	21000	64.29
村民消费额占总收入比重（X_{312}）%	37.58	50	75.16
村落劳动力平均受教育年限（X_{321}）年	8.2	12	68.33
村落年均文化教育支出的比重（X_{322}）%	2.75	4.0	68.75
旱涝保收率（X_{331}）%	73.28	85	86.21
单位面积农机总动力（X_{332}）	0.50	0.70	71.43
耕种收综合机械化率（X_{333}）%	66.34	100	66.34
农业科技进步贡献率（X_{341}）%	65.75	85	77.35
农业科技人员比重（X_{342}）%	0.52	0.80	65
农业信息服务覆盖率（X_{343}）%	92.46	100	92.46
农业劳动生产率（X_{351}）万元/人	1.11	1.8	61.67
土地生产率（X_{352}）千克/公顷	6048.31	6500	93.05
水域生产率（X_{353}）千克/公顷	5232.62	6000	87.21
工业比重（X_{361}）%	12.43	20	62.15
农业比重（X_{362}）%	73.56	20	27.19
服务业比重（X_{363}）%	14.01	60	23.35
村落企业增加值占村落总产值比重（X_{371}）%	22.57	35	64.49
村落企业从业人员数占村落劳动力比重（X_{372}）%	26.44	35	75.54
绿色农产品认证产值占农产品加工企业产值比（X_{373}）%	11.23	25	44.92
劳动力非农化比重（X_{381}）%	26.77	70	38.24
平均每个农业经济活动人口耕地面积（X_{411}）（亩）	2.05	5	41
土地流转水平（X_{412}）%	25.42	45	56.49
种粮大户比率（X_{413}）%	5.35	15	35.67
百亩农用地拥有的农业科技人员数（X_{421}）	0.19	0.4	47.5
科学施肥率（X_{431}）%	26.83	100	26.83
湿地面积占国土面积比重（X_{511}）%	8.69	10	86.9

（续表）

指标名称	现实值（2017年）	目标值（2022年）	实现率（%）
万元地区生产总值能耗降低率（X_{521}）	4.25	8.5	50
新建农村沼气池占村落总户数比（X_{522}）%	2.46	5	49.2
环境污染治理总投资占GDP比重（X_{531}）%	0.89	1.5	59.33
生活垃圾无害化处理率（X_{532}）%	65	95	68.42
污水处理率（X_{533}）%	52	90	57.78
秸秆还田率（X_{541}）%	72.55	100	72.55
单位面积化肥使用量（X_{542}）/吨	1320.73	600	45.43
单位面积农药使用量（X_{543}）/吨	16.84	8	47.51

4．指标评价指数的计算方法

每级指标的评价指数是下一级指标的现实值与目标值的比值乘以相应权重之总和。

计算公式为：$$\lambda = \sum_{i,j=1}^{P} X_{ij} W_{ij}$$

上式中，λ表示综合评价值；X_i表示第i级指标评价指数；X_{ij}表示第i级指标第j指标的现实值与目标值的比值；W_{ij}表示第i级指标的权重；p表示第i级指标的指标个数。

第三节　洞庭湖区村落经济转型与绿色发展水平的综合评价

根据洞庭湖区村落经济转型与绿色发展水平的评价指标体系，以洞庭湖区的典型村落——湘阴县白泥湖乡楠竹村为个案，运用指标评价指数的计算方法，计算出楠竹村经济转型发展水平在各指标层级的评价结果，基于个案的评价结果展开对洞庭湖区村落经济转型与绿色发展水平的综合评价分析。

一、楠竹村经济转型发展水平评价结果

湘阴县白泥湖乡楠竹村是洞庭湖区的一个典型村落，近年来，楠竹村经济发展正处于转型期，在整个洞庭湖区村落经济转型与绿色发展过程中具有代表性意义。现以洞庭湖区村落经济转型与绿色发展水平评价指标体系来评价楠竹山经济转型发展现状，按照指标评价指数的计算办法，结合各级指标所占的权重，由三级指标层各指标数值计算出二级指标的评价指数，再由二级指标的评价指数乘以相应的权重得到一级指标层的五大指标评价指数，最后计算得出目标层的评价指数，楠竹村经济转型发展水平各级指标测评结果如表6–6。

表6–6　楠竹村经济转型发展水平测评结果

二级指标层		一级指标层		目标层
指标号	评价指数	指标号	评价指数	评价指数
X_{11}	53.36	X_1	55.33	
X_{12}	52.61			
X_{13}	57.86			
X_{21}	44.82	X_2	44.46	
X_{22}	47.47			
X_{23}	38.33			
X_{31}	61.35	X_3	61.91	57.48
X_{32}	65.76			
X_{33}	75.82			
X_{34}	77.70			
X_{35}	70.13			
X_{36}	31.08			
X_{37}	62.95			
X_{38}	38.24			
X_{41}	50.07	X_4	53.85	
X_{42}	63.33			
X_{43}	26.83			
X_{51}	56.41	X_5	45.26	
X_{52}	50.35			
X_{53}	36.55			
X_{54}	42.45			

二、洞庭湖区村落经济转型与绿色发展水平综合评价分析

通过表6–6所列数据，可以了解湘阴县白泥湖乡楠竹村经济转型发展的现状，进而分析洞庭湖区村落经济转型与绿色发展水平。目标层得分为57.48，说明洞庭湖区村落经济转型与绿色发展水平与目标状态还存在不小的差距。针对各级指标变量的具体分析如下。

第一，村落经济的市场化程度。“村落经济市场化程度”得分为55.33，对目标层评价得分贡献率为21.21%，排在五个一级指标的第二位。从二级指标看，“村落市场基础设施水平”和“村落市场管理规范水平”的得分不高，分别为53.36和52.61，说明村落市场基本体系建设还不完善，村落市场硬件建设和管理水平不能适应村落经济市场化转型发展的需要；“村落农产品商品化”这项指标的得分为57.86，说明村落经济市场发育程度不高，自给自足的小农经济思想还在村民经济意识中占据着一席之地，村民的生产行为没有真正融入市场经济体系，大部分还处于自产自销的自然经济状态，洞庭湖区村落经济市场化转型的进程亟待加速。

第二，村落经济的开放性程度。“村落经济开放性程度”得分为44.46，对目标层评价得分贡献率为17.05%，排在五个一级指标的最后，说明洞庭湖区村落经济社会仍处于一种半封闭状态，村落经济之门尚未向城市经济敞开。从二级指标来看，评价结果反映洞庭湖区村落经济社会资源与外部经济系统的交流不够，虽然“村落劳务输出数量”这项指标得分（90.69）较高，但“村落劳务输出的质量”这项指标得分仅为22.74，外出打工的村民主要是体力型劳动人口，技能型劳动力所占比率很低，由劳务输出带来的收入水平也相对偏低，“村落劳务输入的数量”与“村落劳务输入的质量”这两项指标的得分都不高，分别为20.83和23.05，说明洞庭湖区村落经济环境对外部人才的吸引力不够，这是洞庭湖区村落经济转型与绿色发展所面临的一项短板；村落经济的组织化程度不高，“村民参加农业合作社的比重”仅为14.24%，说明洞庭湖区村落经济还是那种单打独斗的农户经济，在竞争激烈的市场大潮中无法与力量强大的企业相抗衡，市场机制下单干的农户始终处于弱势地位，农业生产要素价格和农产品销售价格的定价权掌握在企业、厂商的手中，甚至是一些中间商的手中，于是“增产不增收”便成为村民们的一种经济困惑；“村落集体经济对外融资水平”这项指标得分仅为38.33，说明洞庭湖区村落集

体经济的资金来源渠道狭窄，村落集体经济发展遇到了融资瓶颈的难题，导致村落集体经济无法进一步发展壮大，也成为洞庭湖区村落经济转型与绿色发展的一大障碍。

第三，村落经济的现代化程度。“村落经济现代化程度”得分为61.91，对目标层评价得分的贡献率为23.74%，排在五个一级指标的第一位，说明洞庭湖区村落经济现代化水平相对较高，由于地处洞庭湖区平原，湖区村落农业现代化经营具有良好的自然条件，加上投入力度较大，湖区农业现代化发展较快。从二级指标来看，“村落经济发展水平”“村民知识化水平”“农业基础设施及装备水平”“农业技术服务水平”、“农业生产力水平”和“村落企业发展水平”这6个二级指标的评价得分分别为61.35、65.76、75.82、77.70、70.13和62.95，在反映洞庭湖区村落经济现代化水平的8个二级指标中占比较高，贡献率较高。但“村落产业结构水平”和“村落经济非农化水平”的评价得分偏低，分别为31.08和38.24，村落产业结构还不能适应现代化经济发展需要，调整效率低下、耗能过大的传统产业，发展资源节约和环境友好的两型产业是洞庭湖区村落经济产业结构调整的方向，特别需要从洞庭湖区自然资源优势出发，利用好湖区资源和保护好湖区资源，着重发展生态农业、休闲农业、观光农业等两型农业以及生态旅游等服务业。调查发现，“村落企业发展水平”这项评价指标得分（62.95）较高，说明洞庭湖区村落企业发展已经逐步形成布局，在村落经济中的分量逐渐增大，但还未真正起到带动整个村落经济现代化步伐的作用；“村民知识化水平”是一项衡量村落经济现代化水平的重要指标，村落经济现代化的前提是村民的现代化，这项指标得分为65.76，虽然指标得分不算低，但反映此项指标的三级指标“村落劳动力平均受教育年限”的现实值为8.2，说明洞庭湖区村落劳动力平均受教育年限还未达到义务教育水平，而2017年我国劳动力平均受教育年限为9.02，[①]与全国平均水平相比，洞庭湖区村落的这项指标值还相差1年。另一项反映“村民知识化水平”的三级指标“村民年均文化教育支出的比重”的现实值为11.5，与我国小康社会水平要求达到的目标值（18）还存在不小的差距。作为洞庭湖区村落经济转型与绿色发展的主体，村民的知识化水平与发展村落现代化经济要求还不相

① 刘盾．我国劳动力平均受教育年限为 9.02［EB/OL］．中国教育新闻网，2017-12-7 http://www.jyb.cn/zcg/jzz/201712/t20171207_868771.html

适应。

第四，村落经济的集约化程度。“村落经济集约化程度”得分为53.85，对目标层评价得分贡献率为20.65%，排在五个一级指标的倒数第二，说明洞庭湖区村落经济的集约化程度不高。从二级指标来看，“劳动集约水平”和“土壤肥力集约水平”的评价得分分别为50.07和26.83，在所有二级指标评价中得分偏低，是影响洞庭湖区村落经济集约化程度的主要因素。在三级指标中，“土地流转水平”的指标值为25.42%，“种粮大户比率”为5.35%，仅达目标值的35.67%，说明洞庭湖区村落农业组织化、规模化经营水平不高，过分依赖洞庭湖区的优势资源，属于资源消耗型经济。“平均每百亩农用地拥有的农业科技人员数”为0.19人，“科学施肥率”得分仅为26.83，这两项指标值明显偏低，说明洞庭湖区村落农业科技集约水平不高。特别是“平均每个农业经济活动人口耕地面积”的指标值仅为2.05亩，只达目标值的41%，这说明洞庭湖区村落农业生产“内卷化”现象还比较突出，湖区村落农业生产效率还比较低，洞庭湖区村落经济急需由粗放型向集约型转变。

第五，村落经济的生态化程度。“村落经济生态化程度”得分为45.26，对目标层评价得分贡献率为17.35%，排在五个一级指标的最后一位，说明洞庭湖区村落经济的生态化程度较低。因过分关注经济效益而忽视生态效益，非生态化的经济行为导致洞庭湖区村落生态环境正经历着“库兹涅兹曲线”式的变化，湖区生态系统承载力在不断下降。从二级指标来看，“治理环境污染的投资占GDP的比重”仅为0.89，说明洞庭湖区农村在环境治理方面投入不足。根据国际经验，当治理环境污染的投资占GDP的比例达到1%~1.5%时，可以控制环境恶化的趋势；当达到2%~3%时，环境质量可有所改善。而洞庭湖区村落经济环境治理投入还低于1%的比率，处于可以控制环境恶化趋势这个水平线以下，这是导致当前湖区生态环境没有得到根本性改善的主要原因。虽然“万元地区总能耗降低率”为4.25，但能耗消费的总量仍在增长，经济增长方式还是资源消耗型增长，不利于湖区村落经济的可持续发展。“生活垃圾无害化处理率”和“污水处理率”分别为65%和52%，与目标值存在较大差距。“单位面积化肥使用量”和“单位面积农药使用量”均远远超过目标值，是当前洞庭湖区村落发展绿色农业的主要障碍，提升经济生态效益是洞庭湖区村落经济转型与绿色发展的迫切需要。

第七章　洞庭湖区村落经济转型与绿色发展的路径探索

从当下到永续、从分散到合作、从封闭到开放、从粗放到集约、从传统到现代是洞庭湖区村落经济转型与绿色发展的总目标，如何实现这种转型？需要在绿色发展理念、转型经济学理论、社会资本理论、生态经济学理论和制度经济学理论的指导下，借鉴国内外湖区村落经济转型的经验，深入分析洞庭湖区村落经济转型与绿色发展的现状，以洞庭湖区村落经济转型与绿色发展水平评价体系为指针，探索契合洞庭湖区地理条件、生态条件、社会条件和经济条件的洞庭湖区村落经济转型与绿色发展路径。通过理论引导、历史启示、现实借鉴和评价分析，洞庭湖区村落经济转型与绿色发展的路径逐渐清晰：从粗放农业到绿色农业是洞庭湖区村落生产方式的转型路径；从围湖造田到退田还湖、从分散经营到合作经营是洞庭区村落耕作方式的转型路径；从船上渔家到岸上农家是洞庭湖区渔村经济的转型路径；从单一粗放到多样集约是洞庭湖区村落产业的转型路径；从低效无序到高效有序是洞庭湖区村落经济社会城镇化的转型路径。

第一节　村落生产方式转型：从粗放农业到绿色农业

“绿色农业”既源于农村生态又终于农村生态，既是农村生态问题催生出“绿色农业”又是“绿色农业”承载着恢复农村生态的使命。绿色农业是指充分运用先进科学技术、先进工业装备和先进管理理念，以促进农产品安全、生态安全、资源安全和提高农业综合经济效益的协调统一为目标，以倡导农产品标准化为手段，推动人类社会和经济全面、协调、可持续发展的农业发展模式。发展绿色农业是坚持可持续发展，保护环境的需要。传统的高度依赖化肥、农药的粗放农业生产经营方式，不但消耗了大量不可再生的能源，也造成土壤流失、空气和水污染等恶果。而发展绿色农业则可以从根本上解决这些问题。绿色农业以“绿色环境”“绿色技术”“绿色产品”为主体，促使过分依赖化肥、农药的化学农业向主要依靠生物内在机制的生态农业转变。作为长株潭城市群“两型社会”建设的经济腹地，洞庭湖区村落亟须在“绿色农业”发展道路上迈出坚定的步伐，需要转变传统湖区农业的粗放式生产方式，需要开创出一条生产与生态共发展的现代湖区绿色农业之路。

一、常德案例：建设湖区村落“两型农业”

在农业文明转型为工业文明的过程中，在工业化现代社会遭遇“类发展困境”①时，“两型农业”的建设具有重要的实践意义。“两型农业”不是单指某种农业生产形态，是指农业产业领域内的一种发展方式，它是一个普适性概念。“两型农业”重视农业经济与生态环境的互动关系，将农业经济行为镶嵌于自然生态链条之中，把一切农业经济活动视为自然生态运动的一个有机环节。“两型农业”能够实现经济系统与生态系统的有机融合，能够产生经济效益与生态效益的共时目标，是生态经济学理论在农业经济领域的践行和发展。“两型农业”通过转变发展方式进而推动农村社会实现转型，引领农村社会发展进入生态文明时代。“两型农业”围绕转变农业发展方式，以提高资源利用效率和生态环境保护为核心，以节地、节水、节肥、节药、节种、节能、资源综合循环利用和农业生态环境保护为重点，推广应用节约型的耕作、播种、施肥、施药、灌溉与旱作农业、集约生态养殖、秸秆综合利用等节约型技术，推广应用减少农业面源污染、减少农业废弃物生成，注重水土保持和保护环境等环保型技术，大力培养农民和农业企业的资源节约和环境保护观念，大力发展循环农业、生态农业、集约农业等有利于节约资源和保护环境的现代农业形态，促进农业实现可持续发展。发展“两型农业”就是要让农业发展方式转到资源节约型和环境友好型的发展轨迹上来，在农业生产生活

① 苗萌．由“类发展困境”而想到的［J］．经济论坛，2004（10）：8

领域着力于节约型技术和环保型技术的创新和运用。“两型农业”的最终目的还是发展，既是农业经济力量的增长，又是农村社会事业的进步；既要关注农村物质财富的快速增长，又要重视农村生态环境的有效保护。经济与生态是建设“两型农业”的双重目标，这是生态经济学理论的要旨所在。

相对其他产业来说，农业生产受自然条件的影响是直接性的，良好的自然生态环境是农业生产的基础，是农业可持续发展的前提。洞庭湖区素来因水土肥美、盛产鱼虾稻米而著称，但传统的农业生产方式只注重经济效益而忽视生态效益，湖区生态环境遭到严重破坏。围湖造田就是有力的例证，围垦种稻压缩了湖水面积，减小了湖体容积，从而减弱了湖泊的调蓄抗灾功能，以致湖区洪涝灾害频发、农业生产条件恶化，生产经济效益下降。一方面，围湖造田通过扩大湖区种稻面积提高了粮食产量进而活跃了湖区鱼米经济；另一方面，围湖造田破坏了湖区生态系统进而阻碍了湖区的经济社会发展，这就成为一个难解的经济悖论。“两型农业”是以节地、节水为中心的集约化农业生产体系，关注资源节约和环境保护的“两型农业”是解决洞庭湖区村落经济发展困境的有效路径。近年来，洞庭湖区村落坚持最严格的耕地保护和节约集约用地制度，守住基本农田不减少的“底线”，集中连片推进农村土地综合整治，大力推广绿肥种植、秸秆覆盖、沼肥还田等耕地培肥和保护性耕作技术，深入开展以节水为中心的大型灌区续建配套和小型农田水利建设，重点推广以田间工程改造及水稻“控水灌溉”为主的节水技术，增强了湖区耕地综合生产能力和持续产出能力。2015年常德市实施土地开发整理2万多亩，耕地数量和质量基本达到占补平衡；完成测土配方施肥1000万亩，为农民节本增效5.5亿元；加强病虫草害综合防治，全市病虫危害损失率降到5%以下；新增节水灌溉面积2万亩，达到20万亩。常德市石板滩镇毛栗岗村充分利用湖区资源优势，发展花木产业，建设节约型农业，无论是经济效益还是生态效益均获显著提升。毛栗岗村位于常德市鼎城区石板滩镇境内，是常德市远近闻名的花木之乡。全村辖13个村民小组，农户350户，村民1190人，全村总面积6300亩，其中耕地面积1250亩，山林面积4400亩，水面115亩，是洞庭湖区最大的花卉苗木基地，2015年村民人均纯收入达14000元以上。全村花木产业从业人数达到1500人（含外来务工人员），从事花木生产与经营的农户达95%以上，花木经营收入占全村农户收入的94%，花木种植面积达5800多亩，占总面积的90%以上，经营花木品种达200多个，花木年产值达1500万元，占农户经济总收入的95%以上，有注册园林公司5家，产品远销10多个省。倡导节约型的花木产业不但为全村经济带来可观的经济效益，而且形成了良好的生态效益。村内农业生产实现了无公害、无污染。近两年来，毛栗村依托花木产业和优美环境，大力发展乡村旅游，建立了观鹭台、桂花亭、庭院春色等一批具有农村特色的旅游景点，毛栗岗村因遍布花木村落环境优美，良好的生态环境，带动了观光农业、旅游农业的快速发展，全村年均接待游客3万人次。毛栗岗村被常德市评为“最佳农业旅游规范点”，乡村休闲旅游为毛栗村带来经济效益的同时也提升了生态效益，成为毛栗岗村重点打造的一个绿色产业。2011年毛栗村被评为湖南省新农村建设“十佳明星村”和常德市新农村建设示范村。2015年毛栗村被省旅游局评为“特色旅游村”，同年被湖南省政府评为省级“两型示范村”。毛栗岗村走的是一条花卉苗木产业和旅游业相结合的“两型农业”发展之路。①

二、岳阳案例：发展湖区循环农业

循环农业是以减量化、再利用、资源化为原则，以低消耗、低排放、高效率为基本特征的现代农业发展方式。农业循环经济是遵循生态规律，利用自然资源和环境容量，把农业经济活动按照自然生态系统的模式，组织成一个“资源→产品→再生资源”的物质反复循环流动的过程，实现农业经济活动的生态化转向，农业经济效益与生态环境效益双赢。发展循环农业是农业发展理念、发展模式上的一场革命，是转变农业增长方式的迫切需要。洞庭湖区村落发展循环农业，这对转变湖区农业发展方式、节约湖区农业资源、保护湖区农业环境、促进湖区农业经济可持续发展具有重要意义。近年来，岳阳市在推动湖区循环农业发展方面进行了有益的探索，推行了一系列发展循环农业的得力举措。

第一，推广节约型农业技术。首先是推广节肥技术。在洞庭湖区实施有机质提升行动，增加有机肥料施用量，推广化肥合理使用技术。大力开展测土配方施肥技术指导与服务，推广测土配方施肥技术，优化配置肥料资源，合理调整施肥结构，提高肥料利用率。其次是推广节药技术。科学合理使用高效、低毒、低残留农药和先进施药机械，建立多元化、社会化病虫害防治

① 相关资料和数据来源于常德市农村经营管理局

专业服务组织，实行统一防治、承包防治等措施，进行病虫抗药性监测与治理，提高防治效果和农药利用率，减少农药用量。其三是推广节水技术。加强洞庭湖区村落水环境的治理和保护，禁止向农田灌溉水源排放不符合农田灌溉标准的污水；发展大棚、地膜覆盖、遮阳种植，推广应用滴灌、喷灌等农业节水灌溉方式。其四是推广节能技术。加强太阳能、风能等可再生能源技术在洞庭湖区村落生产生活中的推广应用，推广节能型太阳能蔬菜大棚及畜禽舍技术，大力发展节油、节电等农业机械和渔业机械技术，降低农业装备耗能。

第二，推进废弃物循环利用。首先，实施乡村清洁工程。以村落为基本单元，建设秸秆、粪便、生活垃圾等有机废弃物处理设施，推进人畜粪便、生活垃圾、污水等向肥料、饲料、原料的资源转化，推广秸秆覆盖还田、秸秆快速腐熟还田和机械化还田技术，实现农村家园清洁、水源清洁和田园清洁，从源头防治洞庭湖区农业生产和农村生活带来的污染。到2015年底，整个岳阳市20%的湖区村落完成了农村清洁工程建设任务。其次，发展农村沼气。充分利用洞庭湖区适宜沼气生产的自然生态条件，鼓励分散型农户以改厕、改圈、改厨为主要内容，建设户用沼气，形成“猪—沼—果（菜、稻）能源循环模式；支持集约化养殖场和养殖小区建设大中型沼气发酵池、原料处理和沼气沼渣沼液利用设施，形成养殖清洁化、废弃物资源化、种植生态化的生态农业模式。截至2016年底，岳阳市湖区村落共建设22万口农村户用沼气，完成所有规模畜禽养殖场大中型沼气工程建设，全市畜禽粪便无害化处理率达到80%以上，规模化养殖场废水治理达标率达到80%以上。

第三，推进秸秆资源利用。大力推广秸秆饲料技术、秸秆肥料技术、秸秆食用菌技术、秸秆生物反应堆技术、秸秆能源技术，从过去随处焚烧秸秆造成大气污染到现在的变废为宝实现资源循环利用效益增值。到2015年底，岳阳市湖区村落秸秆综合利用率达60%以上，新增食用菌生产企业（个体户）100家，秸秆生物反应堆技术推广面积达到10000亩以上。

因政策到位、措施得力，岳阳市湖区村落的循环农业发展模式逐步得到了快步推广，湖区村落的经济效益、生态效益和社会效益也在迅速显现，湖区村落循环农业取得了显著成效。截至2015年底，岳阳市建设循环农业示范企业70个、示范村（区、片）70个；农作物秸秆无害化处理与综合利用率达到60%；畜禽粪便无害化处理与综合利用率达到80%；化肥使用量减少10%，化肥有效利用率提高5个百分点；农药使用量减少10%；农业投入品包装等废弃物回收利用率达到80%。例如，岳阳市君山区广兴洲镇的循环农业获得快速发展，该镇的20个村落有18个村建设了沼气池，参与农户达到了72%，18个村落积极推广“猪沼果”和“鱼菜稻”等多种复合型循环农业生态模式，变传统的“农业资源农产品农业废弃物”的单向线形经济为“农业资源农业产品农业再生资源”的循环经济形式，初步实现了农业增长方式由粗放向集约的转变。通过发展循环农业，岳阳市湖区村落以转变农业发展方式、构建资源节约型和环境友好型农业生产体系为目标，以发展循环农业产业、延伸农业产业链条、加强农业资源高效利用、促进农业废弃物无害化处理和资源化利用为重点，以科技创新和制度创新为动力，大力推广循环农业技术，建立和完善循环农业政策体系，加速传统农业向现代农业转变，岳阳湖区农业面源污染得到了有效治理，湖区农业生态环境得到明显改善，实现了湖区农业经济与生态环境的协调发展。

三、岳阳案例：发展湖区高效生态农业

当前洞庭湖区农业发展面临着资源与环境、数量与质量的双重约束，湖区农业的发展方式急需转型。如何在绿色发展理念指导下，实现洞庭湖区农业的绿色转型发展，确保粮食安全与有效供给、食品安全与满足需求、生态安全与持续发展，是新常态下洞庭湖区农业必须重视与解决的现实问题。作为全国商品粮的主要生产基地，洞庭湖区农产品的安全问题显得尤为重要，高效生态农业成为洞庭湖区村落农业生产转型的必然选择。所谓高效生态农业，就是在生态农业保护、改善农业生态环境的前提下，遵循生态学、生态经济学规律，运用系统工程方法和现代科学技术，以市场绿色消费需求为导向，以提高农业市场竞争力和可持续发展能力为核心，将集约化经营与生态化生产有机耦合的农业发展模式。高效生态农业兼有高产高效与优质安全的特征，既区别于高投入、高产出、高土地生产率的“石油农业”，也区别于纯天然、自循环、低劳动生产率的有机农业。与自然生态农业相比，它是既偏重维护自然生态平衡，又注重实现高产出目标的农业发展形态与技术体系。近年来，岳阳市推出了一系列旨在促进粮食增产、农民增收和高产、高效、优质、生态农业发展的重要措施。

第一，加大高效生态农业产业发展的财政支持力度。根据岳阳市农业委

员会的规划，今后五年，每年用于支持高效生态农业产业的资金在新型工业化引导资金中要达到25%，在农业产业化优势企业扶持资金中要达到25%，在科技研究与开发经费中要达到10%，在农业土地开发资金中要达到10%。重点支持高效生态农业企业的科技研发、技术改造、产品升级、品牌建设、管理提升、强强联合及行业公共服务平台建设。切实落实国家和省有关中小微农业企业税收优惠政策。高效生态农业企业为开发新产品、新技术和新工艺所发生的研发费用，未形成无形资产计入当期损益的，在按照规定据实扣除的基础上，按照研发费用50%加计扣除；形成无形资产的，按照无形资产成本的150%摊销。高效生态农业企业引进技术、进口设备，符合国家有关税收政策规定的，免征关税和进口环节增值税。高效生态农业企业从事种植业、养殖业和农产品加工，按《企业所得税法》及其实施条例的有关规定落实企业所得税优惠政策。按财政部、国家税务总局《关于在部分行业试行农产品增值税进项税额核定扣除办法的通知》（财税〔2012〕38号）规定，落实购进农产品加工企业按照投入产出法、成本法、参照法等方法核定进项税额后抵扣增值税进项税额。例如，岳阳市通过加大财政支持力度，大力支持君山区高标准规划建设洞庭湖绿色食品产业园，加快推进园区基础设施建设和配套建设，引导中小企业向园区集中，促进特色食品企业向园区聚集，延长高效生态农业产业链，推进农产品区域优势向产业集聚优势转化。通过招商引资等手段，到2015年底，完成投资10亿元用于产业园一期2平方公里的基础设施建设，引进产值过亿元食品加工规模企业10家以上，同年，产业园内企业完成销售收入达30亿元。

第二，优先发展湖区高效生态农业产业。一是优先发展粮食加工业。树立健康消费观念，改变产品片面追求“精、细、白”和过度加工现象，支持研发杂粮面、杂粮组合新产品；通过技术创新延长产业链，提高米糠、皮壳、碎米、胚芽、麸皮和油脚等副产物的转化及综合利用水平。重点建设以中粮集团岳阳公司、盈田米业、洞庭湖米业、铭泰米业为骨干的大米加工企业，同时扶持“克明面业”“何强面业”“正龙面业”“今麦郎面业”为骨干的面条生产企业，扶持以“鲁湘酒精”“蓉泰薯业”为骨干的粮食深加工企业。二是优先发展茶叶加工业。重点发展有机茶、绿色食品茶，重点支持“君山银针”“洞庭山科技”“洞庭春茶业”等龙头企业发展。加强黑茶、新型茶饮料和多元复合茶加工技术研发，支持多样性茶品的发展，重点扶持“明伦茶业”“永巨茶业”“九狮寨高山茶业”等特色茶生产企业。三进优先发展水产品加工业。加大洞庭湖淡水鱼加工业投入力度，加快行业技术创新，重点解决冷冻加工的技术难点，推广淡水鱼肉加工的改良技术，开发水产品加工废弃物的高值化产品，研发水产保健功能食品，增加水产品加工附加值，重点扶持“渔米之湘”“不二家食品”“华文食品”“洞庭渔王”“笑呵呵食品”等淡水鱼加工骨干企业扩张规模能力，打造洞庭湖淡水鱼品牌。四是优先发展饲料加工业。通过加强行业技术改造和推进信息化建设，大力发展环保型绿色饲料添加剂、预混合饲料、全价颗粒配合饲料和水产饲料，开发中草药添加剂、微生物制剂、酶制剂等高新产品，提高产品附加值，确保饲料加工业在全省的领先地位。重点扶持“九鼎集团”“正虹科技”“岳泰集团”和“宏岳科技”等龙头企业，力争打造饲料行业国际知名品牌。五是优先发展果蔬加工业。加快推进行业技术改造和产业升级，加大先进生产技术与设备在果蔬加工领域的应用，加大多样化果蔬深加工和下脚料的无废弃开发，加快传统果蔬加工的工业化、安全性控制与产业化，提升产品质量、档次，不断满足各种消费群体和不同消费层次的需求。重点支持“岳阳国泰食品”“李记食品”“插旗菜业”等龙头企业发展，加速果蔬产、工、销一体化进程。

第三，加速高效生态农业产业科技创新和信息化建设。强化科技支撑，加快运用高新技术，提升高效生态农业产业的创新水平，鼓励和支持建立“产学研”联盟，鼓励高效生态农业企业自主组建或与高等院校、科研机构联合组建重点实验室、工程技术研究中心、院士工作站等科技创新平台。强化以龙头企业为主体的高效生态农业产业科技创新体系建设，支持重点企业申报新产品、农业科技成果转化等科技项目，引导企业申请发明专利、引进高端科技人才、创建高新技术企业，解决高效生态农业产业发展中的重大技术创新、技术改进与配套等系统问题，提升高效生态农业产业整体水平。建立和完善高效生态农业行业信息网，推进信息技术在高效生态农业中的应用。

第四，加大高效生态农业产业原料基地建设。本着因地制宜、发挥优势、突出特色、高效生态的原则，统一规划和建设一批专业化高效生态农业产业原料生产基地，鼓励和支持大型产业化龙头企业按照“公司+基地+农户”模式到原料主产区建设跨区域的生产基地，延伸产业链。鼓励高效生态农业企业通过联营、租赁等方式，建立与原料基地的供需关系，推进高效生态农业产业原料生产区域化、标准化、专用化和规模化。2012年，岳阳市政府设立了蔬菜产业发展专项资金，重点支持基地建设、标准化生产和专业合作社发展。大力推进蔬菜标准化绿色生产，重点推进君山、华容50万亩绿色蔬菜产业基地建设，并对原来的蔬菜基地进行提质改造，增加设施栽培面积，全市大中棚设施面积达16.13万亩，无公害或绿色蔬菜产品达到145个，创建国家标准蔬菜园25个。目前君山、华容蔬菜基地已完成田间道路硬化5万米，其中，君山区3.2万米，华容县1.8万米；沟渠护砌30万米，其中，君山区18万米，华容县12万米；君山区广兴洲镇新建冷库、批发市场各1个，良心堡镇新建育苗中心1个。岳阳市积极引导建设高效生态农业产业原料基地，有力地推动了洞庭湖区高效生态农业产业的迅速发展。

第五，加强高效生态农业产业服务平台建设。以高效生态农业产业集群、专业园区为重点，加强高效生态农业技术研发、检测、物流、管理咨询和营销策划等公共服务平台建设，构建特色鲜明的洞庭湖区高效生态农业产业服务支撑体系。支持洞庭湖区农民专业合作社发展，不断提高高效生态农业产业发展的组织化、标准化、专业化水平。大力发展高效生态农产品的仓储、冷冻、配送等现代物流系统，支持大型连锁超市与食品流通企业建立营销平台和直接采购平台，促进产销有效衔接。鼓励有条件的高效生态农业企业建立网上展示交易平台，发展电子商务。重点支持“普丰冷链”、“宏岳科技大宗农产品期货交割仓库”“济海粮油物流园”和“岳阳农产品交易中心”等项目建设。

近年来，岳阳市把发展“三品一标”（无公害农产品、绿色食品、有机农产品和农产品地理标志统称为“三品一标”）农产品作为调整农业结构、推动高效生态农业发展的助推器，把“三品一标”品牌创建作为提高全市农产品质量，促进农业增效、农民增收和保护生态环境的重要举措。地方政府推动相关职能部门、行业协会帮助企业培育、创建品牌，支持企业建立品牌发展战略，引导企业积极申报驰名、著名商标及名牌产品，积极开展“三品一标”的认证工作。对新获得农业产业化国家重点龙头、农业产业化省级龙头、中国地理标志保护产品、中国驰名商标、湖南省名牌产品、湖南省著名商标的企业，按照相关政策给予奖励。至2016年底，岳阳市“三品一标”总数达到205个，其中绿色食品107个，无公害农产品81个，有机产品9个，地理标志农产品8个，打造了“长康芝麻油”“兰岭有机茶”“山润茶油”“盈田大米”“道道全菜籽油”等农产品知名品牌。[①]岳阳市君山区柳林洲镇新洲村在发展高效生态农业的道路上取得显著成绩。该村位于洞庭湖平原，全村总面积为2.7平方公里，村民2578人，农户562户。沙壤土质、土壤肥沃，气候适宜、四季分明；绿化环境规划布局合理，居民点及道路旁能“见缝插绿”，处于洞庭湖区的新洲村具有发展高效生态农业的良好条件。近年来，新洲村充分发挥自身优势，发展高效生态农业，形成了以高效生态种植业（特种葡萄、花卉、苗木）、高效生态养殖业（甲鱼、才鱼）和娱乐休闲项目（农家乐）三大特色经济支柱产业。全村建立了“盛丰生态葡萄专业产销合作社”“大学生村官绿色葡萄园创业示范基地”；建设了“葡萄园、农家乐、休闲一条街”，形成了葡萄绿色走廊；成立了休闲农家乐餐饮21家，全村建有沼气池260个，100%的农户采用了太阳能。2012年11月国家农业部为村民鹏激光的葡萄园颁发君山区第一个绿色食品商标，新洲村年均接待国内外游客量10万人次以上。高效生态农业带动了洞庭湖区村落旅游业的发展，形成了集休闲、旅游生态于一体的湖区村落经济发展新格局。

四、常德案例：发展湖区休闲观光农业

休闲观光农业是一种以农业和农村为载体、旅游业和农业相互交叉渗透的现代农业形态，也是一种利用田园景观、自然生态及环境资源，结合农林牧渔生产经营、农村文化及农家生活，为人们提供休闲娱乐、体验“三农”魅力的新型农业经营形态，是典型的绿色农业经营模式。休闲观光农业具有农产品供给、生态环境保护、乡土文化传承、旅游资源开发等多种功能。发展休闲农业符合长株潭“两型社会”建设要求，也有利于洞庭湖区村落的产业结构调整、生态环境优化、农民就业机会增加和城乡统筹发展。近年来，洞庭湖区充分利用自然资源优势，把发展休闲观光农业作为推动湖区农业现代化发展的重要内容。作为地处洞庭湖区腹地的农业重镇，常德市湖区村落大举发展休闲观光农业，根据《常德市人民政府关于促进休闲农业发展的意见》，规划到2020年，常德市休闲农业直接从业人员达到10万人，固定资产投入年均增长20%以上，休闲农业增加值占全市农业增加值10%以上，年接待

① 王昕力．坚持绿色发展，岳阳“三品一标”农产品超两百个［EB/OL］．岳阳网，2016-05-08

游客800万人次以上，参加休闲农业经营的农户年收入增加10%以上。为达到以上休闲观光农业规划目标，常德市出台了一系列发展湖区休闲农业的政策措施。

第一，从财政投入上支持休闲观光农业企业的发展。湖区地方政府通过加大对农村公共服务的投入力度，引导农业基础设施和生态建设项目、镇村改造项目、生态农业发展项目等向休闲观光农业发展领域倾斜。各级财政在预算内整合有关专项资金，综合运用贷款贴息、经费补助和奖励等多种方式支持休闲观光农业发展。鼓励农业产业化龙头企业、三星级以上旅游饭店利用自身优势发展休闲观光农业。开展休闲观光农业企业星级评定工作，经省、市休闲农业协会评定为五星级、四星级和三星级的休闲农业企业，对获得省级以上荣誉称号的休闲观光农业企业，市政府将比照工业企业同档次给予奖励。此外，还进一步健全土地承包经营权流转市场，休闲观光农业企业以招标、拍卖、公开协商等方式取得荒地等土地承包经营权，可以转让、入股、抵押。鼓励湖区农民将自己的土地承包经营权以租赁、入股等形式流转给休闲农业企业，或自办与休闲农业配套的服务业等方式参与休闲观光农业发展。

第二，从税收政策上支持休闲观光农业企业的发展。对月经营收入未达到起征点的“农家乐”个体经营户免征营业税；对休闲农业企业从事国家鼓励的农林牧渔服务业项目的所得免征、减征企业所得税；对农业产业化龙头企业领办参办国家鼓励的农业产业项目实行企业所得税、增值税优惠政策；对三星级以上休闲农业企业生产加工用地及生产生活等建筑，纳税确有困难的，其土地使用税、房产税按税收管理权限报批减免；对吸收就业多、资源消耗和污染排放低的休闲农业企业，按照其吸收就业人员数量给予补贴或所得税优惠。

第三，从土地管理政策上支持休闲观光农业企业的发展。休闲农业企业用地应当符合乡镇土地利用总体规划，充分利用现有集体建设用地，不占用基本农田，并经过村民代表大会审议。村民利用现有宅基地、承包地兴办休闲农业的，可以依法采取临时用地的方式进行，但不能改变农用地用途，不得修建永久性建（构）筑物，期满时自行拆除。规模较大的休闲农业企业可以依法采取与农村集体经济组织合资、联营或者征收集体土地的方式进行。支持休闲农业企业依法采取招标、拍卖、公开协商等方式取得“四荒”地（荒山、荒沟、荒丘、荒滩）的土地经营权，发展休闲农业。休闲农业企业的建设用地要严格控制在总用地面积的3%以内。

随着常德市对湖区休闲观光农业企业的支持力度不断加大，常德市农村依托洞庭湖区优势产业资源，拓展农业多种功能，大力培育休闲观光农业经营主体，延伸农业产业链和价值链，促进了湖区农业与旅游业的深度融合，常德湖区村落的休闲观光农业产业获得长足发展。截至2016年底，常德市拥有规模以上休闲农业经营主体630个，其中休闲农庄177个，接待游客1621万人次，经营收入25.9亿元，带动农户3.6万户。创建四星级以上休闲农庄77家，其中国五星2家、国四星1家。[①]为了推进农业资源与旅游功能深度融合，加快农业供给侧结构性改革；充分彰显地域文化特色，满足城乡居民休闲消费升级需求；加快一、二、三产业融合发展步伐，引导农民深度参与，促进农民就业增收，打造农村经济"升级版"，常德市开展了全市休闲农业示范创建工作。通过示范创建，全市打造一批主题突出、产业融合好、知名度高、带动能力强的现代农庄，促进了湖区休闲观光农业持续健康有序发展。常德澧县的甘溪滩镇甘溪村创办的"桐溪山庄"在2017年被评为"常德市休闲农业示范点"。"桐溪山庄"占地面积达1600亩，是一家集餐饮、茶座、住宿、娱乐、KTV、观光为一体的生态农业旅游庄园。公司拥有有机茶叶生产基地面积1500余亩，其林下和茶园散养土鸡1万羽，新建有占地10亩的公司综合产业园，即茶叶加工厂房车间、仓储库、办公区、餐饮、茶楼等。引进了每小时加工鲜叶90公斤的全自动名优茶清洁流水自动化生产线一套。2016年，山庄实现农业生产总值621.2万元，预计今年农业生产年总值将达到700万元。安排当地劳动力170多人，带动当地农产品销售300多万元。[②]根据产业生产布局和区位条件，科学规划，鼓励休闲观光农业经营主体向优势区域聚集，常德市休闲观光农业逐步形成了以特色产业为依托，以休闲农庄为核心的休闲观光农业聚集区。休闲观光农业已成为常德市湖区村落经济新的增长点，湖区农业结构调整的新模式，湖区村落建设的新亮点。目前，常德市基本形成了以澧县华诚彭山、黄家套生态庄园、临澧福船农庄为核心的城头山休闲农业示范带；以河洲甲鱼产业园、红烨山庄、金荷花山庄为核心的太阳谷休闲农业示范带；以汉寿思雅园、西湖牧业小镇、安乡老家印象为核心的洞庭湖区休

① 杨晟，王少红．全市新增一批休闲农业示范点（园）［N］．常德日报，2017-09-24

② 同上

闲农业示范带；以“桃源古道茶旅游休闲度假村”“腾琼休闲茶庄”为核心的桃花源休闲农业示范带。通过品牌打造，形成了聚集效应，激发了湖区休闲观光农业的消费热点，提升了湖区村落的经济效益和生态效益。如常德市汉寿县周文庙乡陈军堤村在休闲观光农业的发展道路上进行了有益的探索；常德市安乡县安康乡仙桃村走出了一条发展休闲观光农业的成功道路，有力地推动了湖区村落经济的转型发展。

常德市汉寿县周文庙乡陈军堤村发展休闲观光农业的探索之路①

一、村落地理条件。陈军堤村位于洞庭湖湖畔，汉寿县城东郊，距长常高速公路、规划中的长常城际铁路20公里，距离桃花源机场50公里，交通非常便捷。地处国家AAA景区西洞庭湖湿地生态旅游区和清水湖旅游度假区中间，过往团队较多，周边游客到陈军堤村休闲购物者众。这里气候温和湿润，四季分明，林果种类较多，有柿子、莲、枣等，珍珠养殖、销售更是享誉全国，珍珠养殖面积达500亩，现已建成汉寿县最大的珍珠销售市场，产品远销浙江、上海、江苏等地。

二、村落规模及基础设施建设情况。全村现有456户、1578人；过去三年，陈军堤村社会各界大力支持下，共投入建设资金300多万元，共硬化通村公路4公里，通组公路15公里，入户公路3.8公里，电力增容800千伏安，线路改造10000米，渠道清淤8000米，硬化进水渠3000米，主干道绿化6公里，一举改变了过去“水、电、路”不畅，环境“脏乱差”的局面，培养了村民良好的卫生习惯，提高了农民的生活质量，改善了村庄生态环境，已被湖南省政府评定为“新农村建设明星村”，珍珠、龟、鳖、鳝等水产养殖已成为全县旅游的一块招牌，吸引全国各地参观客人来休闲购物。

三、旅游项目建设情况。陈军堤村在全村人民的共同努力下，旅游已具备良好的资源和基础，拥有游客接待中心、卫生室、专业养殖合作社，全村人平收入过万元，因经济发展，该村建成了多个旅游景点。汉寿县委县政府的“旅游活县”发展战略为陈军堤村发展带来了大好机遇，陈军堤村以“珍珠销售为动力，带动生态自然旅游新村”，积极发展生态旅游，陈军堤村抓住创建旅游名村的机遇，充分调动广大干群的发展旅游业的积极性。在陈军堤村形成了珍珠养殖、加

① 相关资料和数据来源于湖南省旅游局

工、销售一体化的珍珠产业链，近30家珍珠销售店铺进驻村珍珠销售一条街，全村近500人进入珍珠养殖、加工和销售行业，解决了大部分村民的就业问题，并大大提高了全村农民平均收入水平。2009—2011年全村珍珠生产总值达3000万元、5000万元，近几年，村集体收入稳定在30万元左右，居民人均收入达1.2万元。2009年以来，为保护本村自然生态环境，逐步减小珍珠养殖面积300亩，实行生态化珍珠养殖。通过三年多的全面建设，陈军堤村如今面貌焕然一新，发展欣欣向荣，村民安居乐业，成为远近闻名的文明村和明星村。

四、发展规划。根据陈军堤村旅游资源的分布状况及汉寿县旅游发展规划的指导，按照全县的旅游发展总体布局，加大旅游资源的开发力度。一是加大基础设施投入，进一步改善旅游设施环境；二是大力发展珍珠加工、销售，为乡村旅游发展夯实基础；销售店面30多家，养殖面积达300亩，技术人员500人；三是抓好旅游项目开发，不断提升旅游品位。在旅游项目的开发上，重点打造三大旅游区：农业科技工作者观光旅游区——将以珍珠养殖、加工、观光、销售功能于一体的高科技生态农业旅游精品区，以中南珍珠销售市场为核心，规划建设中华珍珠销售一条街；休闲旅游综合服务区——以陈军堤村村部、中南珍珠销售市场为主，将建成具有游客集散功能综合性旅游服务区，最终打造成陈军堤村旅游接待中心区，规划建设有珍珠养殖、加工科技展示馆等项目；珍珠销售区——以全村珍珠销售基地为主，有大小农户店面30个，建成全市有影响力的珍珠销售市场，闭幕式进而形成特色珍珠销售一条街。除了抓好珍珠销售一条街、枣园、渔场观光等项目的建设之外，建设好汉寿县中南珍珠有限公司科技示范中心，对其进行珍珠销售包装，将其打造成汉寿县珍珠销售的示范点，融珍珠科技示范、科技推广、科普教育、生态观光、休闲娱乐功能于一体，突出珍珠色彩，设置珍珠养殖、加工展示中心吸引游客参与其中。大力发展农家乐，提升游客用餐接待水平。以县城散客和湿地公园游客为市场，坚持农家乐旅游发展与社会主义新农村建设相结合、与全县旅游产业发展相结合、与鼓励农民自主创业和扩大就业相结合，通过发展一批农家乐旅游示范户，带动农家乐旅游集中连片发展，努力把农家乐旅游培育成为新农村建设的助推器和农村经济增长的新亮点。

常德市安乡县安康乡仙桃村发展休闲观光农业的成功之路①

仙桃村位于安康乡东部，与松滋河毗邻，辖41个村民小组，人口4697人，耕地面积8000余亩。近年来，仙桃村坚持美丽乡村建设与乡村旅游事业同步发展，走农旅融合发展之路，取得了突出成效。2015年被湖南省委农村工作部授予“省级美丽乡村建设示范村”称号，2017年仙桃村被评为湖南省五星级乡村旅游示范点。

一、高起点编制农旅融合规划。按照“生态、自然、简约、时尚”的建设要求，聘请专业策划公司，科学制定乡村旅游规划。一是规划功能分区。根据仙桃村的地理区位、资源优势、产业现状、民俗文化等优势，将仙桃村规划为休闲餐饮区、观光游乐区、农事体验区、文化科教区等功能区域。二是规划旅游线路。按照仙桃村两面临水（东临松滋河、北临吓扒哑河）一面临路（南临杭瑞高速）的方位特点，规划了“两水一路一带（村内风光带）”的回型旅游线路，即便于游客观赏安乡湖乡风光，又便于体验村内民风民俗。三是规划旅游景点。根据功能定位、区位划分，结合旅游的趣味性、互动性和消费性，规划了荷花观赏点、果蔬采摘点、捕捞游戏点、农耕文化展示点、特色农产品销售点等一批旅游景点。

二、高标准建设宜居宜游小区。在村庄规划上，按照“生态、自然、简约、实用”的要求，即要满足群众居住的需要，又考虑到把村庄作为景点，满足游览的需求。一是建设风格统一的民居。结合湖区水乡传统，仙桃村目前按照“红瓦白墙灰裙”的样式对原有的危旧房进行改造，着力对核心区域农户的房前屋后实行了全方位的整洁和美化，形成“移步换景，一户一景”的“精致庭院”效果。二是打造景色优美的沟渠。彰显绿色生态理念，在沟渠两岸广泛种植花卉、风景树、三叶草、丛竹等观赏植物；水中种植睡莲、菱角、菖蒲等水生作物净化水质，美化环境；两岸用艺术木桥、石拱桥连接。通过这些布局，还原了水质清澈、植物丰富、小桥流水的江南风光。三是布局了风景雅致的民宿。以荷塘、稻田、鱼塘为背景，集中建设了20余户特色民宿。住进农家小院，既能体验现代生活的网络快捷，又能享受独具特色的江南风光。

---

① 安乡县农业局．走农旅融合之路，兴乡村旅游之业［EB/OL］．常德市农经网，2018-04-01

三、高质量推进三产融合发展。按照“园区变景区，产品变礼品”的要求，仙桃村充分发挥水乡特色优势，打造田园综合体。一是做强“4+X”产业。围绕“4+X”发展模式，已形成荷田+2000亩、稻田+1000亩、蔬菜+1000亩、水产+1000亩，平均亩产值分别达到3000元、3500元、8000元、8000元。二是做活农产品加工业。村里围绕“4+X”产业，拓展“公司+基地+农户”的合作模式，发展农产品加工业。村合作社与广州高城公司合作，对彩色圆椒、彩色玉米、彩色甜瓜等特色蔬菜进行精致包装，注册了“ 润农 ”商标，产品专门针对广州高端市场；与旭洪达公司合作，形成了莲米加工链，推出了莲米、莲芯等系列旅游产品。三是做优休闲旅游业。按照“农业生态化、生态景观化、景观效益化”的发展思路，在荷田中间修建旅游栈道、观光凉亭等，在稻虾养殖区开展捕捞、垂钓等娱乐活动，在特色蔬菜园开展采摘等活动，在淡水鱼养殖开展钓鱼比赛活动，实现了园区变景区的功能转换。根据季节变化，适时举办春节油菜花节、夏季荷花节、秋季龙虾节、冬季农产品展销会等农事节会，不断提升该村旅游的知名度，增加群众的旅游收入。

五、益阳案例：发展湖区集约农业

由粗放经营向集约经营转化，是农业生产发展的客观规律，也是绿色农业发展的方向。集约农业是把一定数量的劳动力和生产资料集中投入到较少的土地上，采用集约经营方式进行生产的农业形态。近年来，洞庭湖区加快了集约农业建设步伐，逐步推行以耕地适度规模经营为主的农业集约化经营，完善土地使用权的流转机制，积极发展种养专业大户、农民专业合作组织、龙头企业和集体经济组织等各类适应现代农业发展要求的经营主体。近年来，地处洞庭湖区的益阳市积极探索农业集约化经营之路，取得了良好成效。截至2015年底，益阳市耕地流转面积达197.7万亩，耕地流转率为49.7%，流转率居湖南省第一；全市生猪规模养殖户达14531户，规模养殖比重达72%，居湖南省前列；全市农民专业合作组织达2509个，注册家庭农场2642家；全市市级以上龙头企业发展到349家，其中国家级龙头企业4家，省级龙头企业40家，市级龙头企业305家；农产品加工年均销售收入过亿元企业有50家，超5亿元企业有21家，超10亿元企业有3家，规模企业加工产值占农产品加工总产值的85%。[①]

益阳湖区农业资源丰富，素有“中国竹子之乡、中国黑茶之乡、中国淡水渔都”的美誉，是国家重要的粮食、棉花、油料、水产、生猪、茶叶、苎麻、楠竹等农产品基地。近年来，益阳湖区村落主要从以下两方面致力于推进农业集约化的转型。

第一，创新湖区村落土地流转机制，引导生产要素合理集中。通过深化农村土地管理制度改革，益阳市积极探索建立多种形式的土地流转模式，推进湖区村落土地承包权向新型农业经营主体流转，发展适度规模经营。2010年以来，益阳市不断探索土地流转新模式，先后在所辖沅江市草尾镇、安化县江南镇等26个乡镇开展农村土地信托流转试点工作，通过几年的努力，农村土地信托流转试点工作扎实推进，成效显著。截至2012年底，全市共流转土地269万亩，涉及农户32万户。从农村土地流转类型来看：耕地168万亩，占全市农村承包耕地总面积的43.4%，林地48.0万亩，水面34.0万亩，包括“四荒地”在内的其他农村土地19.0万亩。从耕地流转形式来看，转让8.8万亩，转包65.8万亩，租赁34.0万亩，信托23.0万亩，入股3.8万亩，互换16.7万亩，包括代耕在内的其他形式16.9万亩（见表7–1）。另外，益阳还加强了农村土地确权工作，自2007年起，益阳市启动了农村二轮土地承包后续完善工作，坚持县乡村三级联动，承包土地确权、信息库建设、换发经营权证三项工作齐抓，集中县乡村三级人力、物力、财力，集中时间，扎扎实实做好确权发证工作。到2012年底，全市95.6万农户已完成农村土地确权，签订了土地承包合同，占农户总数的97.2%；发放农户土地承包经营权证92.3万户，占应发证总数的93.9%。[②]益阳市在土地信托流转方面创造出了独具一格的“草尾模式”，按照“政府平台+信托特色+市场运作”的模式，推动湖区村落土地信托流转，并在全市湖区村落推广。根据《益阳市“十三五”农业现代化发展规划》，到2020年，全市流转耕地面积将达300万亩，耕地适度规模经营水平达65%以上。目前，益阳市的85个农村乡镇均挂牌成立了农村土地流转服务中心；全市统一了规范的流转合同文本，各乡（镇）土地流转服务中心建立了

① 益阳市农委．益阳市“十三五”农业现代化发展规划［EB/OL］．益阳市农业信息网，2017–03–15

② 数据来源于2015年益阳市农村经济经营管理局

土地流转合同管理档案，加强了对土地流转的指导、管理和服务。通过创新土地流转机制，益阳市成功引导湖区村落的生产要素合理集中，推动了湖区村落农业生产经营的集约化发展。

第二，建设标准化农产品生产基地。近年来，益阳市通过标准化农产品生产基地建设来有力地推动了农业规模化种植、标准化生产、商品化处理、产业化经营，农业集约化初显成效。到2012年底，益阳市共建设了赫山区八字哨金家堤蔬菜标准化种植基地、沅江市国家级蔬菜标准化示范区、“安化黑茶”国家级农业标准化示范区、汉寿县4000多亩低密度放养甲鱼标准化生态养殖基地等个22市级标准化农产品种植示范区，28个县级标准化示范园区，示范面积达70万亩。[①]

第三，培育壮大新型经营主体。按照量质齐升的要求，抓好专业大户、农民合作社、家庭农场、农业企业等新型农业经营主体的培育发展。一是鼓励发展专业大户。在农产品优势产业带培植各类专业大户，加快农户专业化分工、规模化生产和集约化经营。二是支持发展家庭农场。积极开展家庭农场试点示范，按照“主体法人化、规模适度化、技术标准化、成员知识化、经营品牌化、管理企业化、生产设施化、模式生态化”的要求，着力培育管理水平高、综合效益好、社会影响大的示范性家庭农场。三是提升壮大农民合作社。加强农民合作社规模化建设，广泛开展“示范社建设行动”，加强规范化管理，开展标准化生产，实施品牌化经营。引导同类合作社、不同地域合作社进行联合，发展联合社，引导有条件的合作社跨地域、跨行业发展。鼓励以生产要素入股，发展股份合作组织。四是做强做优农业产业化龙头企业。按照“扶优、扶强、扶大”的原则，全面落实税收优惠、金融、人才、用地、信息等扶持政策，引导龙头企业通过加快技术改造、资源重组、资本聚集、品牌整合等途径做大做强。优化发展环境，加大招商引资力度，引进战略投资者发展农产品精深加工业，打造一批生产规模大、工业化程度高，带动能力强、产业链条长的农产品加工企业集群。根据《益阳市“十三五”农业现代化发展规划》，到2020年，益阳市将培育发展种养大户50000户，家庭农场10000户，农民合作组织4000个、入社农户达60%，农业产业化龙头企业达500家。

---

① 数据来源于《2015 年湖南省农业厅关于长沙、益阳、常德三市现代农业的考察报告》

表7-1　益阳市农村集体土地管理情况调查表①

单位：亩、%、万元、件、份

农村土地承包经营情况																		
二轮土地延包完善情况											土地整理情况			农村土地承包经营使用情况				
土地确权登记颁证情况						未完成的情况					总面积	确权到户面积	确权到户未确权到地块面积	农作物种植面积		休闲农业面积	抛荒一年以上耕地面积	承包耕地建房面积
耕地总面积	确权面积	签订合同数	占农户比例	证书发放数	占签订合同农户比例	面积	权属纠纷占比	国家建设征用地占比	纳入城镇建设规划用地占比	工作不到位占比				粮油作物	经济作物			
3867101	3809286	955740	97.2	923064	93.9	57815					388701	378917	21780	3755279	653455	34816	100	1902

农村土地流转情况																
流转面积	主要流转方式及占比						强行调整不愿意流转农户的耕地面积（如“插花田”）	工商资本参与农村土地流转情况								
	转包	出租	借用	互换	转让	入股		资金投入	流转面积	经营方式			工商资本流转土地主要用途及占比			
1680038	657820	340014		167107	88082	38213	/	44611	125700							

农村土地征占用情况																
征占农村土地总面积	按土地性质划分			按征地用途划分					矛盾纠纷情况						群体性矛盾纠纷数	调处矛盾纠纷数
	耕地	林地	其他	公益性用地面积	商业性用地面积				纠纷总数	补偿费用偏低	补偿款被截留	征地程序不透明	安置不到位	其他原因		
					总面积	企业	商业	房地产								
28789.48	13294.44	19737	4714.3	13837.94	10513.5	7732	550	321.5	252	50	5		24	171	9	196

① 数据来源于益阳市农村经济管理局，均为2012年末统计数据。表中，耕地 = 水田 + 旱土，而确权面积仅指水田，因部分水田因等级差别还存在打折现象，导致耕地面积与确权面积不符。

第二节　村落耕作制度转型：从传统增长到现代发展

村落经济转型过程不仅是生产方式转变过程或是现代生产要素引入的过程，还是制度转变或创新的过程。村落耕作制度转型是洞庭湖区村落经济转型的重要内容，洞庭湖区村落土地制度经历了从旧中国的地主所有、农户租佃到新中国成立初农民所有制，再到人民公社集体所有、统一经营制，直至改革开放时期的家庭联产承包经营制。洞庭湖区的这种土地制度变迁过程与全国其他地区的土地制度变迁过程是基本一致的，此处不作过多赘述，仅就洞庭湖区特有的耕作制度转型展开阐述。总体上，洞庭湖区村落耕作制度是从重数量增长轻质量效益的传统制度转型到注重经济与生态共同发展的现代制度。

一、从“分散经营”到“合作经营”

1. 通过土地流转形成规模经营

农村土地承包经营权流转是现代农业发展和农业产业建设的必然要求，是破解当前农民持续稳定增收难题的必然选择。通过推进农村土地承包经营权流转，可以实现农村土地集约节约利用，能够增强土地利用规模效应和提高农业综合生产能力。近年来，洞庭湖区积极探索创新村落耕作制度，推动土地流转形成规模经营，不断创新流转形式，积极引导农民开展土地流转。地处洞庭湖区的常德市积极进行湖区村落土地耕作制度创新的探索，通过土地流转形成规模经营，改变了传统农户单打独斗分散经营的局面。常德市位于湖南省西北部，洞庭湖西岸，辖9个区县市、4个管理区，220个乡镇级单位，3564个村，133.59万农户，总人口601万，其中农业人口457万，农村劳动力251万。全市耕地面积638.6万亩，是一个典型的农业大市。常德市通过完善土地流转机制，创新流转形式，积极引导农民开展土地流转，有力推动了全市农业农村经济转型发展。截至2012年底，全市农村土地流转面积72.65万亩，占耕地总面积的11.5%，涉及农户23.1万户，占农户总数的18.15%。在流转耕地面积中，通过转包形式流转土地的面积为32.02万亩，占土地流转面积的44.08%；租赁的23.39万亩，占32.19%；转让的5.46万亩，占7.51%；互换的4.49万亩，占6.18%；入股的0.86万亩，占1.18%；其他形式的6.44万亩，占8.86%（见表7–2）。

表7-2　常德市农村集体土地流转情况调查表①

农村土地流转情况														
县市区	流转面积	主要流转方式及占比						强行调整不愿意流转农户的耕地面积（如“插花田”）	工商资本参与农村土地流转情况					
		转包	出租	借用	互换	转让	入股		资金投入	流转面积	经营方式		工商资本流转土地主要用途及占比
											直接经营占比	分片承包经营占比	
合计	726478.7	44.08	32.19	8.86	6.18	7.51	1.18	1696	48947.2	62515	79.5	20.5	
安乡	86958	31	27	5	18	15	4	0	1310	1205	100	0	蔬菜种植60%、葡萄种植25%、其他占15%
汉寿	91992	52.5	32.33	2.4	3.6	7.97	1.3	0	1934.2	2758	99	25.1	蔬菜种植81.6%、农产品加工6%、粮食专业合作社12.4%
澧县	86545	36.92	39.71	15.1	3.81	4.45	0.02	1051	17373	23893	69	31	油菜种植42%、葡萄种植38%、水稻种植13%、蔬菜种植4%、其他3%
临澧	85200	38.38	51.41	/	2.93	7.28	/	0	500	6000	100	0	粮食作物种植，占流转总面积的7.3%
桃源	156413	60.42	21.18	1.68	7.04	8.52	1.16	645	2586	14738	68	32	粮食种植48.6%、水果种植11%、蔬菜种植35.5%、其他4.9%

① 表中数据来源于常德市农村经济管理局

（续表）

农村土地流转情况													
石门	34500	30	42	20	1	6	1	0	324	2670	100	0	粮食种植43%、水果种植57%
津市	5554	8.5	75.4	2.3	0.2	5.1	8.5	0	70	350	100	0	蔬菜种植100%
武陵	5095	9.19	78.29	3.08	/	8.66	0.79	0	20950	1882	100	0	休闲农庄67%、花卉苗木15%、专业合作社12%、其他6%
鼎城	137544.7	46.14	25.37	18.36	4.72	4.76	0.65	0	150	196	100	0	水产养殖100%
常德经济开发区	19600	28.06	15.31	47.96	2.04	5.1	1.53	0	0	0	0	0	蔬菜种植44%、国林苗木40%、旅游农业16%
柳叶湖	9581	4.7	92.09	0.5	/	2.71	/	0	3750	8823	100	0	
桃花源	7496	68.3	0.67	3.14	24.76	3.14	/	0	0	0	0	0	

常德市不断探索创新湖区村落土地流转方式，鼓励多种形式的土地流转。一是土地流转与龙头企业相结合。以农村土地流转为纽带，龙头企业与农民建立紧密型利益连接机制，在不改变土地农业用途或土地所有性质和用地计划管制的前提下让农民以土地作为股本入股企业，或以年租金形式由企业分年向农民支付土地收益金，提高土地流转收益。二是土地流转与家庭农场及农民专业合作社相结合。促进农民专业合作社加快发展，鼓励农民以土地入股形式参加农民专业合作社，带动农村土地流转。探索建立农村土地合作社，真正使农民的土地使用权财产化。三是土地流转与农业产业化相结合。加大实施“一村一品”农业产业建设力度，促进农村土地向种植大户流转。2013年桃源县剪市镇双龙村17个农户共流转土地178.76亩，以转让方式转出给常德沅上源生态农业科技有限公司用于生态观光农业项目建设，该公司主要以湘莲、渔业、丘岗晚梨、美国檀树等主要产业为支撑，到2014年3月为止，已完成林地流转3400亩、田土流转1500亩，已建成1000亩湘莲套养鱼基地和500亩丘岗晚梨。这种开放式承包土地经营权流转有利于土地规模经营，取得规模效益，起到了产业发展带动作用，促进农村产业经营观念更新，并达到了开发商和农户双赢的目的。

2. 通过农业组织形成合作经营

发展农民专业合作组织是洞庭湖区村落经济在分户经营条件下实现规模经营的有效途径。当前，一家一户的家庭经营仍然是村落经济经营的主体，农户的小规模分散经营与农产品大市场的矛盾成为洞庭湖区农业发展面临的突出问题，需要在农户和市场之间建立诸如农民专业合作社、农业协会等组织，把分散的农户组织起来，实现农户和市场的对接。农民专业合作社能够改变一家一户进入市场势单力薄的弱势地位，扩大农产品商品销售规模，使个体的农业生产经营者在微观层面联合起来，以较高的组织化程度和适度的组织规模进入市场，促使分散生产与市场的有效对接，能够大大提高农户的市场谈判能力和竞争能力。近年来，洞庭湖区地方政府在财政、税收、金融等方面加大对农业组织化的支持力度，围绕农业主导产业扶持农民专业合作社发展，重点培育一批省级农民专业合作社，不断健全合作社与农户的利益联结机制，带动农户加入合作组织，通过农民组织化推动了湖区村落生产经营的规模化。截至2015年底，益阳市农民专业合作组织发展到2509个，参加合作社的农户占比达45%。[①]到2016年底，常德市共有农民专业合作社3602个，参加合作社的农户占比达46%；岳阳市共有农民专业合作社2865个，参加合作社的农户占比达42%。[②]洞庭湖区各类农民组织充分发挥合作经营的优势，采取订单生产、合作经营、土地入股等形式，与农户建立了利益共享、风险共担的多种发展模式，建成了优质粮食、水果、蔬菜、特种水产等生产基地和生猪标准化养殖场，农户覆盖面不断扩大。随着数量和规模的增长，为扩大发展空间和壮大发展实力，洞庭湖区各类农民合作社正在不断创新组织机制，出现了农民专业合作社的联合体。2015年10月，益阳大通湖区洞庭三农联合社正式在工商部门注册成立，成为大通湖区第一家农民专业合作社联社。[③]该联合社是由"大通湖铭新生态农业合作社""大通湖区铁牛水稻种植专业合作社""大通湖兴隆现代农业农机服务专业合作社"三家合作社自发联合组建而成，是一家以水稻种植、蔬菜种植、农机服务、加工销售为主要业务范围的农民专业合作组织，种植面积达9600亩、农机服务面积达万亩。通过合作社间跨区域、跨行业的政策、信息、资金等资源联合，进一步推动大通湖区农产品的规模化种植、机械化生产、品牌化经营，构建了湖区村落现代农业经营主体新格局，促进了湖区农民增收。大通湖区洞庭三农联合社的成立标志着益阳湖区农民专业合作社发展进入规模更大、合作层次更高的阶段，为洞庭湖区村落合作经济转型发展注入了新的活力。

从个体到合作社：常德市鼎城区河洲甲鱼合作社的发展之路[④]

1998年，王国顺利用自己从业多年的积蓄80多万元在自己的家乡常德市鼎城区十美堂镇租下60多亩鱼塘，开始生态甲鱼养殖之路。中华鳖，在市场具有很高的美誉度，常德市所处的洞庭湖区恰恰就是其主要的集中繁养地之一，这为王国顺寻找优质种源提供了得天独厚的条件。同时，王国顺坚决摒弃求数量轻质量的饲养方式，转而寻求一种更加自然生态的养殖方式。六年的坚守，他成功地探索

① 益阳市农委. 益阳市"十三五"农业现代化发展规划［EB/OL］. 益阳市农业信息网，2017-03-15

② 湖南统计局编. 湖南省统计年鉴 2016［M］. 北京：中国统计出版社，2016

③ 宋敏. 大通湖区首家农民合作社联社成立［EB/OL］. 益阳农业信息网，2015-10-08

④ 张业湘等. 湖南这个甲鱼合作社年产值 3 亿的背后［EB/OL］. 中国农村网，2017-03-03

出了一套中华鳖回归大自然的新型“六优”养殖模式，即“优种、优水、优养、优标、优长、优味”。“六优”模式养殖的“河洲”甲鱼，肉质鲜嫩，营养丰富，一上市就成功赢得市场青睐，受到消费者追捧。2012年“河洲”甲鱼获得农业部授予的“无公害农产品证书”。

虽然甲鱼品质高，市场反响好，但个体单干难以满足市场需求。是靠自己的积累慢慢扩大规模，还是依托外力快速扩张？这让王国顺颇为苦恼。通过认真思考和权衡，他选择了农民合作社这一新型农业经营模式。2011年11月，鼎城区河洲甲鱼专业合作社正式登记成立。合作社集种苗繁育、生态养殖、销售加工于一体，对入社成员实行种苗供应、技术指导和产品回购。过去，农民传统养殖每亩年产值在2000元左右，而从事中华鳖生态养殖，每亩年产值可达4万元左右。经过这些年发展，目前合作社成员达151人，带动养殖户1373人，养殖面积1.26万亩，每年产值达到3亿多元。2013年，合作社斥巨资创建总面积近300亩的河洲甲鱼生态养殖产业园，作为消费者了解河洲甲鱼繁育、养殖、烹调等过程的窗口。产业园还具备新品研发、培训示范、休闲体验、科普教育等功能，入园顾客在参观养殖示范基地之余，亦可品甲鱼、赏甲鱼、话甲鱼。产业园绿树环绕、水榭亭台、环境幽静、风景别致，被评为省级休闲渔业示范基地和湖南省乡村旅游区（点）五星级农庄，已然成为不少城市高消费人群假日休闲的不二之选。2014年“河洲”甲鱼品牌被认定为“湖南省著名商标”；2015年“河洲”甲鱼产品获得国家有机产品认证证书。

宁乡县流沙河生猪专业合作社的成功之路[①]

宁乡县流沙河生猪养殖专业合作社成立于2005年，在特色养殖思路的引导下，该合作社从过去拥有10多个养殖场扩大到现在拥有156家标准化、现代化、生态化连锁养殖基地的规模合作社。宁乡猪养殖范围从流沙河扩大到宁乡县青山桥、老粮仓、朱良桥、枫树桥乡等10多个乡镇，并辐射湘潭、邵阳、益阳、永州等地区；养殖规模从过去的年出栏3万多头增加到12万多头，生产经营项目也由单一

① 部分资料引自喻向阳等．宁乡流沙河牲猪专业养殖合作社入围国家级示范社［EB/OL］．红网，2012-07-12；部分数据来源于本书课题组的实地调查

的生猪养殖转变为种猪、冷鲜肉、风味肉多元化经营。

宁乡县流沙河生猪养殖专业合作社下设流沙河生态养殖场、产品营销中心、无公害流沙河花猪养殖连锁基地。自成立以来，积极带动广大农民致富，通过技术培训和推广，宁乡花猪标准化生态养殖技术普及到了流沙河、喻家坳、老粮仓等10个乡镇28个村的286家场户。该社在长沙、湘潭等地区开设了32家流沙河宁乡花猪肉食专卖店，产品大量进入长沙、湘潭等地区的四星级以上酒店、生鲜超市，并入驻湖南、北京、上海、广东等大中城市湘菜馆。在宁乡乃至整个湖南地区形成了宁乡猪特色经济，养殖户的年平均收入增加3.2万元，社员由此走上了致富之路。“流沙河”土花猪系列产品于2006年获得了湖南第八届（国际）农博会金奖；2007年“流沙河”土花猪被授予了湖南省名牌农产品称号；2009年湖南省人民政府授予非公有制经济服务先进单位；2010年荣获长沙市先进农民专业合作社；2011年获湖南省农业专业合作社示范社；2012年被评为国家级农民合作社示范社，同年，“流沙河”商标荣获中国驰名商标；2014年11月“流沙河”品牌荣获中国中部（湖南）国际农博会“最受消费者喜爱的农产品品牌”。

南县“两型”水产合作社的创新之路①

近20年来，中国大量的池塘集约化养殖，投入上千万吨的饵料、肥料和大量药物，加剧了江河湖库的富营养化和污染程度。对此，如何减少水产业的污染，使之成为“资源节约型、环境友好型”的“两型”水产业，成为水产从业者与政府一直探索的问题。而此时，在湖南的南县涌现了一家“两型”水产合作社——南县洞庭明珠水产专业合作社，养鱼又种树，在经济和社会效益上取得不错的成绩。

南县洞庭明珠水产专业合作社开办于2006年，是一家集鱼种繁育、生态养殖、鲜鱼销售、饲料配送、鱼病防治、技术指导于一体的专业合作社。为了给养殖户起带头示范作用，合作社的发起人王欣在南县北河口双湖渔场承包150亩水面，从事水产养殖，并于2009年成立湖南欣宏农业综合开发公司。随着公司效益逐渐

① 李敏．湖南南县王欣：“两型”水产合作社带头人［EB/OL］．中国三农产业协会网，2014-04-12

凸显，养殖户入社的意愿越发强烈，合作社的成员逐年增加。如今，合作社拥有成员单位2个、成员169户、专业技术人员16人、水产工程师4人、博士2人；而隶属于合作社的生产养殖基地就有5个，总面积达2，200亩，成员户养殖面积达12，000余亩，年产水产品8000余吨。而欣宏农业公司现在员工为48人，水产专业技人员为16人，生产养殖基地有5个，总面积达2200亩。按往年年产计算，一年可产各类水产品1100吨，莲藕3300吨，总产值达800余万元。合作社采取“专业合作社+基地+农户”的运作模式，本着“服务社员、共同致富”的运作理念，实行种苗、饲料、鱼药、防疫、培训、运销、资金“七统一”管理，成功带动合作社成员及周边农户2000余户发展养殖业，2011年、2012年为社员分红600多万元。

针对传统水产养殖存在资源消耗大、生态成本高的问题，南县洞庭明珠水产专业合作社创新了“两型”生态渔业的生产模式，采取吃食鱼单一品种专养，配套养殖肥水鱼的模式，如鳡鱼专养、青鱼专养、草鱼专养、鲫鱼专养等，投喂饲料均采用专用料；用微生物制剂调节池塘水质，同时用电子测氧自动带动池塘曝气增氧机，既能满足增氧需要又能清除池底有害物质；池堤种植观赏苗木，苗地开沟，引池水浇灌，形成了“水陆共栖”的种养新模式。2012年合作社实施的“两型”生态渔业，总产鱼343吨，平均单产1239千克，其中粗鳞鱼242吨、鲢鳙鱼100吨；110亩池堤种植观赏苗木11万株，立体种养实现销售收入645.4万元，生产总成本为402.5万元，实现总利润达251.9万元，亩平利润9093元，资金利润率达61.5%，亩平利润比传统模式增加1.28倍，资金利润率增加13.1%。同时，由于采用分类专养的模式，大大降低了成本和节约了资源，加上池堤种植的观赏苗木有效地优化和美化了湖区生态环境，“两型”生态渔业取得了经济效益和生态效益的双丰收。

二、从“围湖造田”到“退田还湖”

洞庭湖区拥有广淼的水域和肥沃的土地，洞庭湖区特有的自然条件造就了湖区人独特的生产习性，捕鱼种稻成为湖区人的生存依赖，稻米水产构成湖区社会的经济根基，由此形成了千百年来传承未变的洞庭湖区村落经济发展模式——鱼米经济。鱼米经济成为其独特的发展模式，推动了当时环湖经济社会的发展。但鱼米经济的快速发展催生着湖区人口的急剧膨胀，生存压力推动着围湖造田运动，围湖造田破坏了湖区生态系统，生态失衡带来了自然灾害进而阻碍了洞庭湖区的经济社会发展，这就成为一个难解的经济悖论。在产业化经济背景下，鱼米经济成为一种索取自然的农业经济形态，产业化需求迫使其不顾湖区环境生态的承载能力，规模化生产与经营超出了自然生态阀值，必然带来湖区生态资源的破坏和湖区生态系统的失衡。在生态倒逼机制下，洞庭湖区人们开始改变“围湖造田”的传统生产行为，通过“退田还湖”来恢复湖区湿地面积和湖体容积，提升湖区生态承载力，为湖区村落经济发展再造生态屏障。①

1．围湖造田的生态负效应

围湖造田是指通过建堤筑坝将湖泊及其周围湿地转变为农业用地的一种特殊的土地利用模式，是洞庭湖区扩大耕地面积满足人口增长对于粮食需求的一种重要的农业生产方式。在湖区人口规模、生产规模、消费规模都较小的历史时期，围湖造田、种稻养鱼的鱼米经济并未过度索取洞庭湖区生态资源，没有超出湖区生态承载能力，湖区生态系统能够通过自我补偿和自我修复来实现系统内部的平衡。但是，近代以来，人口压力推动着围湖造田走向泛滥，据统计，从1825年到1989年的164年间，洞庭湖面积以每年20.67平方公里的速率递减，其中1949年到1977年的面积缩小率最甚，达每年57.5平方公里。“洞庭湖萎缩的原因不外乎有两个，一是自然淤积，二是人类围垦。而人类围垦是自然淤积的3倍。”②开垦农田发展经济已直接削弱了湖泊滞蓄洪水的功能。“解放以来，由于采取了蓄洪垦殖的办法，通江湖泊两万多平方公里已减少了约一万平方公里。”③围湖造田带来了洞庭湖区稻米飘香、经济繁荣，与此同时，也导致洞庭湖区水体和湿地面积迅速减损，破坏了湖区生态环境。

过度围垦损害了洞庭湖区自然资源，破坏了洞庭湖区生态环境和调蓄功能，加剧了洞庭湖区自然生态的劣变。围垦种稻压缩了湖水面积，减小了湖体容积，从而减弱了湖泊的调蓄抗灾功能，以致湖区洪涝灾害频繁、低湖田

① “围湖造田”和“退田还湖”这两种洞庭湖区农业生产行为因更大程度上是受政策制度推动而发生，打上了浓重的制度烙印，在此将其视为洞庭湖区村落的耕作制度，以便更好地理解和分析洞庭湖区村落经济转型过程。

② 吕娟，周魁一．洞庭湖的萎缩：人类围垦是自然淤积的三倍［J］．中国水利，1999（12）：46

③ 水利部．关于长江中下游近十年防洪部署的报告［水办字（第80号）］，1980

土壤环境恶化，效益下降。盲目围垦造成了极大的生态负效应，洞庭湖体萎缩，湿地破坏，湖区生物多样性锐减。长期以来，因围湖造田造成过度地开发利用湖区自然资源必然带来洞庭湖区生态环境遭受破坏的严重后果，这种超出湖区生态承载力的过度围垦打破了湖区生态平衡，造成湖区生态功能退化，洪涝灾害与干旱灾害交替肆虐湖区大地。作为湖区村落的一种生产行为，围湖造田忽视了生态规律和违背了环境正义，给洞庭湖区生态系统带来了“反噬”的后果，洞庭湖区域经济增长缺乏内生动力，环湖区域社会面临着类发展的困境。

2．生态倒逼下的退田还湖

在一定历史阶段，围湖造田增加了湖区粮食种植面积，提高了湖区粮食总产量，一定程度上缓解了湖区村落粮食短缺问题，但围湖造田所带来的湖区鱼米经济增长是短期效应，是以破坏洞庭湖区生态环境为代价的，湖区生态系统的损害构成了围湖造田巨大的机会成本。于是，传统鱼米经济又成为洞庭鱼米之乡的现代发展困惑，成为湖区村落经济社会发展的一个悖论。1998年洪灾再次提醒人们认识到洞庭湖防洪调蓄的生态功能，有效扼制继续围垦的趋势和适度退田还湖成为当务之急。在生态倒逼机制作用下，湖区人开始重新审视和反省围湖造田这一生产行为，并迅速建立洞庭湖水体和湖区湿地的恢复保护机制。20世纪70年代末国家水利部明令禁止围湖垦殖活动，洞庭湖区实施平垸行洪、移民建镇措施，平退堤垸共333个，总面积达778.74km^2，增加蓄洪量34.79亿m^3。在1998年，湖南省开始实施“4350”工程（即恢复到1949年4350平方公里的洞庭湖水域面积），约600公里的农田被“双退”，即居民彻底搬离，堤坝被废弃；或“单退”，即居民仍旧留在原地，汛期蓄洪，枯水期种田。洞庭湖区“4350”工程规划①，平退12个堤垸，拟退面积为139084km^2，搬迁人口93.37x104人。截至2006年春，已平退333处堤垸，涉及常德、益阳、岳阳等29个县（市、区、场），搬迁安置移民达15.83×104户、55.85×104人。

退田还湖工程实施以后，洞庭湖高水时增加湖区面积778.74km^2，增加有效调蓄容量34.8亿m^3，洞庭湖区湿地得到了增加，行洪能力相应扩大，洞庭湖

① 湖南省实施的“4350 工程”，即通过退田还湖，平垸行洪，移民建镇，至 2015 年，使洞庭湖恢复到 1949 年前 4350 平方公里以上的湖面。

区的生态系统在很大程度上得到了有效恢复。退田还湖在为洞庭湖区村落带来生态效益的同时还直接带来了经济效益，“一方面，退田还湖工程为湖区农民节约了防汛应急费用以及大量的人力、物力；另一方面，退田还湖工程促进了湖区农村小城镇建设，加速了农业规模化生产和集约化经营，为调整湖区农业生产结构创造了条件。”[①]常德市汉寿县洋淘湖镇水产村历经了从“围湖造田”到“退田还湖”的历史过程。20世纪中期，水产村的村民均在水上安家，过着渔民生活。然而，此时的洞庭湖连年水灾。1998年湖南省政府决定将西洞庭湖区早年开垦的土地退田还湖，以缓解这一带水灾灾情，并有效保护湖区湿地。1999年洞庭湖区湿地保护区与世界自然基金会合作，在此建立了“退田还湖、恢复湿地”的示范项目。而今，水产村所在湖区已成为著名的西洞庭湿地自然保护区，每年超过10万只南迁的候鸟在此停留，有野鸭和鹭鸶在这里繁衍，其中不乏白鹤等珍稀鸟类，退田还湖前此处是水产村渔民们的家宅和田地，现在已经成为鸟类的天堂，良好的湖区生态系统随着“退田还湖”得以恢复。

第三节 渔村经济转型：从船上渔家到岸上农家

洞庭湖水域是长江流域重要的鱼类和水生生物栖息地，渔业资源丰富，成就了湖区人依水捕鱼的生计模式。曾几何时，“碧水蓝天，渔舟唱晚”是八百里洞庭湖的美景。然而，随着人类围湖造田、工业建设、过度捕捞等活动的加剧，以及气候变暖的影响，洞庭湖水面缩小，渔业资源衰退。为保护三湘“母亲湖”永远生生不息，2009年洞庭湖开启禁渔政策，长期漂泊在湖上的渔民只好离船上岸，世代以捕鱼为业的洞庭湖区渔村经济面临着转型的抉择。

---

① 钟艳红．洞庭湖区“平垸行洪、退田还湖、移民建镇”工程效益简析［J］．湖南水利水电，2005（6）：55-56

一、靠水吃水：洞庭渔民的生计模式

洞庭湖区渔民以船为家，因而也称船家，船就是渔民的“家”，水就是渔民的“地”，渔民以捕鱼为生，捕鱼是其最重要的甚至是唯一的营生。在广阔的洞庭湖面上，渔民们过着“一张网、一条船、一家人”这样古老而传统的生活，依湖捕鱼是洞庭渔民的谋生方式，靠水吃水是洞庭渔民的生存之道。据2012年相关调查显示，洞庭湖区渔业劳动力为28105人，作业渔船达10097艘，其中，专业捕捞机动船为5848艘，非机动船为1241艘；兼业捕捞机动船为2248艘，非机动船为760艘。[①]岳阳县地处东洞庭湖区，所辖东洞庭湖区面积为1328平方公里，约占整个洞庭湖面积的49%，水生资源十分丰富，岳阳县成为洞庭湖渔民主要分布地。据统计，岳阳县所辖的东洞庭湖1650㎡水域有约5500户渔民，常年在东洞庭湖水域捕鱼作业的渔船有2300条，其中“连家船”渔民有366户共计1290人，洞庭湖区渔民单船年产量为5000~8000千克左右，船均收入为2~3万元。洞庭渔民们居无定所，漂泊湖上，大多没有田地，世代以打鱼为生，生存环境差，生活困苦。渔民上岸之前，洞庭湖区专业捕捞渔民有近3万人。调查显示，洞庭湖渔民人均年收入只有6000元左右，仅为湖南全省农民人均收入的一半。为有效保护洞庭湖的自然生态资源，洞庭湖于2009年开始实施禁渔，禁渔期为每年的3月10日到6月30日，再去掉枯水期，渔民们每年实际可以捕鱼的时间就只有7到10月间的4个月。在禁渔期的3~6月，洞庭湖渔民居住在岸上的渔民新村或是沿湖的房子里；湖水丰沛的7 ~10月，渔民们住在自家船上，只偶尔靠岸采买东西。“白天一张网，晚上七尺板”，洞庭湖上以船为家的日子，充满了危险和不确定性。但传统的依靠捕鱼为生本就不是稳定的营生，再加上围湖造田、工业生产、捕捞活动的加剧以及其他因素的影响，曾经的“八百里洞庭”不断萎缩。从20世纪90年代开始，洞庭湖里的渔业资源明显减少，越来越少的鱼，越来越长的枯水期，随着渔获物数量不断减少，渔业迅速走向低值化，渔民生活因收入急剧下降而陷于困顿。

---

① 袁希平，刘训华等．洞庭湖渔民生活现状调查［M］．渔业信息与战略，2013（5）：30

二、渔业衰退：洞庭渔民的生存困境

“水大鱼多”是自然规律，围垦造成洞庭湖水面缩小、容量减小，捕鱼场所减少，渔业产量随之减少，导致湖区渔业衰退。随着气候变化和人类活动的影响，洞庭湖水域面积由最大时的约6000平方公里逐渐缩减至如今的2600平方公里，特别是三峡工程后，长江上游来水减少，洞庭湖枯水期延长，当地渔业生产受到很大影响。调查显示，东洞庭湖由于水位低，采食场遭到破坏，鱼的密度变小，捕捞量急剧下降，以前一个渔民一天可捕捞到100公斤的鱼虾，现在不到几公斤。

由于从事渔业的门槛很低，在单位时间投入洞庭湖的渔船、渔具、机械动力和劳动力等捕捞力量过多，酷渔滥捕导致捕捞单产的下降。据调查，洞庭湖区的渔具、渔法主要是迷魂阵、堑湖、电捕鱼、虾笼、丝网和定置网等。堑湖、电捕是严重破坏湖区自然生态的粗暴捕捞方式，特别是在冬季水位过低，几乎将一些在湖泊内越冬的鱼类捕尽，导致洞庭湖繁殖的亲鱼数量越来越少。捕捞强度过大，有害渔具渔法的使用，大大超过了渔业资源的再生能力，破坏了洞庭湖区内凶猛鱼类和其他大、中型鱼类的食物链，导致鱼类种群数量不断减少，造成洞庭湖区渔业资源的衰退。据湖南省水利部门统计，历史上洞庭湖最高年捕捞产量曾经达4.8万吨，由于湖面减小，加上过度捕捞，洞庭湖捕捞产量持续下降，现在不到2万吨。[①]以洞庭湖“四大家鱼”的捕捞产量为例，从1997年到2009年的十多年时间里，“四大家鱼”的捕捞总产量从41692.4吨减少到22306.6吨，减少近一半。多年来洞庭湖天然渔业生产进行掠夺式经营，盲目增船添网，非法渔具渔法以及禁渔期的非法捕捞是导致洞庭湖主要经济鱼类资源衰退的主要原因。

洞庭湖渔民生活现状调查显示，在“渔民对自己经济状况的评价”问卷中，有36.2%的渔民认为“较差”或“很差”。在洞庭湖捕鱼开禁期，渔民每户捕鱼约20000斤，毛收入约18000元，纯收入约8000元，[②]对于整个渔民家庭

---

① 柳富荣．洞庭湖渔业资源衰退的成因及增殖保护对策［J］．渔业致富指南，2002（5）：12–13

② 杨莉．关于东洞庭湖岳阳地区部分渔民上岸安置后的生活现状调查［EB/OL］．新浪网，http://blog.sina.com.cn/s/blog_72083fb40100rcj9.html. 2011–02–26

的大笔生活开支来说，渔民的这些微薄收入显得有些“入不敷出”。在禁渔期，洞庭渔民因没有收入来源生活更显困苦。洞庭湖区渔民面临着“居无定所、收入微薄、社保缺失”的生存困境。[①]一是长年以船为家，居住条件差。无论是居住在洲岛上还是以船为家，洞庭湖区渔民的居住条件都比较恶劣。特别是“连家船”的渔民居无定所，风餐露宿，长年以船为家，过着“蹲着脱裤、躺着伸腰、挤着睡觉”的局促生活。据岳阳县渔政局反映，该县范围内渔民1124户，65%岸上无住房。条件稍好的渔民，家庭生活船与捕捞作业船分开；条件差的则捕鱼、吃住都挤在一条长不足6米、宽不足2米，面积不到12平方米的船上。二是经济收入低，生产成本高。专业渔民除捕鱼收入外，再无其他经济收入，渔业资源的丰歉直接决定其收入的高低。近年来，受各种因素影响，洞庭湖湖面缩小、湖床抬高、洄游通道不畅，渔业生态环境遭到破坏。加上水域污染，酷捕滥取，渔业资源逐年衰退，渔民的生产时间和捕鱼产量大幅减少，人均年纯收入普遍不到 6000元，远低于全省农民人均纯收入水平。同时，渔业生产资料如渔船、渔具等前期投入较大，渔需物资也存在不同程度的涨价，特别是近几年船用柴油价格高涨，渔业直接生产成本上升。据调查，洞庭湖渔民每年生产成本都在2万元/户以上。三是生活环境差，社保程度低。大部分渔民以船为家或居住在湖中小岛，丰水期四面环水出行困难，枯水期沼泽围困泥中跋涉，购买蔬菜等生活必需品困难，渔民的生活环境较差；因缺少基本的医疗卫生条件，渔民生活直接饮用湖水，生产长期接触疫水，血吸虫病感染率极高，据统计，95%以上的捕捞渔民患有血吸虫、风湿、关节炎等疾病；对于以船为家、游离于岸陆的渔民来说，因受交通、信息“孤岛”的影响，大多湖区渔民尚未享受到社会保障，湖区村落社保制度存在保障能力不强、保障范围不宽、保障体系不健全等问题。

三、血吸虫病：洞庭渔民的生存危机

由于大量的泥沙淤积，洞庭湖区的洲滩面积不断增加，为钉螺栖息提供了有利场所，在洞庭湖区钉螺分布面积很广，而血吸虫幼虫寄生于钉螺内，洞庭湖区成为全国有名的血吸虫疫区。据相关调查资料，1990年洞庭湖区血

① 李友志．关于湖南湖区专业捕捞渔民生产生活情况的调查［EB/OL］．中国乡村发现，2010-03-04

吸虫病流行区人口数为约313万人，堤垸内查出有螺面积达39.7km^2，堤垸外发现有螺面积达289.3km^2。“急性血吸虫病感染人数，堤垸外平均每年为753人，感染率占79%；堤垸内平均每年为203人，占感染者总数的21%。”[①]感染季节主要是在夏秋季节，占全年感染人数的94%。特别是20世纪90年代中后期湖区水灾频繁，堤垸溃决，钉螺向垸内大面积扩散，或通过引洪涵闸向垸内沟渠扩散，致使垸内钉螺灭而复现，疫区面积不断扩大，危害十分严重。洞庭渔民就生活在血吸虫病疫区中，血吸虫病的流行已成为危害洞庭渔民身体健康的一大公害，血吸虫病将洞庭渔民不断推向贫困边缘，给洞庭渔民带来生存危机。

被血吸虫“围困”的濠河村[②]

“四五个人围在一起打牌都不用桌子。”——这就是血吸虫病人最明显的外观。岳阳市君山区柳林洲镇濠河村共有4246人，70%以上的人患有血吸虫病，老人、青壮年、儿童均不能幸免。君山区的晚期血吸虫病患者有400多人，占了湖南省血吸虫病总数的14%。

濠河村南靠洞庭湖，最近的住房距离洞庭湖大堤不足100米。50年前，濠河村乃至君山区的大多数地方都是洞庭湖湖面。1958年在“将洞庭湖建成天下仓”的号召下，5万多名来自岳阳各地的父老乡亲在洞庭湖畔奋战两年，围湖建垸，筑起了40公里的大堤，君山区由此而生。过度围垦带来的负面效应越来越强烈地呈现出来：湖水的面积被大量占去后，直接造成水的泛滥。资料显示，就大洪灾的频率而言，公元276～1524年，平均间隔80年；1525～1851年，平均间隔20年；1852～1979年平均间隔5年；进入20世纪80年代后，每隔三四年就有一次大水灾，进入90年代后，除1990、1992、1997年外，共发生6次较大灾害，平均3年有两次大水灾。洪灾也导致血吸虫病迅速蔓延。

村里没有一个企业，经商的也没有，村民主要就是种田和捕鱼。无论哪种生存方式，都离不开洞庭湖，水稻、棉花都要靠湖水灌溉。洞庭湖周边大面积的湖水都是疫水，不要说站在水中，就是一滴疫水溅到人皮肤上，都有可能感染。

---

① 姜加虎，黄群．洞庭湖区生态环境退化状况及其原因分析［J］．生态环境，2004（6）：279

② 王家耀．洞庭湖：血吸虫与农民生存逻辑［N］．三联生活周刊，2005-03-21

君山区血防站站长黄平辉说，濠河村四组的200多人90%都有血吸虫病，是濠河村的重灾区。湖区的血吸虫病患者到底有多少？黄平辉说，君山区血防站2004年的普查数据显示，该区晚期血吸虫病约有400人，血吸虫病患者11000多人；岳阳市晚期血吸虫病2700多人，血吸虫病患者51000多人；湖南省卫生厅新闻办主任康平通报的数据是，湖南省目前晚期血吸虫病约有5500人，血吸虫病患者22万人。患者总数占全国的1/4强。

濠河村村民大多以捕鱼为业，因频繁接触疫水，多数村民都患有血吸虫病，因血吸虫病致贫的家庭占85%。贫困—捕鱼—感染—治疗—贫困，濠河村村民生活简直陷入了一个怪圈。

四、离船上岸：洞庭渔民的生活选择

洞庭湖区渔民长年以船为家，捕鱼为生，渔民无田无土，居无定所，长期漂泊湖中，生存环境差，生活艰难。为解决渔民生产生活困难，湖区当地政府出台优惠政策引导渔民上岸定居，省市县财政补贴专业渔民每户2万元用于上岸建房，并为建房渔民无偿提供宅基地和免收建房办证费用。2008年底至2009年，湖南省政府组织实施”洞庭湖区渔民上岸和住房解困危改工程”。迄今，洞庭湖区的1.3万户、4.5万名渔民住房困难已得到有效解决，其中2332户无房渔民住上了自己的房子。2009年常德市投入上千万元资金，让西洞庭湖渔民结束水上漂泊的生活，搬进渔民新村，过上定居生活。常德市政府部门对上岸渔民在社保和医疗方面给予了大力支持，为914户、2103人无户口渔民办理了落户手续，落实了渔民低保、社保、医保、医疗救助和禁渔期临时救助政策。常德市汉寿县坡头镇群英村是洞庭湖区渔民离船上岸的最大集中安置点，2010年有140名无房渔民搬入基础设施配套完善的渔民新村，全村128户、627位专业渔民中享受城镇低保的有85户、136人。

“赵华一家四口，她和丈夫唐登红是常德市汉寿县坡头镇群英村的典型渔民，‘我们过去主要靠打鱼为生，都快20年了。但近些年来鱼越来越少了，去年只赚了6000块钱。’赵华说，‘以前24小时都在船上过，现在政府帮我们出资修房屋，省市给每户拨款2万元，加上自己筹了大约8万元，政府免费提供了宅基地，2009

年建起了一幢面积达125平方米的砖瓦结构房屋，过上了定居生活。’”[①]

“‘以前，这个村的情况不是很好，大多数渔民都是以船为家，根本没有上岸修建房屋的能力。省市财政为建房补贴2万元。现在这个安置试点已安置无房户22户，市政府还支持安置点的道路、排水、绿化等基础设施工作。’汉寿县坡头镇人大副主席王业新说。”[②]

“湖南汉寿洋淘湖水产村是西洞庭湖边数十个渔村之一，原属国有洋淘湖淡水渔场，至今仍有80余户渔民。水产村大部分村民靠渔业为生……37岁的曾昭民是水产村的无房户，他靠在外地打散工，下河打龙虾，每年挣回万余元维持一家人的生活。此前，全家人靠租房居住，每个月百余元租金，且地方太小，有时他干脆就睡在船上。政策下来后，他收到2万元建房补贴，又找亲友借了3万元，盖了现在的房子。”[③]

当地政府出台政策支持离船上岸渔民转产转业。开展上岸定居湖区渔民就业援助活动，通过职业指导、技能培训、自主择业、岗位援助、政策扶持等方式，提高渔民素质和转产就业能力，重点培训水产养殖、畜禽养殖、务工经商等实用技术；完善湖区渔民的社会保障体系；对转产创业渔民给予税费减免等优惠政策；建立支持转产渔民的信贷扶持机制，农村信用社通过完善农户小额信用贷款和农户联保贷款制度，加大对转产转业渔民的贷款支持力度；鼓励渔民从事休闲渔业、网箱养殖、水产品加工及其他从业活动，扩大渔民转产创业途径，增加渔民收入来源，增强渔民发展能力。

洞庭湖渔民上岸“捞”回新生活[④]

“在我们村，由专业渔民组成的捕捞队有12支，他们将渔网撒到了全国17个省、市、自治区，每年‘捞’回捕捞服务费6000万元以上。”谈及近年渔民上岸后的新生活，湖南沅江市万子湖村村支部书记边红德不无骄傲地说。万子湖村位于湖南省东南部益阳市，紧邻南洞庭湖，是一个渔业捕捞村。20世纪90年代前，

① 湖南省财政厅调研组．民生“兜底网”［J］．新理财（政府理财），2009（7）:55

② 湖南省财政厅调研组．民生“兜底网”［J］．新理财（政府理财），2009（7）:55

③ 林劲松．围湖造田到退田还湖：洞庭湖渔民离船上岸［N］．南方都市报，2011-02-14

④ 摘自李俊杰．洞庭湖渔民上岸“捞”回新生活［EB/OL］．中国新闻网，2015-09-28

该村渔民居无定所，水退洲上住，水涨船为家，常年漂泊湖中，靠捕鱼为生。

渔民的生存状况引起了湖南省政府的重视。2009年，湖南出台“渔民上岸”的政策，决定从实施安居工程入手，系统解决湖区捕捞渔民困难问题。通过一届届政府接力，到去年底，仅渔民上岸定居一项，湖南就累计投入4亿多元，解决了全省1.5万渔民上岸定居问题。

走进如今的万子湖村，只见防洪大堤高高筑起，村里道路全部平整硬化，一排排新民房错落有致。边红德介绍，目前，该村3000多位村民都搬进了花园式的小区，人均住房面积约80平方米，80%的家庭都买上了私家车，村庄里还有了属于渔民子弟的学校。这些变化，与渔民上岸后自力更生转产转业息息有关。

自上岸定居以来，万子湖村村民搞起了“三大产业”：首先是组建了远征捕捞渔业合作社，设12个远征捕捞大队，成员达800多人，已涵盖全国17个省市区的100多个大中型养殖湖泊、水库。去年，捕捞队员此项收入人均6万余元，高者达60万元。同时，该村引导渔民转捕为养，全村100多人搞起了养殖。此外，该村还利用城郊区位优势转产创业，组建了一个上规模的运输车队，并兴办餐饮店、休闲茶楼等服务行业。今年，该村打算推出万子湖生态渔村一日游。

五、新型农民：洞庭渔民的职业转向

培育新型职业农民，是深化农村改革、增强农村发展活力的重大举措，也是发展现代农业、保障重要农产品有效供给的关键环节。洞庭渔民离船上岸后不再以打鱼为生，而是转型成为从事农业生产或服务业的湖区农民，为适应湖区发展现代农业的需要，洞庭渔民要实现职业的二次转向，要向“有文化、懂技术、会经营”的新型农民转型，进一步发展成为新型职业农民。第一，培育新型职业农民是确保洞庭湖区作为国家粮食和重要农产品生产基地的迫切需要。“民以食为天”，吃饭是人类生活的第一件大事，正如马克思所说：“最文明的民族也同最不发达的未开化的民族一样；必须保证自己先有食物，然后才能去照顾其他事情。”①解决13亿人的吃饭问题，始终是治国安邦的头等大事。当前我国主要农产品供求仍然处于“总量基本平衡、结构性紧缺”的状况。随着人口总量增加、城镇人

① 《马克思恩格斯全集》第九卷［M］.北京：人民出版社，1985：347

口比重上升、居民消费水平提高、农产品工业用途拓展，我国农产品需求呈刚性增长。习近平总书记强调，中国人的饭碗要牢牢端在自己手里，要保障这一农业生产目标，就需要提高我国的农业综合生产能力。洞庭湖区是我国重要的商品粮生产基地，这一地区的粮食生产状况直接影响着湖南省乃至全国的粮食安全大局。要确保洞庭湖区作为国家商品粮生产基地这一地位，最根本的还得依靠湖区农民，特别是需要高素质的新型职业农民。第二，培育新型职业农民是推进洞庭湖区农业转型升级的迫切需要。当前，洞庭湖区正处于改造传统农业、发展现代农业的关键时期。湖区农业生产经营方式正从单一农户、种养为主、手工劳动为主，向主体多元、领域拓宽、广泛采用农业机械和现代科技转变，现代农业已发展成为跨产业的经济体系。但目前洞庭湖区农民的科技文化素质不高，接受新技术新知识的能力不强，特别是要使渔民变为能够运用先进农业技术和生产工具的新型农民，显得尤为困难。因此，加强新型职业农民培育就尤为迫切，只有培养一大批具有较强市场意识，懂经营、会管理、有技术的湖区新型职业农民，才能推动洞庭湖区现代农业的快速发展。第三，培育新型职业农民是构建洞庭湖区新型农业经营体系的迫切需要。随着城市化的快速推进，我国农村劳动力数量不断减少、素质结构性下降的问题日益突出，洞庭湖区村落也如此。调查显示，洞庭湖区村落的劳动力大多以妇女和中老年人为主，从事湖区农业生产的劳动力文化素质普遍较低，小学及以下文化程度比重甚至超过50%，70%以上的新生代农民工不愿意回乡务农。为确保洞庭湖区农业生产的良性循环，需要把培养湖区新型职业农民作为关系长远、关系根本的大事来抓，通过技术培训、政策扶持等措施，留住一批拥有较高素质的青壮年农民从事湖区农业，加快构建湖区新型农业经营体系，发展专业大户、家庭农场、农民合作社、产业化龙头企业和农业社会化服务组织等新型农业经营主体，不断增强洞庭湖区村落经济的发展活力。

近年来，洞庭湖区地方政府加强新型农民的培养培训力度，通过加强技术培训和政策支持不断推动离船上岸的渔民向现代新型职业农民转型。2015年，岳阳县农业局以提高农民综合素质、专业技能为重点，以促进农业增效、农村发展、农民增收为目的，通过加强组织领导、开展摸底调研、精心组织培训、严格认定管理、强化政策扶持，构建了一个具有标准化、系统化并行之有效的新型职业农民培育模式，为岳阳县培育了一批结构合理、素质优良的湖区新型职业农民队伍，加速了岳阳县现代农业的发展进程。一是新型职业农民成为湖区现代农业发展的骨干。2015年是岳阳县新型职业农民培育项目实施的第二年，累计培育新型职业农民950人。通过培育认定一批种养大户、家庭农场主等致富带头人，作为样板，辐射带动周边农民，起到了示范带动作用。例如，岳阳县中洲乡学员钱永红，通过培训逐步掌握了黄颡鱼的亲本繁殖、鱼苗培育、成鱼养殖、鱼病防治等技术。现在他的渔场主要以养殖黄颡鱼为主，实现了全年总产值突破1200万元和年纯利润400万元的生产目标。如今作为新型职业农民的钱永红组建了属于自己的孵化、养殖、销售团队，并以月薪3500元包吃包住的待遇聘请了10个困难群众在自己的渔场工作，让他们在工作期间真正学到黄颡鱼的养殖技术，同时还对周边缺资金、缺技术的养殖大户给予帮扶。二是新型职业农民壮大了湖区村落经济的经营主体。通过成体系的培育工作，岳阳县新型职业农民队伍获得了较快发展，进而推动了整个岳阳县现代农业经营主体的迅速发展。2015年，岳阳县现代农业经营主体的数量迅速增加，经营方式灵活多样，同时辐射带动效应明显提高，岳阳县全年新增农机合作社3个，新购农机2680台，购机补贴5800多万元，全县水稻机耕、机收面积达到99%以上，水稻机插面积在10万亩以上，水稻机耕、机插、机收综合机械化水平达63%以上，加快了岳阳县的农业机械化进程。[①]例如，岳阳县岳禹专业合作社的负责人邓岳军就是经过培训成长起来的新型职业农民，他在2015年投入200余万元，新建8个机插秧育秧大棚、1套机插秧播种流水线、2组稻谷烘干机、添置了4台翻耕机、2台插秧机、2台收割机等机械设备，在本村及周边村流转耕地1268，成为当地名副其实的种稻“领头羊”。三是新型职业农民促进了农业产业化发展。掌握了现代农业生产技术和经营管理的新型职业农民在所从事的产业领域率先取得了成功，产生了很强的示范带动作用，促进了农业产业化的快速发展。首先是种粮大户带动了湖区稻米产业的发展。2015年岳阳县发展30亩以上的种粮大户1739户，种植面积11.94万亩，增加2.7万亩。在种粮大户的示范带动下，2015年岳阳县完成粮食播种面积137万亩以上，水稻117万亩，总产53.92万多吨，比上一年增加0.27万吨。其次是种植大户带动湖区蔬菜产业的发展。2015年岳阳县蔬

① 孙宇，梁颖 . 岳阳县新型职业农民培育工作成效显著［EB/OL］. 搜狐网，2015-12-03

菜面积较上一年年增加了2万多亩，合作社增加了2家，种植大户积极性高涨，涌现出了一批因种植蔬菜致富的职业农民。如岳阳县中洲乡机场村周湘龙于2015年成立了“张氏蔬菜合作社”，组建了101户农民，推行绿色蔬菜种植，定期邀请蔬菜专家深入农田授课，带领全乡大面积种植绿色有机蔬菜，以订单的合作模式改变了蔬菜的质量安全和销售问题，取得了很好的经济效益和社会效益。①

第四节　村落产业调整、创新与组织化经营

“调结构，转方式”是当前中国经济转型的主方向，也是村落经济转型的大背景，产业调整、创新与组织化经营是洞庭湖区村落经济转型的内在诉求。洞庭湖区村落紧密结合湖区资源优势和自然生态条件，不断创新村落产业结构、产业形态和产业组织的路径，在多样化村落经济类型、新兴村落经济主体和市场化经济合作组织方面探索出了契合湖区农村经济转型发展的正确道路。

一、村落产业结构调整催生多样化村落经济类型

村落产业结构调整是推动村落经济转型的基本动力，洞庭湖区村落产业结构的调整催生出多样化村落经济类型，包括现代农业型村落经济、工业型村落经济、旅游型村落经济等。当然有些村落经济类型具有重叠的性质，现代农业可带动旅游村落的发展，农业型村落经济中包含着旅游型村落经济成分；工业、旅游村落经济成果能够大力支持发展村落现代农业经济，工业型、旅游村落经济中也包含着现代农业型村落经济成分。洞庭湖区村落经济结构变迁并非遵循现代化理论家们所提示的经济发展规律，没有按“农业为主→工业为主→第三产业为主”的轨迹变迁，而是按照洞庭湖区村落经济自身的自然条件、资源禀赋走出一条独特的湖区特色产业发展道路，重点发展现代

① 孙宇，梁颖．岳阳县新型职业农民培育工作成效显著［EB/OL］．搜狐网，2015-12-03

农业和旅游服务业。现代农业与旅游业是如影随形，相得益彰，洞庭湖区村落具有发展观光农业、休闲农业等现代农业所需要的资源条件，空气清新、环境优美的湖区村落能够为现代城市居民提供一个舒缓身心的精神疗养空间，观光农业、休闲农业对长期围困在钢筋水泥丛林中在快节奏生活压力下的城市居民具有强大吸引力，观光农业、休闲农业已成为洞庭湖区近年来增长最快最稳定的新型产业形态。

洞庭湖区拥有丰富的旅游资源，湖泊、滩涂、湿地及地方特产皆能成为发展旅游业的宝贵资源。近年来，洞庭湖区村落充分利用湖区资源优势发展旅游产业，大力发展湖区生态旅游、观光农业等，年均吸引省内外游客总计达35万人/次，湖区村落每年旅游产业经济收入达5000万元，占总收入的22%，极大地增强了村落集体经济实力，并带动了湖区第三产业的迅速发展，为湖区村落经济转型与绿色发展做出了巨大贡献。在2011年湖南省旅游局组织的省级旅游名村评选中，洞庭湖区旅游名村达52个，占全省旅游名村273个的19%；2012洞庭湖区旅游名村新增6个，总数为58，占全省旅游名村286个的20%。[①]在2015年国家旅游局公布的第三批全国特色景观旅游名镇名村示范名单中，湖南省共有7镇6村入选，其中，洞庭湖区的长沙市望城区铜官镇、宁乡县花明楼镇、望城区白箬铺镇光明村、岳阳县张谷英镇张谷英村和安化县江南镇高城村皆榜上有名。[②]

常德鼎城区毛栗岗村：打造旅游型村落经济[③]

近年来，鼎城区石板滩镇毛栗岗村修通沟渠、硬化道路、大力开展卫生保洁，既为群众创造了一个更加舒服的环境，又擦亮了花木之乡“特色旅游名村”这张名片。

在毛栗岗，湖区农村里最常见的荒山、稻田、茶林在这都被漫山遍野的花木所代替，自20世纪80年代以来，这里的村民们与满目葱翠的花木结下了不解之缘。依靠经营花木产业，毛栗岗成为常德市有名的花木专业村，也是湘西北最大

① 数据来源于湖南省旅游局

② 国家旅游局．第三批337个全国特色景观旅游名镇名村示范公布［EB/OL］．中国经济网，2015-08-04

③ 姚军．常德鼎城区毛栗岗村：擦亮“特色旅游名村”名片［EB/OL］．红网，2014-09-29

的花卉苗木基地，现已发展花木苗圃面积达4350亩，良好的生态环境，引来了成千上万来此栖息的白鹭。在当地政府的大力支持下，毛栗岗村积极开发乡村旅游，建起了50亩大棚鲜花和200亩时鲜水果基地，修建了观鹭台，一批别具特色的农家乐相继开门迎客。为了做大做强花木产业，助推旅游事业发展，毛栗岗村投入200多万元，对2000多米沟渠进行了岩砌、硬化。同时，建起高标准垃圾池30多个，常年聘请13名专职保洁员，另外，创新了“两委三会”社会管理模式，制定了《毛栗岗村村规民约》。良好的生态环境和淳朴的民风民俗，受到了游客青睐。2013年，毛栗岗接待游客达5万元人次以上，创旅游收入近1000万元。同年，毛栗岗村被省旅游局评为“特色旅游名村”。

二、村落产业创新催生村落新经济体

“村域经济转型发展水平，取决于村域集体经济和农户经济转型程度和新经济体发育成长状况，其中新经济体的发育与成长状况最为关键……新经济体发育成长得越早越快，意味着村域工业化和非农化趋势越明显，经济增长越快，集体经济和农户经济都能从中受益，村域经济现代化程度就越高。”①村落新经济体的发育与成长的内在动力就是村落产业的创新。近年来，洞庭湖区大力推动村落产业创新，在传统农业的基础上发展第三产业，以观光农业、休闲农业来引领湖区村落经济的转型发展，实现第一产业和第三产业相伴相随、互惠共生，探索出一条经济效益与生态效益共赢的村落经济转型发展新路径。通过政策的系统性支持，洞庭湖区推动现代农业与旅游业联姻，结出了村落经济转型发展的硕果，湖区村民在产业创新中创造生活，诸如农家乐、渔家乐、观光农庄、休闲渔庄、家庭农场等一批批村落新经济体如雨后春笋般在广袤的洞庭湖区农村土地上生长，大大激发出洞庭湖区村落经济的活力。

① 王景新，柏晶伟．村域经济研究是个大课题［EB/OL］．人民网，2010-06-01

常德安乡县安丰乡复兴村的旅游产业发展之路①

安丰乡复兴村位于常德安乡县西大门，与石龟山大桥相邻，北接安乡最大的淡水湖泊——珊珀湖，南连澧水洪道，S306横贯境内，该村集雨面积为3400亩，其中旱地1100亩，鱼池1250亩，共有村民小组6个，238户，810人，渔、油、棉是该村主导产业。

一、挖掘旅游资源。复兴村位于西洞庭湖的北面，安丰乡境内，为典型的湖区地形地貌，村内的珊珀湖自然湿地为湖南省的重点湿地，该湿地核心区面积为2745.6公顷，珊珀湖总面积为2.2万亩，具有典型湖区生态系统，物种资源丰富，珍稀动植物众多，是我国四大家鱼的主产地，是长江中下游流域重要的夏候鸟觅食、停歇及冬候鸟越冬、繁殖地之一，也为发展村落观光农业、休闲农业提供了宝贵的旅游资源。复兴村水域面积辽阔，风景宜人，依托得天独厚的地理优势，被评为新农村建设示范村，建立了高标准的农产品生产基地和甲鱼养殖基地，形成了草莓园、葡萄园、荷塘等特色鲜明的旅游商品，周边配套设施完备，有休闲农庄、垂钓中心、特色餐饮、蔬菜采摘园等休闲项目，为发展湖区乡村旅游业奠定了坚实基础。

二、统一规划建设。为推动乡村旅游业的快速发展，复兴村进行了统一规划建设，在自然景观方面实现“四化”，即公路硬化、湖水生态化、环境美化和恢复湿地原生态的多样化；在人文景观方面建设“一村”“一场”“二馆”“一寺”，即扩建休闲度假村，开辟水上游乐场，新建淡水鱼博物馆，修建颜昌颐纪念馆和修建汇口水府寺。

三、旅游产业成效。复兴村地理位置优越，交通便利，通过充分挖掘丰富的湖区旅游资源，开发出一批自然景观和人文景观，实现旅游业年接待游客量3~5万，全村旅游年收入30~600万元，村民旅游收入占总收入的比重达20%~30%，乡村旅游就业人数达100~150人。

① 相关资料与数据来源于本书课题组的实地调查

三、村落经济产业化催生村落经济合作组织

经济产业化是村落经济转型的重要方向，也是村落经济合作组织的重要带动力量。近年来，洞庭湖区村落产业经济进程明显加快，特别是湖区村落的种植业、养殖业、食品加工业和旅游业均获得长足发展。产业发展需要组织载体，村落经济产业化必将催生出村落经济合作组织。分散的农户难以直接进入产业经济市场获取潜在的“外部利润”，而实现经济产业化经营的龙头企业具有开拓市场、赢得市场的能力，通过建立经济合作组织，能够在龙头企业与农户之间形成紧密型利益联结关系，实现产供销的有效对接，使千家万户的小生产与千变万化的大市场有机对接起来。产业化经营有利于把生产、加工、销售环节联结起来，有利于把分散经营的农户联合起来，有利于提高农民在市场经济体系中的谈判地位及话语权，增加农民的收入。因此，专业合作社、农民协会等村落经济合作组织应运而生。

从种田大户到合作社主任——岳阳县杨林乡张坪村方幼雄的致富路[①]

岳阳县杨林乡张坪村村民方幼雄曾是一名出租车司机，一次，他在乡村公路上，看到因农民外出打工，导致农田弃耕增多的现象时，非常心痛。为了改变村里农田荒废严重的现状，方幼雄毅然于2005年辞掉相对稳定的工作，回到杨林乡张坪村，准备在田间地头干一番事业。他首先把农民弃耕的土地通过合法手续流转过来，搞起了集中经营。那时他根本不懂种田，面对一下子承包过来的土地，不知道该怎样办。2006年，方幼雄先试着种了800多亩田，请了7个工人，为自己打理农田里的活。当年，精耕细种，水稻亩产仅350公斤，弄了个保本经营。

为了提高收成，2007年，方幼雄自费订阅了《湖南农业》杂志，并到县农业局参加了水稻高产技术培训班，同时采用了大棚育苗的方式，种植面积也由上年的800亩扩大到2000亩。当年，水稻亩产就达到了450公斤，加之粮食价格好，掏到了种植水稻的第一桶金。2015年，方幼雄被评为岳阳县“种粮标兵”，成为名副其实的种粮大户。尝到甜头后，方幼雄对种植水稻的信心更足了。于是，他利用手头资金，加上县里的相关扶持政策，继续承包周边农田，水稻规模种植面积达到了3700余亩，并成立了“岳阳县幼雄水稻种植专业合作社”，拥有各种配套农业

① 岳阳县农业局．种田大户方幼雄的致富路［EB/OL］．岳阳农业信息网，2015-03-18

机械25台套，其中：东方红1204拖拉机4台，654拖拉机4台，联合收割机3台，484拖拉机3台，插秧机4台，实现了水稻生产的全程机械化。

“个人富不算富，大家富才是真的富！”为了带动更多的村民共同致富，方幼雄以自己的水稻种植专业合作社为平台，吸纳周边120户农民加入到合作社中来，通过抱团经营的方式，让村民实现共同富裕。几年来，合作社帮助群众购买农资，累计为群众节约资金40万元；帮助群众销售粮食，直接增加经济效益50万元。同时，他还以自己掌握的技术，为数以千计的稻农提供了技术指导和服务。

随着村落经济的产业化经营不断发展，以农民合作社、农民协会等为代表的村落经济合作组织在洞庭湖区蓬勃涌现。2016年，岳阳市新增农民合作社市级示范社22家，农民合作社发展至3889家，入社成员总数超过40万户，占总农户的39.8%。全市拥有国家级示范社59家，省级示范社77家，市级示范社94家，岳阳市被农业部确定为全国63个农社对接试点市之一。①

岳阳县鹿角大成柑橘专业合作社于2008年由大成村大学生村官牵头成立，组织鹿角镇大成村等6个村230多农户种植柑橘，入社成员入股30多万元，统一修建了贮藏室，购置了精选机，产品质量明显提升，获得绿色食品认证，定价话语权明显增强，依托互联网将柑橘远销北京、河北、江西等地，同类产品比非社员户每斤提高收入3毛到4毛，1500余亩橘园亩平均增收1200元，人平增收960元，年均为农民增收近200余万元。②

2009年8月，蔬菜种植大户何科义动员周围蔬菜种植户108户社员成立岳阳县民心蔬菜合作社，采取“统一提供农资、统一生产标准、统一产品检测、统一品牌销售”的运行机制，设立农资供应、技术信息和销售服务点，免费提供技术资料，定期举办技术培训班，并组织社员到周边先进蔬菜生产基地考察学习；制订绿色蔬菜生产操作规程，开展蔬菜标准化生产，于2010年被认定认证为无公害蔬菜基地，成功注册“民心绿通”商标；在阿里巴巴、百度等平台建立自己的网站，积极开展订单生产，实现了与岳阳、长沙、武汉、海南、广东等地的“农超

① 岳阳市农业委员会．市农委2016年工作总结和2017年工作计划［EB/OL］．岳阳农业信息网，2016-12-28

② 许石雄，周操．岳阳县农民专业经济合作组织成效显著［N］．岳阳晚报，2010-11-29

对接”。到目前合作社社员发展到210户，蔬菜种植面积达8500亩，年产蔬菜3.2万多吨，销售额也达3000万元以上，2014年被评为国家级示范合作社。①

“岳阳县的农民专业合作组织较好地实现了农业生产规模化、产品标准化、营销统一化、服务规范化和装备现代化，成为发展现代农业、转变农业发展方式的重要平台，起到了‘创办一个合作组织、创造一个品牌、富裕一方农民’的作用。”——农业部专家评价说。②

第五节　村落人口、产业、市场向城镇集聚

城镇化是农村人口不断向城镇转移和第二、三产业不断向城镇聚集的过程，也是村民生活方式向现代化转变的过程；村落经济转型是村落经济主体的转型，是村落产业结构的转型，也是村落经济市场向城镇集聚的过程。洞庭湖区村落经济转型的过程与洞庭湖区城镇化建设的过程相互交融，洞庭湖区村落经济转型与洞庭湖区城镇化建设相互同步、相互促进。近年来，洞庭湖区加快推进城镇化建设的步伐，以城镇化建设来推动村落经济转型发展，洞庭湖区城镇化正走在村落人口、产业、市场向城镇集聚的转型发展之路上。

一、村落人口向城镇集聚

人口始终是经济社会转型发展过程中的关键因素，农村人口向城镇集聚是城镇化建设的主要任务。洞庭湖区村落人口向城镇集聚是实现洞庭湖区村落经济转型与绿色发展的关键步伐，能够加速推动洞庭湖区城镇化的进程。“城镇化最终需解决的一个最根本的问题是农村人口向城镇的转移，以及转移人口的真正市民化。”③近年来，洞庭湖区村落大力提高农业生产力水平和积极

① 岳阳县农业局．岳阳县民心蔬菜合作社被评为国家级示范社［EB/OL］．岳阳农业信息网，2015-03-19

② 许石雄，周操．岳阳县农民专业经济合作组织成效显著［N］．岳阳晚报，2010-11-29

③ 戴均良．新型城镇化要有新举措［J］．民政工作文选，2013（2）：42

推动城镇化建设，不断增强农业现代化对村落人口转移的“推力”和城镇对村落人口的“拉力”，引导湖区村落人口有序而适度向城镇集聚。

一是增强农业现代化对村落人口转移的“推力”。岳阳市通过推进土地规模经营，提高农业的专业化、集约化和现代化水平，使规模农业释放出来的剩余劳动力向城镇集聚。截至2012年底，岳阳市农村土地承包经营权流转面积258.2万亩，其中耕地流转面积100.2万亩，约占总耕地面积的20%；林地流转面积68万亩，占总林地面积805万亩的8.5%；养殖水面流转面积80万亩，占总养殖水面面积113万亩的8.5%；四荒地流转面积10万亩，占所有“四荒地”面积14.7万亩的68%。整个岳阳市参与耕地流转的农户16.2万户，占总农户数的16%。土地通过流转集中到少数能人手中进行规模化经营，为寻求增加收入的更多机会，洞庭湖区村落的大量剩余劳动力开始向城镇转移。例如，近三年岳阳市湘阴县通过流转土地转移新增劳动力2.1万人，其中向外地城市转移1.68万人，向本地城镇转移0.42万人。①

二是增强城镇对农村人口的“拉力”。一直以来，城乡二元体制是割裂我国城市与农村协调发展的桎梏，为推动城乡一体化进程，需要深化户籍制度改革，打破城乡分割的“二元结构”，逐步实现城乡一体化的户籍管理制度，这是增强城镇对农村人口“拉力”的重要举措。近年来，湖南省不断推进户籍制度的改革步伐，洞庭湖区地方政府频繁出台措施对阻碍农村劳动力进入城镇就业的一些不合理政策制度进行清理，实行按固定居所划分城市和农村人口，以现行职业确定身份的户籍管理制度，逐步淡化户口的作用，鼓励湖区村落居民向小城镇流动。岳阳市围绕把岳阳建成“长江中游区域性中心城市、湖南省域副中心城市、洞庭湖区生态示范城市和滨湖人文城市”的目标，大思路谋划、大项目推进、大规模投入，城市基础设施条件、配套服务功能、形象品质品位进一步得到提升，全市在新型城镇化建设方面取得显著成效，截至2016年底，岳阳市中心城区建成区面积扩大至100平方公里，岳阳市城镇化率达55.62%，比2013年末提高4.82个百分点。②

城镇建设质量是城镇集聚力的体现，要集聚人口、产业和市场，关键是

---

① 数据来源于 2013 年岳阳市农村经济管理局统计数据

② 周小平 . 岳阳中心城区面积达 100 平方公里，城镇化率超 5 成［N］. 长江信息报，2017-09-22

要不断改善城镇的品质和品位，提升城镇的综合质量水平。城镇的质量主要包括投资环境、生活环境、社会环境等方面。近年来，作为洞庭湖区的典型市区，常德市致力于提升城镇质量建设，通过加强城镇基础设施建设、提升城镇聚集效能。通过加大财政投入，不断加强工业园、生活居住区、交通枢纽和生态环境建设，完善城镇功能，优化城镇人居环境，引导产业和人口向城镇聚集，推进城乡社会经济一体化。至2016年底，常德市城镇常住人口达289.6万人，全市常住人口城镇化率为49.55%，与2012年相比，全市城镇常住人口增加42.21万人，常住人口城镇化率提高6.6个百分点。①2016年，益阳市常住人口城镇化率为47.87%，比上年提高1.48个百分点。②益阳市桃江县着力于以下三方面推进城镇化建设：一是突出乡镇基础设施建设。2016年，完成了13个乡镇的城镇基础设施建设项目67个，共投资28020万元；立项建设了包括灰山港镇、马迹塘镇、大栗港镇在内的3个市级示范镇，共完成基础设施建设投资14463万元。二是加快美丽乡村建设步伐。高度重视乡村建设的顶层设计工作，编制了《桃江县村庄建设总体规划（2016~2020年）》，完成了桃江县花园洞村、朱家村等15个美丽乡村的村庄规划工作。三是搞好集中居住区建设。制定了《桃江县2016年集中居住区建设计划》，将新桥村集中居住区、回龙湾集中居住区、桃花江大道南侧打石湾安置区复迁地、长湖塘复迁安置地（牛潭河），从规划编制、配套建设、资金保障等各方面均做了明确规定，将四个集中居住区定为县级重点建设项目。通过以上举措，益阳市桃江县的城镇建设取得较快发展，从2011年到2016年，桃江县城镇化率从34.06%增加到45.01%，年均增加2.19个百分点。③

二、村落产业向城镇集聚

城镇能否稳定持续发展，关键在于产业支撑。“提高城镇化质量，促进城镇化健康发展，必须同时抓好三件事：城镇产业发展、农业现代化和作为空

① 根据《常德市 2016 年国民经济和社会发展统计公报》的相关数据整理而得

② 益阳市统计局 . 益阳市 2016 年国民经济和社会发展统计公报［EB/OL］. 益阳统计信息网，2017-03-16

③ 湖南省统计局 . 益阳桃江：城镇化快速发展［EB/OL］. 湖南统计信息网，2017-09-29

间载体的城镇建设，其中产业发展和农业现代化的落脚点就在村落。”[①]2017年，常德市第二产业增加值1292.5亿元，增长5.7%，对经济增长的贡献率为30.1%；第三产业增加值1550.1亿元，增长12.6%，对经济增长的贡献率为64.4%，全市二、三产业实现增加值是2012年的1.64倍；二、三产业占GDP比重达94.5%，比2012年提高9.3个百分点。[②]常德市二、三产业的经济总量迅速扩张，全市各开发区和乡镇工业小区配套能力显著提升，工业企业向开发区和乡镇工业集中区聚集，服务业向城镇聚集，带动洞庭湖区村落产业结构发生显著变化，大量农村富余劳动力由农业生产向工商业生产转化，在促进城镇化水平提升的同时加速了洞庭湖区村落经济的转型发展。岳阳市华容县充分利用产业优势，以县城和乡镇集镇为依托，做大做强建材、矿产、食品、纺织、农副产品加工、仓储、电子工业等优势产业，加快发展高新技术、现代物流、文化旅游等新兴产业。按照布局集中、产业集聚、用地集约的要求，完善城镇功能分区，合理配置工业用地，规划建设好“一园三区”，即华容县工业园三封工业小区、洪山头电子工业小区、石伏纺织工业小区，引导产业向园区集中，园区向城镇集中，带动湖区村落人口向城镇转移，以产业聚集带动人口聚集。

华容县石伏生态工业园的城镇化之路[③]

石伏生态工业园集镇坐落在华容县石伏村，园区拥有村级集体经济企业18家，个体私营企业123家，先后引进了“丰盛纺织”“华昌纺织”“宝丽纺织”“东华棉业”等投资过千万的中外合资纺织印染企业；同时“华润雪花啤酒”、“喜多多食品厂”、“湖南湘北棉花储备”、“同兴石村”“华翔彩瓦”“华威油脂”等大型企业也陆续来村安家落户；岩石厂、预制厂、养殖场、茶园、果园、梅花观赏基地等18家村办企业经久不衰。作为华容县城东大门的石伏生态工业园集镇建设蓬勃发展，依托本地资源优势，狠抓产业建设，每年为村集体经济增加收入50万元以上，不仅有力地带动了村旅游业，同时也拉动了村集体经济发展，更重要的是解

① 戴均良 . 新型城镇化要有新举措［J］. 民政工作文选，2013（2）：42

② 根据《常德市 2017 年国民经济和社会发展统计公报》的相关数据整理而得

③ 相关资料与数据来源于本书课题组的实地调查

决了相当一部分剩余劳动力，增加了农民的收入，目前全村及周边乡镇在石伏生态工业园集镇上班的农民达1500多人。

三、村落市场向城镇集聚

“充分发挥市场在资源配置中的决定性作用。”这既是我国市场经济体制改革的目标，又是我国市场经济体制建设的要求。农业发展方式转变过程是不断提高劳动生产率、土地生产率和综合生产能力的农业发展过程。农业资源配置效率的高低是转变农业发展方式的关键环节，只有市场才能为村落经济转型发展提供效率的激励机制。市场是需要规模效益的，洞庭湖区村落市场需要向具有市场空间更大的城镇聚集，才能产生市场规模集聚效应。

为推动湖区村落市场的体系化建设和规模化发展，岳阳市于2016年10月出台了《关于深化供销合作社综合改革的实施意见》，提出充分发挥供销合作社在农产品市场体系建设中的优势，将供销合作社农产品市场体系建设纳入全市农产品市场建设整体规划。[①]根据岳阳市的总体规划，到2020年，完成全市乡镇基层供销合作社的改造与建设，村级综合服务社覆盖80%以上的行政村；形成县、乡、村上下贯通的惠农综合服务体系基本形成，建立农业生产资料、茶叶产业化、农产品流通、农村电子商务、农村合作金融、城乡社区综合服务六大平台。主要通过以下五大措施达到规划建设目标：一是加快供销社系统现有农产品批发市场升级改造，支持各级供销合作社参与建设公益性农产品批发市场；二是在有条件的地方，政府控股的农产品批发市场可交由供销合作社建设、运营、管护；三是依托基层社和其领办创办的农民专业合作社，加快建设一批有机、绿色、无公害农产品标准化生产基地和示范园区，支持供销合作社建设农产品仓储和初加工设施，加强与农业产业化龙头企业的产销对接，引领农民分享产业链收益；四是大力推广农产品直供直销模式，加强农超、农社、农校、农企、农批对接；五是大力发展农村电子商务，加快建设农资、重要农产品等电商交易平台，全面推进与中华全国供销合作总社“供销e家”和省供销合作总社“网上供销社”等平台的对接，促进

① 中共岳阳市委，岳阳市人民政府．关于深化供销合作社综合改革的实施意见［EB/OL］．岳阳市人民政府网，2016-11-02

线上线下融合发展，城乡商品双向流通。

近年来，岳阳市以“万村千乡市场工程”为契机，在全市乡镇村建设了日用品农家店2017个，配送中心8个，涌现了岳阳县和田连锁超市、临湘市富食村超市等一批挺进农村的骨干企业，形成了以城区店为龙头、乡镇店为骨干、村级店为基础的现代农村日用品流通市场。为提升乡镇农贸市场农产品的流通水平，岳阳市争取了省级农村市场体系建设引导资金510万元、市级商业网点建设资金548万元共计1058万元对华容县东山农贸市场、岳阳县长湖农贸市场、临湘市长塘农贸市场等93个农村市场进行改选建设，进一步完善了岳阳市城镇农村市场体系。作为洞庭湖区的典型县域，岳阳县投资6000万元建设高标准建设岳阳县农业生产资料物流配送中心，投资2000万元建设“十二公里”农产品批发大市场和筻口、杨林、月田、公田、黄沙街、柏祥农贸市场。同属洞庭湖区的华容县通过加大农产品市场流通体系的建设力度，形成了联系城乡，沟通县内外的农产品批发市场网络，促进了农民收入的增加和农业产业结构的调整。目前，华容县城区有规模型农贸市场6家，占地9600平方米，摊位540个，自然露天市场3家，占地面积达5100平方米，摊位240个，全年交易额达1.8亿，带动就业人员1350人；拥有规模型乡镇集贸市场21家，占地面积达6100平方米，市场从业人员1200人，全年交易额为1.6亿元。[①]洞庭湖区村落市场向城镇的集聚起到了巨大的经济带动效应，村落市场的规模化带动村落经济的产业化发展，进而加速了湖区村落经济转型与绿色发展的步伐。

① 相关资料与数据来源于本书课题组的实地调查

第八章　结论与策略

转型既是起点，又是过程。转型是洞庭湖区村落经济实现可持续发展的起点，又是洞庭湖区村落经济改革前行的过程。洞庭湖区村落经济转型是一个包涵洞庭湖区村落村民的生产方式、消费理念、生活习惯、思维模式和价值理念等多种因素相互联系、相互作用的动态过程。针对洞庭湖区村落经济转型与绿色发展研究，既要有转型起点的“静态研究”又有转型过程的“动态研究”，既要关注洞庭湖区村落经济的“点”，又要分析洞庭湖区村落经济的“面”。通过动静结合、点面兼顾的研究模式，采用历史追溯与现实调查相结合的研究方法，构建洞庭湖区村落经济转型与绿色发展的理论框架，考察洞庭湖区村落经济转型的历史轨迹，总结中外湖区村落经济转型与绿色发展的经验教训，解析洞庭湖区村落经济转型与绿色发展的现状、困境及动力，建立洞庭湖区村落经济转型与绿色发展的评价体系，探寻洞庭湖区村落经济转型与绿色发展的实践路径。

第一节　洞庭湖区村落经济转型研究的主要结论

经济转型研究是学术界关注的热点，但“洞庭湖区村落经济转型与绿色发展”这一课题却是无人涉及，是一个具有开拓性的研究领域。通过转换研究视角来拓宽研究思路和创新研究内容，即从人湖关系视角研究洞庭湖区村落经济转型的走向问题；从村落农户经济的微观视角深入研究洞庭湖区村落经济主体转型问题；从村落经济系统内外部的全息视角研究洞庭湖区村落经济转型的动力问题；从城乡互动关系视角探索洞庭湖区村落经济转型的路径问题，一定程度上突破了前人的研究广度和深度，不少观点和思想可谓“言他人之未言”。基于洞庭湖区村落经济转型发展的历史考察与现实调查，借鉴中外湖区村落经济转型与绿色发展的经验教训，结合洞庭湖区村落经济转型与绿色发展水平的评价分析，提出了以下五个研究结论。

结论一：洞庭湖区村民在生产、消费、流通等经济过程中尚未完成从计划到市场的转型，在洞庭湖区村落经济微观层面还大量存在计划经济成分，传统的计划经济思维仍是一个驻守在洞庭湖区村民思想意识深处有待攻破的“堡垒”。

结论二：以家庭为单位的分散经营体制削弱了村落经济的市场地位，市场机制下单干的农户始终处于弱势地位，农业生产要素价格和农产品销售价格的定价权掌握在企业、厂商的手中，甚至是一些中间商的手中，于是“增产不增收”便成为村民们的一种经济困惑。洞庭湖区村民只有从分散经营走向合作经营，才能在市场经济体系中拥有自己的话语权，才能在生产、分配、销售、消费等各个市场环节中拥有主动权。

结论三：村落社会网络是村落经济的一种重要资本形态，在洞庭湖区村落经济转型与绿色发展过程中，村落社会资本同样需要实现从封闭到开放的转型。随着社会结构分化程度的不断提高，当前洞庭湖区村落社会正逐步从封闭式传统家庭宗族人际关系向开放式现代社会人际关系转型；从自给自足的村落自然经济向注重人口、资源、环境等系列村落社会因素相协调的经济形态转型发展。

结论四：洞庭湖区一直是人类开发的高强度地区，承受着农业开发、城市化和大规模水利建设的冲击，湖区生态环境十分脆弱，人湖矛盾、水地矛盾伴随着洞庭湖区村落经济发展的全过程，这些不能及时缓解的矛盾直接导致了洞庭湖区自然灾害的频繁发生。加快洞庭湖区村落经济转型步伐，调整湖区村落产业结构，大力发展现代农业，有效节约湖区资源，保护湖区生态环境，实现湖区村落经济从粗放向集约转型，这是洞庭湖村落经济应该遵循的转型之道。

结论五：洞庭湖区村落土地制度除经历了中国农村土地制度相同的变迁轨迹外，还有着其独特的土地耕作制度变迁内容，经历了从“游牧渔猎、居无定所”→“张网打鱼、船上渔家”→“围湖造田、岸上农家”→“退田还湖、渔民上岸”的湖区农业耕作制度变迁过程。洞庭湖村落土地制度变迁是外生力量与内生力量相互作用的结果，经济刺激与生态倒逼相互作用的结果，政府引导与村落自发相互作用的结果。洞庭湖区村落土地制度、耕作制度和内生、外生经济制度的变迁是洞庭湖区村落生产方式从传统向现代转型的前提。

总之，洞庭湖是洞庭湖区村落经济转型的主背景。洞庭湖区村落经济转型的起点、动力、路径和方向都与洞庭湖这一自然地理要素倏尔不可分离，不能脱离洞庭湖去思考洞庭湖区村落经济的转型发展问题，洞庭湖区村落经济的一切转型路径都需要经由洞庭湖这一自然生态背景而确定，洞庭湖区村落经济的一切转型措施都需要紧密结合洞庭湖这一自然环境要素来制定。“绿色”是洞庭湖区村落经济转型的关键词，“绿色发展”是洞庭湖区村落经济转型的终极目标。从人湖相分到人湖共生，这是指导洞庭湖区村落经济成功转型发展的总原则和总方向。应结合洞庭湖区特有的资源禀赋，洞庭湖区特有的地理条件，洞庭湖区特有的产业优势，通过技术创新、结构调整促使洞庭湖区村落产业现实转型发展，实现湖区村落工业农业协调发展，进而建立洞庭湖区现代产业体系。利用洞庭湖区村落水资源、湿地资源、渔业资源等优势充分开发旅游产业，通过旅游业带动两型农业、观光农业、休闲农业、生态农业等绿色农业的发展，推动洞庭湖区村落经济向旅游经济转型、向生态经济转型；推动村落经济在生产、分配、销售、消费各环节的转型，实现洞庭湖区村落生产的规模化产业化集约化、分配的效率化公平化、销售的合作化组织化市场化、消费的现代化低碳化和制度的城乡一体化。

第二节　洞庭湖区村落经济转型与绿色发展的主要策略

对于普遍“以水为基”的洞庭湖区村落来说，如何使浩渺的湖泊与广阔的市场联袂，无疑是推动洞庭湖区村落经济转型与绿色发展的关键所在。在绿色发展理念下，洞庭湖区村落经济之门需要面向世界洞开，实现从当下向永续，从分散向合作，从封闭向开放，从传统向现代，从粗放向集约的转型发展。洞庭湖区村落经济需要走好人湖共生、现代农业、生态经济和市场开放的“四条道路”，需要推动洞庭湖区村落经济与水面经济、湿地经济、都市经济、旅游经济、假日经济、民俗经济相结合，实现洞庭湖区村落经济的“六个结合”，最终实现洞庭湖区人与自然、人与社会、人与人的和谐发展。

一、走好“四条道路”

第一，走好人湖共生的转型发展之路。在人湖相分的传统思维作用下，单一价值取向的鱼米经济虽然短期维持了环洞庭湖区域经济的增长，但支付了巨大的生态成本，历时性的围湖造田已经给洞庭湖区生态系统造成了严重的损害，传统工业带来的环境污染更是雪上加霜地恶化了湖区自然生态，洞庭湖区生态系统已经到达其自我调节阀值的临界点。过度围垦、严重污染等反生态行为导致洞庭湖湖体萎缩，调蓄功能衰退，生态环境恶化，洞庭湖区生态系统失衡，洪灾伴随旱灾使洞庭湖区农业生产面临着既防洪又要抗旱的双重困境。要破解这种发展困境，需要转换发展思路，走人湖共生的转型发展道路。通过从围湖造田到退田还湖的耕作制度的转型，通过村落产业结构的转型，推行绿色农业，发展独具湖区特色的生态旅游业，在发展湖区村落经济的同时，保护好洞庭湖区的自然生态系统，恢复浩浩汤汤的大湖气象，营造富饶秀美的湖区城乡，实现洞庭湖区人与自然的和谐发展。

第二，走好现代农业的转型发展之路。从传统农业向现代农业的转型是洞庭湖区村落经济转型与绿色发展的核心内容。洞庭湖村落经济应立足洞庭湖区资源优势，不断增强转变湖区农业发展方式的推动力，强化湖区现代农业基础支撑，提高湖区农业现代科技水平，着力构建湖区现代农业产业体系。在现有土地制度框架下加速土地流转，建设湖区农场经济，强化湖区农业的规模经营，依靠现代物质条件、科学技术、产业体系、经营形式、新型农民和发展理念来改造提升传统农业，全面提高洞庭湖区农业发展的规模化、集约化、产业化、标准化、组织化、机械化、水利化、科技化、信息化和服务社会化水平，提高资源利用率、土地产出率和农产品优质率、加工转化率、市场占有率，不断提升洞庭湖区农业的市场竞争力。

第三，走好生态经济的转型发展之路。生态经济是指具有典型生态系统特征的节约集约经济发展模式，是实现经济增长与环境保护、物质文明与精神文明、自然生态与社会生态的高度统一和可持续发展的一种经济发展形态，人类社会在人与自然的和谐中获得全面发展是生态经济的终极目标。生态经济既关注经济的有效增长，还重视生态环境的保护，强调经济发展过程中必须遵循最低生态损耗原则和生态补偿原则。因此，生态经济是实现洞庭湖区村落经济可持续发展的最优模式。洞庭区村落经济社会必须处理好人与自然的关系问题，“必须从与水争地转向主动退让与水和谐相处，保持湖区基本的生态过程和生命保障系统，实现经济社会与资源环境的持续协调发展”①。洞庭湖区自然生态保护应进入环洞庭湖区域经济发展的规划框架，加速传统经济思维向现代生态经济观念的转化进而实施生态经济生产措施，通过退田还湖、湿地恢复、水资源保护等生态系统恢复工程来增强洞庭湖区生态承载力，推动洞庭湖区自然环境污染转入“倒U字形库兹涅兹曲线”的下降阶段，不断增强湖区生态系统的自我修复和自我调节功能。环境与经济、物质与精神、人与自然的协调发展理应成为环洞庭湖生态经济图景上的主色调，这便是生态经济的要旨所在，也是洞庭湖区域经济发展的理性转向。着力构建洞庭湖生态经济区，推动湖区村落经济走生态经济转型之路，实现洞庭湖区村落经济由粗放到集约的转型，这是洞庭湖区村落经济转型的正道。

第四，走好市场开放的转型发展之路。开放是市场经济的内在要求。面对日益汹涌的全球化经济浪潮，洞庭湖区村落经济无法固守于封闭式家庭经济模式，洞庭湖区村落市场经济之门需要向外部世界敞开。作为长株潭城市群的经济腹地，洞庭湖区村落应该以其广阔市场空间成为长株潭城市群经济发展的驱动力量；同时作为长株潭城市群经济发展的主要农产品供应基地，洞庭湖区村落经济需要成为长株潭城市群两型社会建设的有力支撑。洞庭湖区村落经济应以开放创新来聚合外部资源，激活内部能量，以开放促进村落经济转型发展，实现村落经济从封闭型经济向开放型经济突围。

二、实现“六个结合”

洞庭湖区具有丰富的自然资源、独特的文化资源和繁荣的都市经济，这为洞庭湖区村落经济实现“六个结合”提供了良好的资源条件。

第一，水面经济与村落经济相结合。洞庭湖是养育环湖人民的“母亲

---

① 茂盛忠．漫话洞庭湖的过去现在和未来［N］．湖南日报，2006-04-11

湖”，她赐予湖区人民一望无际的“生命之源”——水，水是洞庭湖区村落经济转型与绿色发展的最大资源、最大优势、最大特色和最大潜力。根据洞庭湖区水面遍布的特点，湖区村落应做好“水经济”这篇文章，引导村民科学开发水面，形成“靠水吃水”更要“吃好水”的共识。例如，岳阳市大力发展特种水产养殖，把水产养殖当作繁荣湖区村落经济、促进村民致富的支柱产业来发展，不断提高湖区水面的经济效益和生态效益，引导湖区村民利用村前宅后空闲水面种植菱藕、茭白等水面庄稼，形成泥里长藕、水下养鱼、水面开花结果三利并举的连锁效益。

第二，湿地经济与村落经济相结合。在洞庭湖区众多的自然资源中，湿地资源占据着十分重要的地位，湖区独特的湿地景观和丰富的生物资源极具魅力，丰富的湿地资源是洞庭湖区村落经济转型与绿色发展的重要自然条件。在尊重自然、生态优生的前提下，充分利用湖区湿地资源，引导洞庭湖区村民合理开发利用湖区湿地，实现湖区湿地的经济效益、社会效益和生态效益的协调发展。广袤的东洞庭湖湿地是我国首批加入国际湿地保护公约的湿地之一，东洞庭湖湿地为各生态系统的物种提供了良好的繁衍、栖息地，生物资源十分丰富。每年吸引300多种、数十万羽候鸟来此越冬、繁殖，被誉为“候鸟天堂”。“冬季到洞庭湖来观鸟”已成为一大生态旅游品牌，岳阳因此成为享誉中外的“中国观鸟之都”。凭借东洞庭湖得天独厚的生态资源，岳阳市全力打造创意园品牌项目，包括湿地科技馆、观景廊和观鸟塔、湿地体验园、湿地科研园等观光旅游项目。此外，充分利用洞庭湖湿地资源，推动湖区村落有机生态农业、有机生态渔业、有机生态牧业等生态产业发展，有利于加速湖区现代农业的发展步伐。因此，洞庭湖区湿地经济是湖区村落经济转型与绿色发展的重要环链。

第三，都市经济与村落经济相结合。“我们需建设‘城市田园’，也需要建设‘田园城市’。现在生活在都市的人们，节假日希望到农村去，这就是因为城市没有成为‘城市田园’，乡村也没有成为‘田园城市’。”[①]洞庭湖区村落经济需要与都市经济紧密结合，建设具有湖区特色的“田园城市”。洞庭湖区村落经济系统与长株潭都市经济系统之间存在着辐射带动、支撑承接的互惠共生关系。首先，充分发挥长株潭城市群作为经济“增长极”对洞庭湖区村

① 黄正泉．文化生态学［M］．北京：中国社会科学出版社，2015：793

落经济的辐射带动作用。长株潭城市群“两型社会”建设步伐正快速向前推进，并逐步形成具有规模效应的大都市经济圈，长株潭都市经济的两型化转型必然对洞庭湖区村落经济转型与绿色发展产生辐射带动作用。追求资源节约和环境保护的“两型”发展理念为洞庭湖区村落建设生态经济和发展两型农业提供了转型思路。作为长株潭城市群“两型社会”建设的经济腹地，洞庭湖区亟须在“两型农业”发展道路上迈出坚定的步伐，需要开创出一条生产与生态共发展的现代农业生态经济新路径。随着长株潭城市群产业的升级换代，那些要素密集型产业将会逐渐向腹部地区转移，洞庭湖区村落经济需要尽快承接长株潭城市群的产业转移，湖区村落产业经济与都市产业经济之间将形成紧密的分工与合作关系。其次，充分发挥洞庭湖区村落经济对长株潭城市群发展的支撑作用。洞庭湖区农村地区具有广阔的市场空间，既是城市经济主要的农产品供应基地，又是转移都市经济饱和产能的重要承接地。洞庭湖区村落经济需要顺应长株潭都市市场发展的需求，对接长株潭都市经济建立洞庭湖区村落特色产业经济，依据不同的资源禀赋，不同的都市市场需求，不同村落建立各具特色的农产品供给基地，形成一村一品的湖区村落特色农业经济。在农产品供给、生产要素供给等方面对长株潭城市群建设形成有力支撑，洞庭湖区村落经济与都市经济的有机结合能够加速湖区村落经济转型与绿色发展进程。

第四，旅游经济与村落经济相结合。洞庭湖区拥有丰富的旅游资源，为湖区村落发展旅游经济提供了得天独厚的条件，是洞庭湖区村落走上生态旅游经济转型发展道路的前提。洞庭湖区旅游资源集青山绿水之灵秀、江湖水体之磅礴、古代文化与现代文明于一体，具有突出的旅游资源优势。洞庭湖区交通发达，生态环境优美，水资源、湿地资源及生物多样性十分丰富，湖区村落具有典型、优美的江南田园风光，是都市人度假休闲的好去处。例如，东洞庭湖拥有面积达19000km^2的湿地自然保护区，岳阳市正在着力打造环洞庭湖生态经济圈、观光经济圈、休闲经济圈，以国际视野高标准规划建设湖南岳阳洞庭湖旅游度假区，打造湖南山水旅游新格局，开启湖南旅游的“洞庭湖时代”。

第五，假日经济与村落经济相结合。假日经济是指人们利用节假日集中购物、集中消费的行为，带动供给市场、带动消费市场、带动经济质量化发展的一种系统经济模式。假日经济的主要特征是消费，以消费拉动供给；假日经济具有的文化特征是休闲与旅游，反映了都市人的消费需求；假日经济具有的空间特征是流动与聚合，包括人流、物流和资金流，各类要素的空间流动与聚合形成了巨大的假日经济市场。随着洞庭湖区都市经济的快速发展，洞庭湖区村落以其优美的水乡环境成为城里人节假日的向往之地，洞庭湖区村落经济应聚焦城市消费市场，重点打造具有湖乡特色的假日经济品牌，通过节假日在洞庭湖区村落汇聚人气，拉动都市人在湖区村落的消费，带动湖区村落经济向第三产业转型。春节、“十一”、“五一”、双休日等节假日极大地刺激了都市人旅游和休闲的热情，“水光潋滟晴方好，山色空蒙雨亦奇”亦是洞庭湖区村落的美景呈现，生态宜人而充满乡间野趣的湖区村落是都市人的向往之地，节假日把忙碌的都市人引入休闲的湖区村落中，都市人以假日的时间换得了舒缓的空间，村里人则以假日的时间获得了发展的空间。

第六，民俗经济与村落经济相结合。民风古今相承，习俗今昔相通。洞庭湖地区历史悠久、异彩纷呈的年节民俗在湖区人中代代相传，洞庭湖区民俗以鲜活的民俗事象展示洞庭湖区人的生存境域、生存理想和生活情趣，成为流淌在湖区人血液中的文化基因。“百里而习异，千里而俗殊。”洞庭湖区具有绚丽多彩的民俗文化，虽然湖区传统民俗也存在多异性，但传统湖区风俗始终是主体，有着浓郁的湖区地域特色。因地处荆楚和湖湘文化的交汇处，洞庭湖区民俗文化既兼有浓郁的荆楚文化风格，又有鲜明的湖湘地域特色。一旦让多彩的湖区民俗文化与活跃的湖区村落经济联姻，富于传统色彩的湖区民俗文化元素融入湖区村落旅游业态，让原本独具湖乡胜景的洞庭湖区村落又增添几多人文底蕴，必将激发出湖区村落经济的更强活力，驱动洞庭湖区村落经济这所“大船”鼓满风帆、乘风破浪。

主要参考文献

［1］费孝通．江村经济［M］．北京：商务印书馆，2001．

［2］尹钧科．北京郊区村落发展史［M］．北京：北京大学出版社，2001．

［3］黄宗智．长江三角洲小农家庭与乡村发展［M］．北京：中华书局，2000．

［4］张伟然．湖北历史文化地理研究［M］．武汉：湖北教育出版社，2000．

［5］（英）大卫·皮尔斯．绿色经济蓝图［M］．何晓军译，北京：北京师范大学出版社，1996．

［6］（德）魏伯乐．五倍级［M］．程一恒译，上海：格致出版社，2010．

［7］（美）约瑟夫·斯蒂格利茨．社会主义向何处去——经济体制转型的理论与证据（中文版）［M］．长春：吉林人民出版社，1999．

［8］刘思华．绿色经济论［M］．北京：中国财政经济出版社，2001．

［9］胡鞍钢．中国：创新绿色发展［M］．北京：中国人民大学出版社，2012．

［10］孔德新．绿色发展与生态文明［M］．安徽：合肥工业大学出版社，2007．

［11］牛文元．可持续发展导论［M］．北京：科学出版社，2004．

［12］傅晓华．可持续发展之人文生态［M］．长沙：湖南人民出版社，2013．

［13］张念瑜．绿色文明形态——中国制度文化研究［M］．北京：中国市场出版社，2014．

［14］诸大建．生态文明与绿色发展［M］．上海：上海人民出版社，2001．

［15］诸大建．循环经济2．0：从环境治理到绿色增长［M］．上海：同济

大学出版社，2009.

［16］郭于华. 仪式与社会变迁［M］. 北京：社会科学文献出版社，2000.

［17］王铭铭. 村落视野中的文化与权力［M］. 上海：三联书店，1997.

［18］刘年丰. 生态容量及环境价值损失评价［M］. 北京：化学工业出版社，2005.

［19］罗一星. 明清佛山经济发展与社会变迁［M］. 广州：广东人民出版社，1994.

［20］高明士等译，刘俊文主编. 日本学者研究中国史论著选译［M］. 北京：中华书局，1993.

［21］候仁之. 历史地理学的理论与实践［M］. 上海：上海人民出版社，1979.

［22］富永健一. 社会结构与社会变迁［M］. 董兴华，译. 昆明：云南人民出版社，1988.

［23］费孝通. 乡土中国生育制度［M］. 北京：北京大学出版社，1998年.

［24］李友梅. 中国社会生活的变迁［M］. 北京：中国大百科全书出版社，2008.

［25］王景新. 农村改革与长江三角洲村落经济转型［M］. 北京：中国社会科学出版社，2009.

［26］王景新. 溪口古村落经济社会变迁研究［M］. 北京：中国社会科学出版社，2010.

［27］车裕斌. 村落经济转型中的文化冲突与社会分化——楠溪江上游毛氏宗族村落个案分析［M］. 北京：中国社会科学出版社，2010.

［28］方湖柳. 村落工农业关系研究——以江苏省太仓市泰西村为例［M］. 北京：中国社会科学出版社，2009.

［29］陈志文等. 蓬溪村古村落社会经济变迁研究［M］. 北京：中国社会科学出版社，2010.

［30］王义祥. 当代中国社会变迁［M］. 上海：华东师范大学出版社，2006.

［31］乔志强，行龙主编. 近代华北农村社会变迁［M］. 北京：人民出

版社，1998.

［32］郑杭生．改革以来城市社会结构的变迁［M］．北京：中国人民大学出版社，2004.

［33］乔家君．中国乡村地域经济论［M］．北京：科学出版社，2008.

［34］李长江．浙江现代农业型村落经济社会变迁研究［M］．北京：中国社会科学出版社，2007.

［35］卞鸿翔，王万川，龚循礼．洞庭湖的变迁［M］．长沙：湖南科技出版社，1993（12）.

［36］施金炎主编．洞庭史鉴［M］．长沙：湖南人民出版社，2002（12）.

［37］高碧云．洞庭湖经济史话［M］．北京：方志出版社，2005（1）.

［38］孙本文．社会学原理（上册）［M］．北京：商务印书馆，1944.

［39］黄正泉.文化生态学（上、下册）［M］．北京：中国社会科学出版社，2015（2）.

［40］（清）陶澍，万年淳修纂．洞庭湖志［M］．长沙：岳麓书社，2003.

［41］彭南生．半工业化：近代中国乡村手工业的发展与社会变迁［M］．2007.

［42］林耀华．金翼［M］．上海：三联书店，2002.

［43］（美）杜赞奇．文化、权力与国家——1900~1942年的华北农村［M］．南京：江苏人民出版社，1996.

［44］查尔斯·哈珀．环境与社会——环境问题中的人文视野［M］．肖晨阳，晋军，郭建如，李艳红，宋秀，译．天津：天津人民出版社，1998.

［45］李明贤．洞庭湖区现代农业示范区建设研究［M］．北京：经济科学出版社，2012.

［46］许家骝．日本环境污染的对策和治理［M］．北京：中国环境科学出版社，1990.

［47］王干梅．生态经济理论与实践［M］．成都：四川省社会科学院出版社，1988.

［48］樊纲．改革的渐进之路［M］．北京：中国社会科学出版社，1992.

［49］李培林．另一只看不见的手：社会结构转型［M］．北京：社会科学文献出版社，2005.

［50］（美）诺思．经济史中的结构与变迁（中译本）［M］．上海：三联

书店，1991.

[51]（美）Lester. R. Brown. 生态经济——有利于地球的经济构想 [M]. 林自新，译. 北京：东方出版社，2002.

[52] Polanyi·Karl. The Great Transformation [M]. Boston：Beacon Press，1985.

[53] Wackernagelm，Onisto，Linaresac，etal.Our ecological footprint：reducing human impacton the earth [M]. Gabriola Island：New Society Publishers，1996.

[54] R. 科斯，A. 阿尔钦，D. 诺斯. 财产权利与制度变迁——产权学派与新制度经济学派译文集 [M]. 上海：上海人民出版社，2000.

[55] 傅春主编. 中外湖区开发利用模式研究 [M]. 社会科学文献出版社，2009.

[56] 朱翔，贺清云，李景保等. 环洞庭湖经济圈建设研究 [M]. 长沙：湖南师范大学出版社，2003.

[57] 邓大才. 湖村经济——中国洞庭湖区农民的经济生活 [M]. 北京：中国社会科学出版社，2006.

[58] 王克英，郭辉东. 洞庭湖治理与开发 [M]. 长沙：湖南人民出版社，1999.

[59] 夏光. 怎样理解绿色经济概念 [N]. 中国环境报，2010-6-3.

[60] 辜胜阻. 让绿色发展成为经济转型的引擎 [J]. 中国经济和信息化，2012，(17)：47-52.

[61] 石翊龙. 中国绿色经济发展的机制与制度研究 [J]. 时代金融，2015，(27)：48-52.

[62] 张云飞. 全面把握“绿色发展” [N]. 学习时报，2015-11-09.

[63] 牛文元. 国务院参事在海南解读中国绿色发展5大主题 [EB/OL]. 新华网，2013-04-21.

[64] 张立群. “五大发展理念”引领全面建成小康社会 [N]. 解放军报，2015-11-12.

[65] 王如松. 生态整合与文明发展 [J]. 生态学报，2013：33 (1).

[66] 胡岳岷，刘甲库. 绿色发展转型：文献检视与理论辨析 [J]. 当代经济研究，2013 (6).

［67］廖小平．培育公众绿色素养是推进绿色发展的人文之基［DB/OL］．红网2015-09-02．

［68］李伟．同心协力，共同促进全球绿色可持续发展［N］．中国经济时报，2015-6-29．

［69］Carmen Lenua Tric，Marilena Papuc．Green Economic Growth Premise for Sustainable Development［J］．Theoretical and Applied Economics，2013（1）．

［70］刘思华．正确把握生态文明的绿色发展道路与模式的时代特征［J］．毛泽东邓小平理论研究，2015，（8）：27-31．

［71］董玉春．"绿色发展"理念与我国农村循环经济发展路径研究［J］．当代经济，2016（10）．

［72］诸大建．从"里约+ 20"看绿色经济新理念和新趋势［J］．中国人口、资源与环境，2012（9）．

［73］杨雪星．新常态下中国绿色经济转型发展与策略应对［J］．福州党校学，2015（1）．

［74］薛澜．国家绿色转型治理能力研究［N］．中国环境报，2015-11-11．

［75］Jack Reardon．Comments on 'Green economics：Setting the Scene．Aims，Context，and Philosophical Underpinnings of the Distinctive New Solutions Offered By Green Economics'［J］．Green Economics，2007．

［76］Scott Rozelle and Richard N．Boisvert．Control in a dynamic village economy:the reforms and unbalanced development in China' s rural economy［J］．Journal of Development Economics，1995，46（2）．

［77］WK Biswas and NJD Lucas．Economic Viability of biogas technology in a Bangladesh village［J］．Energy，1997，22（8）．

［78］陈锡文．农村社会变迁亟须理论和实践的回应［N］．人民日报，2010-01-22．

［79］董力三，熊鹰．洞庭湖区农业经济发展和环境的历史演变［J］．农业现代化研究，2006（7）．

［80］张步天．先秦汉晋时期洞庭湖区及其四邻的水陆交通格局［J］．湖南城市学院学报，1993（3）．

［81］廖国一．壮族农村经济社会转型的新模式探析［J］．广西民族学院

学报（哲学社会科学版），2005（4）.

[82] 王景新. 村域经济转型发展态势与中国经验 [J]. 中国农村经济，2011（12）.

[83] 刘解龙，刘运华. “江湖经济”：把湘江治理成东方“莱茵河”的若干思考 [A]. 颜永盛. 2010洞庭湖发展论坛文集 [C]. 湖南大学出版社，2011（10）.

[84] 肖湘雄. 洞庭湖地区新型农业现代化“四方参与”农地经营模式探析 [A]. 颜永盛. 2010洞庭湖发展论坛文集 [C]. 湖南大学出版社，2011（10）.

[85] 谭建华. 加快推进洞庭湖区农业产业化的思考 [A]. 颜永盛. 2010洞庭湖发展论坛文集 [C]. 湖南大学出版社，2011（10）.

[86] 汤瑞祥. 环洞庭湖区县域经济转方式调结构的几点思考 [A]. 颜永盛. 2010洞庭湖发展论坛文集 [C]. 湖南大学出版社，2011（10）.

[87] 董明辉. 环洞庭湖区经济社会发展模式优化调控研究 [A]. 颜永盛. 2010洞庭湖发展论坛文集 [C]. 湖南大学出版社，2011（10）.

[88] 吴芳. 基于长株潭城市群的洞庭湖区腹地经济发展的理论研究 [A]. 颜永盛. 2010洞庭湖发展论坛文集 [C]. 湖南大学出版社，2011（10）.

[89] 甘阳.《江村经济》再认识 [J]. 读书，1994（10）.

[90] 李路路. 社会变迁：风险与社会控制 [J]. 中国人民大学学报，2004（2）.

[91] 张乐天. 农村社区中的社会分化与整合——以浙北农村为例的调查 [J]. 战略与管理，1994（4）.

[92] 邹农俭. 当代农村：变迁、分化、矛盾、整合 [J]. 江西社会科学，2005（1）.

[93] 郑大华. 要加强社会变迁与文化转型之互动关系的研究 [J]. 史学史研究，2007（3）.

[94] 李晓伟. 论社会变迁中的乡村文化与乡村秩序 [J]. 黑龙江科技信息，2009（26）.

[95] 庄家炽. 研究社会变迁的新视角：“话语群——行为”模式 [J]. 世纪桥，2010（5）.

[96] 李丽峰. 近十年中国近代乡村社会流动研究综述 [J]. 山西大学学报：哲学社会科学版，2001（6）.

［97］许纪霖．近代中国变迁中的社会群体［J］．社会科学研究，1992（3）．

［98］朱又红．我国农村社会变迁与农村社会学研究述评［J］．社会学研究，1997（6）．

［99］张乐天．农村社区中的社会分化与整合［J］．战略与管理，1994（4）．

［100］乔志强，行龙．近代华北农村社会变迁刍议［J］．史学理论研究，1995（2）．

［101］李学昌．国家政权与农村社会转型——以20世纪初叶江浙地区为例［A］．郭得宏．中国现代社会转型问题学术讨论会论文集［C］．2002．

［102］贺雪峰．中国农村社会转型及其困境［J］．东岳论丛，2006（2）．

［103］毛峰，宾国澍，肖劲松．生态足迹与区域可持续发展评价［J］．地域研究与开发，2005（5）．

［104］张杰，赵峰，刘希宋．基于生态足迹的循环经济发展水平的测度研究［J］．干旱区资源与环境，2007（8）．

［105］周国华，彭佳捷．长株潭城市群生态足迹测算［J］．湖南师范大学自然科学学报，2009（3）．

［106］马璇，宗跃光，刘志强．从GDP和生态足迹关联角度研究生态足迹结构———以福建长汀县为例［J］．安徽农业科学，2007（24）．

［107］张振克．太湖流域湖泊水环境问题、成因、对策［J］．长江流域资源与环境，1999（1）．

［108］崔如波．绿色经济：21世纪持续经济的主导形态［J］．社会科学研究，2002（4）．

［109］刘泓志．中国太湖和日本琵琶湖水污染防治状况比较［N］．中国环境报，2001-07-13．

［110］石田．评西方生态经济学研究［J］．生态经济，2002（1）．

［111］周栋良．环洞庭湖区功能定位与发展战略研究［A］．颜永盛．2010洞庭湖发展论坛文集［C］．湖南大学出版社，2011（10）．

［112］严俊杰，黄正泉．生态经济:环洞庭湖区域经济发展的理性转向［J］．湖北社会科学，2012（3）．

［113］严俊杰，黄正泉．洞庭湖区村落经济转型的历史考察［J］．农业

考古，2014（2）.

［114］严俊杰．洞庭湖区村落经济转型发展水平评价及个案研究［J］．湖南农业大学学报（社会科学版），2015（2）.

［115］方绍明．农村改革三十年来的社会变迁与农村改革的深化［J］．理论建设，2009（1）.

［116］邱梦华．社会变迁视野中的差序格局与农民合作［J］．社会科学论坛，2009（3）.

［117］唐晓腾．从经济发展史看近代以来中国乡村治理结构的变迁［J］．中国宁波市委党校学报，2007（5）.

［118］车裕斌．典型村落经济转型及发展趋势［J］．广西民族大学学报（哲学社会科学版），2008（3）.

［119］孔海燕，董明辉洞庭湖区产业结构优化调整的研究［J］．国土与自然资源研究，2003（3）.

［120］肖唐镖．社会稳定格局变迁的影响因素分析——以近30年来农村稳定为例［J］．学习与探索，2010（3）.

［121］周雪光．从一个乡镇的村庄选举看中国社会的制度变迁［J］．社会，2009（3）.

［122］项继权．20世纪晚期中国乡村治理的改革与变迁［J］．浙江师范大学学报：社会科学版，2005（30）.

［123］李培林．村落终结的社会逻辑——羊城村的故事［J］．江苏社会科学，2004（1）.

［124］樊杰．中国农村工业化的经济分析及省际发展水平差异［J］．地理学报，1996（5）.

［125］袁小平，李益贤．关系网络与中国乡村社会关系变迁［J］．安徽农业科学，2008（1）.

［126］何伟，魏杰．中国著名经济学家论改革［C］．北京：北京出版社，1992.

［127］胡汝银．中国改革的政治经济学［A］．上海：三联书店，1992.

［128］钱滔．地方政府、制度变迁与民营经济发展［R］．浙江大学博士学位论文，2005.

［129］万振凡，张开东．“弹性结构”：一个本土化的乡村社会变迁史分

析模型——以1927至1937年江西乡村革命、改良冲击为例证［J］. 南昌大学学报（人文社会科学版），2008（1）.

［130］陶一桃. 科斯与交易费用理论［J］. 特区经济，2001（1）.

［131］何业恒. 洞庭湖区农业发展的历史过程［J］. 湖南师范大学自然科学学报，1984（3）.

［132］Frechtling A,Tchetchik A.Does rural tourism benefit from agriculture? Tourism Management,2005,26(4).

［133］McGehee N.An agritourism systems model：a Weberian perspective. Journal of Sustainable Tourism,2007,15(2).

［134］LIU Fang. The influence of peasantrys leaving their villages on the country［J］. Journal of Nanjing Normal University（Social Science Edition），2004（6）.

［135］LI Feng-qin. A study on the peasant-leaving-home movement in the Northern China during the 1920s-1930s［J］. Collections of Essays on Chinese Historical Geography，2004（2）.

［136］John C. H. Fei and Gustav Rains，Growth and Development from an Evolutionary Perspective，Oxford：BlackwellPublishers Ltd.，chapter2，1999.

［137］郑杭生. 社会转型论及其在中国的表现［J］. 广西民族学院学报，2003（9）.

［138］刘奇. 农村社会转型与"三农"政策取向［J］. 中国农村经济，2007（4）.

［139］李凯中. 农村社会转型与农民组织化［J］. 求索，2006（12）.

［140］林元昌，董四代. 农村现代化中的社会转型和农民观念转变［J］. 福建农林大学学报（哲学社会科学版），2005（4）.

［141］陈那波. 海外关于中国市场转型论争十五年文献述评［J］. 社会学研究，2006（5）.

［142］王继平. 论晚清湖南社会组织的转型与变迁［J］. 求索，2006（2）.

［143］董谋勇. 清代湖南农业经济研究［D］. 湖南师范大学，2007.

［144］王晓天. 刘云波. 试论近代洞庭湖周边地区的农业生产和农民生活［J］. 湖南农业大学学报（社会科学版），2005（4）.

［145］夏先中．清代湖南农业经济透视［J］．湖南工程学院学报（社会科学版），2006（4）．

［146］金胜一．军阀统治时期（1914–1926）的湖南农村社会经济［D］．台北：政治大学，1988．

［147］梅莉．洞庭湖区垸田的兴盛与湖南粮食的输出［J］．中国农史，1991（2）．

［148］董谋勇．清代洞庭湖平原水稻生产兴盛原因探析［J］．遵义师范学院学报，2006（5）．

［149］王国斌．18世纪湖南的粮食市场与粮食供给［J］．求索，1990（3）．

［150］钟永宁．试论十八世纪湘米输出的可行性问题［J］．中国社会经济史研究，1990（3）：68．

［151］钟兴永．清代湘米贸易论略［J］．中国农史，2001（1）．

［152］邓永飞．清代湖南米谷外运量考察［J］．古今农业，2006（2）．

［153］杨果．宋代洞庭湖平原市镇的发展及其地理考察［J］．求索，2000（1）．

［154］任放．明清时期湖南商品经济的发展状况［J］．求索，2002（5）．

［155］田炯权．清末民国时期湖广（湖南、湖北）地区的农业生产力及生产关系［J］．清史研究，1996（1）．

［156］王继平．论晚清湖南社会组织的转型与变迁［J］．求索，2006（2）．

［157］池子华．农民工与近代长江三角洲乡村的社会变迁——以苏南地区为中心的考察［J］．学术月刊，2009（5）．

［158］李强彬，向生丽．转型社会中乡村精英的变迁与乡村社区［J］．兰州学刊，2006（4）．

［159］胡鞍钢．中国绿色发展的重要途径［N］．中国环境报，2004–10–28．

［160］高相铎，李诚固．美国五大湖工业区产业结构演变的城市化响应机理辨析［J］．世界地理研究，2006（3）．

［161］金立新．美国和加拿大五大湖的水污染防治与管理［J］．水资源保护，1998（4）．

[162] 熊智伟. 环鄱阳湖经济圈的发展研究 [J]. 江西农业大学学报，2007 (6).

[163] 朱丽萌. 环鄱阳湖地区县域人口、城镇化与经济可持续发展的协同思考 [J]. 当代财经，2006 (8).

[164] 谭崇台. 从发展经济学看我国农业问题 [J]. 当代经济研究，2002 (1).

[165] 张悦，詹浩勇. 增加农民收入的政策思考 [J]. 商业研究，2004 (6).

[166] 于泠，马成林. 农业产业化的理论依据探讨 [J]. 农业系统科学与综合研究，2001 (1).

[167] 高飞. 产业地理集中的理论分析及应用 [J]. 南京社会科学，2002 (1).

[168] 韩红根. 北欧农业考察掠影 [J]. 上海农村经济，2004 (2).

[169] 徐彬. 中国农业发展中的失范现象及其纠正对策 [J]. 农业现代化研究，2003 (5).

[170] 庄大昌，董明辉. 洞庭湖区湿地生态旅游资源开发模式研究 [J]. 人文地理，2002 (17).

[171] 宋国君，徐莎. 日本对琵琶湖的全面保护 [J]. 国际瞭望，2007 (14).

[172] 张兴奇，秋吉康弘. 日本琵琶湖的保护管理模式及对江苏省湖泊保护管理的启示 [J]. 资源科学，2006 (6).

[173] 胡鞍钢，周绍杰. 绿色发展：功能界定、机制分析与发展战略 [J]. 中国人口资源与环境，2014 (1)：49-53.

[174] 李景保，朱翔，蔡炳华等. 洞庭湖区湿地资源可持续利用途径研究 [J]. 自然资源学报，2002 (3).

[175] 李景保，朱翔，蔡炳华. 洞庭湖退田还湖区避灾生态农业模式研究 [J]. 自然灾害学报，2001 (10).

[176] 高红贵. 中国绿色经济发展中的诸方博弈研究 [J]. 中国人口、资源与环境，2012 (4).

后　记

本书是湖南省社会科学成果评审委员会课题“绿色发展理念下洞庭湖区村落经济转型发展研究”的主要成果。从课题立项到书稿付梓，历时整整三年时间。三年探索，弹指飞间。课题研究和著作撰写期间，给予我关心和帮助的人太多，因而我需要感谢的人亦太多。

虽说本书基于一项省级课题研究，但本书源起于我的博士选题，是博士论文的拓展性研究。“参天之木必有其根，怀山之水必有其源。”我的学术源头便是我的导师黄正泉教授，我首先要感谢我的导师，能够成为他的学生是我的荣幸。黄老师常告诫我说：“处处留心皆学问”“学问就是追问”“用心处，无不成”如此等等，老师语录常萦绕耳际，为我指明读书之道、做人之理。

曾记得，黄老师在一次课堂上吟咏出：“白发缁衣沐秋风，闲留梨园听歌声；低吟唱罢尽谐音，谁问苍生最深情。”此诗最能表达老师当时的心境，处于退休年龄的他总是闲不下来，仍然在学术道路上求索不止。每当我走进他书房，总是看到老师被四周高高垒起的书籍所包围，淹没于书海之中的他，抑或在沉思中探索、抑或在俯读中求解，抑或在著述中立说，仿佛总有研究不完的学术问题在等着他，这便是蕴藏在他身上的“追问式”探索精神。作为学生，我也耳濡目染，逐渐感受到学术道路是由无数个追问开拓而成，是由无数个脚印铺就而成，是由无数个日夜垒筑而成。

我硕士博士均师从黄老师，自诩为“硕博连读”，从教育哲学到文化哲学，从文化生态到经济生态，从都市社会到农村社会，我在不断地紧跟导师的学术脚步，可自感悟性不高，学力不逮，前面那座学术高峰不可逾越，但在攀登的过程中，也尽情观赏到了遍开山野的学术之花，也捕捉到了弥漫山间的学术气息，也捡拾到了散落山路的学术种子。这开启了我的学术门径，开拓了我的学术视野，提升了我的学术思维，使我能够顺利完成硕士、博士学业。导师常戏谑称：研究生、研究生，就是“烟酒生”，需要烟酒来熏陶。

遗憾的是，跟随导师求学六年，抽烟没学会，酒量也不见长，但导师为人的气度，处事的风格，求学的精神，已深深浸入我灵魂深处。在此，把这种潜移默化的熏陶凝结为一首小诗：“老子孔子又孟子，人学易学实难学。黉门修业遇名师，道德文章导我知。”

无论在学业学术方面，还是在工作生活方面，都离不开我所在工作单位（湖南电气职业技术学院）各位领导和同事的大力支持和热诚帮助，在此，特别感谢学院党委书记秦祖泽教授、院长李宇飞教授、副院长刘迎春教授、王永明副书记、黄耀东副院长、副院长谭元发教授、副院长路成志副教授、工会主席刘碧霞副教授和副院长周哲民教授给予的关怀与鼓励。还要感谢我的同事和好友黄俊伟教授、覃事刚副教授、彭仁孚副教授、李书舟副教授，在本书的出版过程中，他们均给予我莫大的帮助。

在课题的调查研究过程中，大学同学吴红权、王利武、周勇军为我提供了热诚帮助，这种“学缘之情”令我铭记于心，还有同乡好友黄得意、邓享棋给予的大力支持也令我无法忘怀，在此，一并向他们深表谢意。

最后，要感谢我的家人，是家人以最温暖的亲情和最无私的关爱支持我的学术求索之路，特别是我贤惠的妻子向敏丽，她总是在背后全力支持我的学术事业，悉心操持家庭事务，精心照顾老人小孩，使我毫无后顾之忧地全身心投入学术研究和著作撰写工作。

洞庭湖区村落经济转型研究是区域经济研究中的一个广阔领域，因作者禀赋有限、学识不够，未免存在研究欠深入欠透彻的问题，亦存在书中个别观点和思想不甚妥当之处，敬请各位专家、读者批评指正。

严俊杰
2018年4月于莲城华雅花园